경제 성장의 연결고리

경제 성장의 연결고리

한국경제를 위한 경제철학의 원리

2023년 9월 8일 1판 1쇄

지은이	조양현
펴낸곳	연세대학교 출판문화원
주소	서울특별시 서대문구 연세로 50
등록	1955년 10월 13일(제9-60호)
전화	02) 2123-3378~80
팩스	02) 2123-8673
전자우편	ysup@yonsei.ac.kr
홈페이지	http://press.yonsei.ac.kr
인쇄	네오프린텍(주)

ISBN 978-89-6850-756-4(03320)

값 19,000원

ECONOMY
FUNDAMENTAL

한국경제를 위한
경제철학의 원리

경제 성장의 연결고리

| 조양현 지음 |

연세대학교 출판문화원

차례

3장 투자

4장 무역

인간이 경제문제에서 자유로워진다면, 얼마나 좋을까? 인간이 경제적 삶을 시작하고 사회 속에서 경제행위를 하면서 경제문제는 어떤 개인의 영역이 아닌 사회 전반에 걸친 분야로 퍼져 나갔다. 그래서 경제문제는 개인 차원을 넘어서 더 넓은 국가나 사회의 관점에서 바라보아야 한다. 수많은 국가와 다양한 사회(조직)가 경제문제를 해결하기 위해 부단히 노력해 왔지만, 그토록 많은 시대와 지역을 막론하고, 경제문제는 여전히 인간의 삶 속에서 가장 중요하고 긴급한 최대 현안이었고, 인류가 멸망하지 않는 한 계속될 것이다.

사회 전반에 걸쳐 엄청난 사건과 획기적인 변혁을 가져왔던 경제문제의 내면과 배경에는 다 근본적인 원인과 이유가 있다. 인간은 그 속에서 교훈과 경험을 바탕으로 또 다른 변화를 계획하고, 더 나은 삶을 살아가기 위해 탐구하고 고민해 왔다. 경제문제도 피상적으로 노출된 경제현상으로 그 내면과 배경을 찾아내기는 어렵기 때문에, 인간 사회가 더 나은 방향으로 발전하기를 바라는 마음에서 보다 깊이 있고 폭 넓은 시각에서 경제문제를 관찰하고 분석할 필요가 있다. 따라서 인간 사회와 인류의 본질적인 고민에 관하여 연구하는 철학의 분야에 경제문제를 결합하여, 말하자면 경제철학의 문제에 대하여 검토해 볼 의욕이 솟구쳤다. 경제학의 영역에서는 고전으로 불리는 경제대가들의 사상을 기본 토대로 그들의 철학, 논리와 견해를 요약해보고, 나름대로 비판해보는 연구도 경제문제를 해결하는 데 가장 기초석이고 기본적인 노작이 될 수 있다고 판단한다. 이에 따라, 경제학의 발전과정에서 지대한 기여를 하면서 경제학설사의 큰 획을 그은 아담 스미스(1723~1790), 존 스튜어트 밀(1806~1873), 알프레드 마샬(1842~1924), 존 메이너드 케인즈(1883~1946), 밀턴 프리드먼(1912~2006)에 대하여 중점적으로 살펴보려고 한다. 따라서 이 책에서는 5대 경제대가들의 사상과 철학이 담겨있는 대표적인 경제학의 저서(대작), 즉 스미스의 『국부론』(1776), 밀의 『정치경제의 원리』(1848), 마샬의 『경제학원리』(1890), 케인즈의 『고용, 이자 및 화폐에 관한 일반이론』(1936), 프리드먼의 『자본주의와 자유』(1962)를 통해 경제문제를 해결하기 위한 원리와 지혜를 찾는 데 방점을 두고자 한다. 지난 300년간 경제학에서 5대 경제대가들의 대표적인 저서는 당시 주류 경제학의 표준 교과서로서 그 명맥과 지위를 유지해 왔다. 그들의 철학과 사상이 그 시대와 경제 환경에 대한 적합여부와 관계없이, 인간 사회에서 끊임없이 요구되는 경제문제에 대한 해답을 구하는 기본적인 접근방법이라고 평가할 수 있다. 그러나 이 책에서는 우리나라의 경제현실에 부합하고 경제문제를 해결하기 위해 보다 실증분석적인 관점에서 5대 경제대가들의 철학과 사상에 관하여 비판적 견해를 추가하면서 우리나라의 경제문제를 고민해 보려고 한다.

'경제학의 아버지'로 불리는 아담 스미스는 스코틀랜드 계몽주의 영향을 받았고, 연민의 감정을 통해 인간 사회의 도덕성을 설명한 『도덕감정론』(1759)을 펴낸 철학자다. 스미스는 『정치적 담론』(1752)을 저술한 데이비드 흄, 『경제표』(1758)를 저술한 프랑스와 케네, 그리고 달랑베르, 튀르고, 볼테르 등 프랑스 지성인들과 교류했다. 그리고 스미스는 벤자민 프랭클린과 자유와 정의에 관하여 논했는데, 특히 미국 독립을 주도한 사무엘 아담스, 토마스 제퍼슨, 제임스 매디슨, 알렉산더 해밀턴, 조지 워싱턴 등은 모두 스미스의 『국부의 본질과 원인에 관한 연구(=국부론)』(1776)를 읽었다. 스미스는 또 경제이론가로서 경제행위는 주로 개인 이익의 근본적인 힘에 의해 비롯되며, 그래서 경제는 정부(관계기관)의 관여(간섭)가 아니라 시장에서 인간의 상호작용으로부터 자연스럽게 나타나는 정형적인 패턴에 의한 시스템으로 인식했다. 스미스는 경쟁을 경제적인 효율성으로 보고, 개인은 모두 자연스럽게 또는 필연적으로 사회적으로도 가장 유리한 고용(조건)을 계속해서 추구한다고 주장했다. 스미스의 중심적인 사고는 균형에 관한 관념인데, 경제는 수요자와 공급자, 노동자와 고용주(기업)간의 경제행위의 변화가 필요 없는 균형상태에 도달한다는 견해다. 미국의 독립(1776년 7월) 직전인 3월 8일, 스미스가 런던에서 출간한 『국부론』의 원제목은 『국부의 본질과 원인에 관한 연구』였는데, 경제성장을 위해 노동 생산성 또는 생산력 향상이 가장 주요한 요소로 인식하고 노동의 전문적인 분업을 강조했다. 예를 들면, 노동의 기술, 정교함, 그리고 판단 능력으로 노동 분업의 효과가 나타나고, 전문적인 임무(업무)가 단위 노동투입에 대한 산출(량)을 증가할 수 있다고 보았다. 경제학의 고전 학파를 완성한 존 스튜어트 밀은 벤담, 워즈워드, 생시몽, 콜리지, 콩트 등과 토크빌의 자유, 인권과 사회개혁 사상에 영향을 받았고, 『논리의 체계』(1843), 『자유론』(1859), 『공리주의』(1863)를 저술한 사회철학자다. 밀은 경제학자로서 아담 스미스의 『국부론』, 토마스 맬서스의 『인구 원리에 관한 에세이』(1798), 데이비드 리카도의 『정치경제와 조세의 원리에 대하여』(1817) 등에 심취하면서 고전학파를 정립했다. 밀이 발견하려고 하는 주제는 국부가 인간 행복에 필요한 상품의 총량으로 인식하고, "그 상품이 어떻게 생산되고 분배되며, 또 교환되는가?"에 관한 논쟁이다. 프랑스 2월 혁명 직후 출간된 『정치경제의 원리: 사회철학에 대한 적용』(1848)에서 국가의 경제적 여건이 물리적 지식상태뿐만 아니라 도덕적 또는 심리적 요인에 의해서도 영향을 받게 되면, 제도, 사회적 관계, 그리고 인간 본성의 원리에 의해서도 경제적 여건이 의존하게 될 수 있다고 역설했다. 신고전학파(케임브리지학파)의 창시자로 불리는 알프레드 마샬은 생태학자인 허버트 스펜서와 『역사철학 강의』(1831)를 저술한 게오르그 헤겔의 사상적 영향을 받았고, 프로이센(독일) 수상이었던 오토 폰 비스마르크가 퇴진한 1890년에 그의 대표작인 『경제학원리』를 저술했다. 『경제학원리』의 기본적이고 근본적인 관념은 분배와 교환의 중심적 문제를 기반으로 수요와 공급의 균형에 관한 일반이론(정태적 섭근방법)이다. 마샬이 제기한 상품의 교환가치를 결정하는 요인은 고전학파(스미스 · 리카도)가 주장한 노동이 아니라 소비자 욕구 또는 효용의 만족이라고 했고, 따라서 『경제학원리』의 분석체계는 고전학파(밀)가 상품의 생산과 소득의 분배에 관하여 중점적으로 분석한 것과는 다르게, 시장의 균형(관계)에 관한 분석에 중점을 두고 있다. 부연하면, 고전학파가 분석한 경제의 중심체계는 상품(소비재)의 공급에 영향을 미치는 요인과 생산 측면을 강조한 반면, 한계효용학파(제본스 · 왈라스 · 멩거)의 이론을 정립한 신고전학파는 소비자의 선택과 선호, 상품의 교환과 수요에 대하여 체계적인 관심을 보였다. 마샬의 제자였기 때문에 케임브리지학파로 분류되었지만, 마샬이 리카도에 했던 것처럼 다시 마샬을 비판하면서 세상에 알려진 케인즈학파(케인지언)의 리더, 존 메이너드 케인즈는 경제대공황(1929~1933)을 경험하면서 『고용, 이자 및 화폐에 관한 일반이론(=일반이론)』을 3년간(1932~1935) 저술하고 1936년에 발간했다. 『일반이론』의 핵심내용을 살펴보면, 경제문제는 비자발적 실업을 유발하는 수요의 총체적인 부족현상에 기인하고, 수요부족을 해결하는 과정(자동적 경향)은 점진적으로 이루어지며, 화폐공급의 증가가 소비지출에 충분한 유인을 제공하지 못한다는 점이다. 케인즈는 유동성선호가 이자율을 결정하고, 자본의 한계효율이 투자율을 결정하며, 그리고 고용은 산출물의 가치가 소비(지출)와 투자를 합산한 값과 일치하는 수준에서 결정된다고 분석했다. 즉, 소비성향과 (신규)투자율이 정해지면, 균형상태와 일치하는 고용의 수준이 결정된다는 것이다. 마지막으로 통화주의(시카고학파) 창설자인 밀턴 프리드먼은 프랭크 나이크, 헨리 사이몬, 프리드리히 하이에크, 조지 스티글러 등과 교류했으며, 특히 미국이 쿠바 격리(해상봉쇄) 조치를 발동한 1962년에 프리드먼이 저술한 『자본주의와 자유』는 하이에크의 『예속의 길』(1944)에서 자유주의적 사고의 영향을 받은 것으로 알려졌다. 급진적인 철학자들의 후예들(다이시 · 미세스 · 하이에크 · 사이몬)은 경제활동의 집권적인 통제에 대한 지속적인 움직임이 하이에크가 분석한 '예속의 길'로 진입하는 과정이라고 두려워했다. 그래서 그들은 경제적 자유를 정치적 자유를 위한 수단이라고 강조했다. 그러나 공리주의 주창자인 제레미 벤담(1748~1832)은 정치적 자유를 경제적 자유를 위한 수단으로 여겼다. 프리드먼은 시민의 자유와 정치적 자유를 위한 필요조건이 자유시장 경제이지만, 정치적 자유는 경제적 자유와 시민의 자유를 위한 필요조건은 아니라고 주장했다. 프리드먼은 『자본주의와 자유』에서 경제적 자유의 체계(달성방안)이면서 동시에, 정치적 자유를 위한 필요조건으로서 경쟁적 자본주의에 대한 역할, 즉 자유시장에서 기업을 통한 경제활동의 조직에 관하여 강조했다. 그리고 프리드먼은 경제활동을 조직하는 시장에 주로 의존하고 자유를 위해 헌신하는 사회에서 정부의 역할에 대해서도 관심을 보였다. 프리드먼의 자유주의 철학은 인간 개인의 위엄

(품위)에 대한 신념이며, 프리드먼의 경제이론은 합리적 기대가설 등에 영향을 미치면서 미국 경제학의 주류로 부상했다.

이 책에서는 경제대가들의 철학과 사상을 토대로 경제문제를 해결하기 위한 접근방법에서 지속적인 경제성장을 달성하기 위한 필요조건에 관하여 살펴보고자 한다. 경제성장의 함수관계는 기본적으로 경제행위 참여자들의 경제활동에서 비롯되며, 케인즈의 '유효수요이론'에 의하면, 경제활동은 일반적으로 소비, 투자와 무역의 분야로 구분할 수 있다. 경제활동에서 소비의 주체는 가계이지만 정부도 재정지출을 통해 소비에 관여하고, 투자의 주체도 기업이 주도하고 있지만 정부뿐만 아니라 가계도 투자에 참여할 수 있다. 내수(소비 · 투자)와는 다르게, 무역은 수출과 수입에 따르는 경제활동이고 국가간 경제활동이므로 기업(가계의 경우도 개인법인 포함)이 주된 경제활동의 주체가 된다. 따라서 경제성장에 필요한 소비, 투자와 무역에 관한 경제문제를 고찰해보고, 각 분야에서 제기될 수 있는 경제문제를 해결해보려는 담론에 대해 고민해 보려고 한다. 이런 관점에서 경제문제를 다루려는 접근 방법은 경제학에서 제기하고 있는 경제이론에 관한 고찰보다는 경제 문제에 관하여 보다 현실적으로 다가가기 위해 실증분석에 의한 경제사회적 현상을 중점적으로 살펴보려고 한다. 경제학의 영역을 규범경제학과 실증경제학으로 분류한다면, 규범경제학은 가치판단에 따라 경제정책의 방향을 설정하는 '당위성'을 지향하지만, 실증경제학은 경제현상을 예측하고 설명할 목적으로 경제현실을 있는 그대로의 '존재성'을 기술하는 것으로 정의된다. 경제는 인간행위를 다루는 영역이고, 그 인간행위는 사회적이고 제도적인 맥락에서 이해되어야 한다. 그리고 최적의 유효한 경제이론도 경제학적인 가정과 추정 결과에 대한 분석에서 분명한 인과관계가 도출되어야 하는데, 이런 논지에서도 경제현실과 부합되지 않는 경제이론은 존재이유가 없는 것이다. 밀은 프랑스 사상가인 오귀스트 콩트(1798~1857)의 실증주의를 영국 사회에 확산하는 데 영향을 미쳤다. 프리드먼도 "실증경제학의 방법론"(1953)에서 실제로 중요한 가설이 현실을 설명하는 데 부정확하고, 일반적으로 중요한 경제이론도 그 가정은 더욱 비현실적이라는 주장을 폈다. 부연하면, 비현실적인 가정은 경제현실에 적용하기가 어렵고, 만약 경제현실에 적용되더라고 적합하고 효과적인 대책 수립이 사실상 불가능한 것이다. 특히 프리드먼은 실증경제학이 경제상황 변화의 결과에 대해 물리학과 마찬가지로 정확하게 예측할 수 있는 일반화된 시스템을 제공할 수 있어야 한다고 강조했다. 즉, 프리드먼은 가설 설정을 모델의 선택(가설 구축)과 구조의 선택(유효성 검증)의 단계로 구분하여 현실에 대한 가정의 일치여부(실증적 증거)가 가설의 유효성과 활용성(시사점)에 대한 검증요건이라고 설명한 것이다. 마샬은 "경제학의 현 위치"(1885)에서 실증경제학의 궁극적인 목적은 아직은 관찰되지 않았으나 사회현상에 대한 의미 있고 유효한 예측이 가능한 이론이나 가설의 발전이라고 주장했다. 따라서 마샬의 논지에 따르면, 일반적으로 이론은 체계적이고 조직화된 논리의 방법론을 고안하는 언어(메시지)이면서도, 복잡한 현실의 기본적인 특징을 창출하는 가설의 실질적인 본체(규칙)라는 견해다. 부연하면, 이론의 본질적인 역할과 기능을 더욱 더 보강하기 위해 관찰과 경험(사례)을 토대로 구축된 실증분석이 필요한 이유다. 밀은 『정치경제의 원리』에서 과학적인 방법(활동)에 의해 습득된 노하우도 다양하고 복잡한 경제현상에 대해서는 어떤 상태(시기)에 일시적으로 적용될 수 있더라도 어떤 주제에 대한 이론이 완벽하다는 가치의 법칙이 지속적으로 유효하지 않다는 논리를 폈다. 경제현실을 설명하는 만족스러운 이론이 정립되기 어려우므로 실질적으로는 실증분석에 기초한 경험사례, 증거 등이 보강될 필요가 있는 것이다.

경제대가들의 이론과 학설에 대해 무조건적으로 비판하는 접근방법론은 또 다른 문제를 유발할 수 있으므로 경제성장을 위한 필요조건에서 받아들일 수 있다고 여겨지는 부분은 더 강조하고, 논란의 여지가 있는 부분에 대해서는 충분한 근거를 통해 비판하려고 한다. 그리고 그 비판적인 내용도 조심스럽기 때문에 지난 5년간 학술지(한국연구재단 등재지)에 기고한 연구저작과 저서로 보강하고자 한다. 예시하자면, 성장에 관하여 "유럽경제의 성장 · 소득수준 비교 및 성장기여도 분석"(유럽연구 제34권 4호, 2016년 11월), 외국인직접투자와 관련하여, "글로벌 금융위기 이후 신흥유럽의 FDI 유입요인 분석"(유럽연구 제36권 4호, 2018년 11월), "신흥유럽의 외국인투자여건 분석"(국제지역연구 제23권 3호, 2019년 7월), "한-EU FTA 발효 이후 양자간 투자통계의 비교분석"(동서연구 제33권 4호, 2021년 12월), 무역에 관하여 "EU 회원국의 거시경제상황이 한국의 대EU 수출에 미치는 영향 분석"(유럽연구 제38권 1호, 2020년 2월), "한국의 대 EU 수출실적의 국가와 산업에 관한 통계분석"(국제지역연구 제25권 3호, 2021년 7월), 경제위기에 관하여 『자본시장과 경제위기』(조윤커뮤니케이션, 2017년 6월), "코로나19가 EU의 주요 신흥시장에 미친 경제적 영향에 관한 분석"(유럽연구 제40권 3호, 2022년 8월), 국가리스크와 관련하여 "신흥경제권의 경제위기 예측을 위한 중점 평가요인에 관한 분석"(동서연구 제30권 1호, 2018년 3월), "거시경제변수로 분석한 주요 신흥시장의 경제리스크 평가에 관한 연구"(국제지역연구 제24권 3호, 2020년 7월), "EU 국가리스크 평가방법론의 적정성에 관한 담론"(유럽연구 제40권 1호, 2022년 2월) 등에서 다룬 내용을 이 책에서는 성장, 소비, 투자와 무역에 관해 구분하여 서술한 부분과 부합하는 수준에서 그 내용의 중요한 일부를 발췌하여 추가해 보려고 한다.

아무튼 경제문제에서 자유로워질 수 있는 '사유'의 힘과 경제대가들의 시대를 초월하는 '영감'을 이 책을 읽는 독자들에게 헌정하고자 한다.

1

성장

경제가 성장한다는 의미는 무엇인가? 경제(이코노미)의 어원은 그리스어의 '살림살이'(오이코노미아)에서 유래되었다. 경제가 생물체라면, 경제성장은 동식물과 마찬가지로 그 크기가 커진다는 의미인데, 경제는 생불체가 아닌 사회적 현상이다. 경제는 사회를 구성하는 한 단면이기 때문에 사회의 모든 영역이 아니지만, 사회 전반에 미치는 영향은 시간과 공간의 관점에서도 너무나도 크다. 경제문제는 인간적 삶의 질과도 연관된다. 예를 들면, 경제적으로 어려운 상태에 있다면, 개인적으로 궁색해지며 생존하기도 힘들어진다. 그래서 경제문제를 해결해야 하며, 사회 전반적으로 경제가 어려운 상태보다 여유로운 상태에서는 경제문제로 인해 힘겨운 생활을 영위할 가능성이 낮다. 따라서 개인의 인간다운 삶이 질적으로 나은 상태로 개선되고 회복되기 위한 전제조건은 사회 전반에 걸쳐 경제상태가 호전되어야 한다는 것이다.

경제학에서 미시경제학(개별 경제주체의 자원배분과 시장에서의 가격 결정에 관한 중점연구)의 분야를 개척한 마샬(경제학원리: 574)에 따르면, '생활수준'은 부족한 상태(결핍)를 조절하는 활동수준을 의미하는 개념이며, 생활수준의 향상은 지성, 체력과 자기존중에 기반을 두고 있다고 했다. 그렇기 때문에 생활수준이 향상되면, 지출(소비성향)에 대한 관심이 변화하면서 그 지출에 대한 판단력이 달라진다고 분석했다. 부연하면, 생활수준의 향상이 먼저 식욕을 만족시켜주지만 생활에 활력을 가져다주지 못하는 식품에 대한 소비를 자제하면서 물리적이고 정신적으로 유해한 생활방식을 회피하는 성향이 나타난다는 것이다. 마샬은 생활수준의 향상이 소비패턴을 변화시키고 인간에게 해로운 식품과 생활방식을 기피함으로써 건전한 경제행위를 영위하게 한다고 강조한 것이다. 특히 마샬(경제학원리: 576~577)은 임금 상승에 의한 생활수준의 향상과 (수입)상품을 소비할 수 있는 '안위'(편의)를 구분하면서 '안위'는 단순히 노동행위에 의한 임금 상승이 아니라 노동의 효율성(생산성) 상승에 비례하여 나타난다고 주장했다. 그리고 노동의 효율성 상승은 국민소득을 증가시키고 지속적으로 실질임금의 상승현상에 영향을 미칠 수 있다고 분석했다. 부연하면, 생활수준의 향상은 임금 상승에 기인하지만, 국민소득과 (실질)임금의 상승은 노동의 효율성에 기인한다는 것이다.

그런데 경제상태가 호전되려면, 경제가 위축되지 않고 성장해야 하는데, 경제성장이 무한정 계속될 수 없는 현실에서는 경제성장(경제규모 증가)이 지속적으로 이루어져야 한다는 주장과는 논리적으로 상충관계가 발생한다. 오히려 세계 전역에 걸쳐 저성장이 일반화되고 경제위기가 반복되는 소위 '뉴 노멀'(경제 구조적 장기불황) 현상이 고착되고 있다는 점이 우려스럽다. 뉴 노멀은 벤처캐피털리스트인 로저 맥너미가 2003년 최초로 제시한 개념이다. 특히 채권펀드회사인 핌코의 최고경영자인 모하메드 앨 에리언이 발간한 『새로운 부의 탄생』(2008)에서 글로벌 금융위기 이후 선진경제권뿐만 아니라 신흥경제권도 저성장(고실업) 국면에 진입했다고 분석하면서 국제적인 관심을 받게 되었다. 말하자면, 논리적으로 경제성장이 무한대로 지속될 수 없기 때문에 경제성장은 그 한계가 존재한다. 일반적으로 경기의 호황과 불황을 거듭하는 경기 순환현상(사이클)으로 경제성장이 영향을 받는다. 경제가 성장하다가 악화되어 경기불황 상태가 되면, 경기침체를 겪게 되고 그 침체의 정도가 심할 경우 경제상황(경기)은 저점 수준에 근접하게 된다. 반대로 경기침체에서 벗어나면, 경기호황 상태가 나타나고 경기가 과열될 경우 경제상황(경기)은 고점 수준에 도달하게 된다. 물론, 경기불황 상태에서는 경제후퇴로 경제규모가 위축되지만, 반면 경기호황 상태에서는 경제성장으로 경제규모가 증가하게 된다. 경제규모의 관점에서 보면, 경제성장은 분명 경제규모를 증가하게 하는 플러스 요인이 되는 것이다. 따라서 단기적으로는 경제성장이 경제규모가 증가함으로써 사회 전반에 걸쳐 긍정적인 영향을 미치므로 경제는 성장해야 한다는 논리가 타당하게 보인다. 그러면, 경제성장을 어떻게 측정해야 하는가? 경제현실에서도 자주 언급되는 **경제성장률**이 대표적인 경제성장의 측정지표라고 할 수 있다. 경제성장률은 직전 회계연도(전년)를 기준으로 특정 회계연도(통상 1년 기준) 국내총생산(GDP)의 변화율(불변가격 환산)을 계산한 값이다. 그리고 경제성장률은 경상GDP 증가율이 아닌, 실질GDP 증가율로 측정된다. 경제지표에서 '실질'이라는 개념이 빈번하게 사용되고 있는데, 그것은 경상(명목)가격을 물가(상승)로 할인한 값이다. 실제로 경제성장률은 경상GDP 증가율에서 GDP 디플레이터(국민소득 계정)로 할인하여 계산된다. 국내총생산은 연간 국내총생산에 포함되는 모든 부가가치의 합계를 자국 통화로 계산해야 하는데, 그 산출과정이 상당히 복잡하다. 국제통화기금(IMF)은 매년 190개국에 달하는 국제통화기금 회원국의 국내총생산을 추계하고 있는데, 각국의 국내총생산에 관한 기본적인 통계는 각국의 중앙은행이 산출한 자료를 기반으로 국제통화기금의 조정과 확인 등의 작업을 거쳐 발표된다.

: 국가와 사회의 발전 :

경제학을 최초로 학문적 계보로 올린 스미스(국부론: 572, 627)는 사회의 연간 수익은 연간 총생산의 (교환)가치와 정확하게 일치한다고 주장했다. 따라서 개인은 안전과 이득을 위해 자신의 의도가 아닌 '보이지 않는 손'에 의해 자기자본을 투입하거나 산업생산에 직접적으로 관여함으로써 국내 산업을 지원하는 데 기여하려는 경향이 있다고 분석했다. 스미스는 또 자신의 이익을 추구함으로써 의도했던 것보다 사회의 효율성을 더 제고할 수 있으며, 무역수지가 악화되더라도 국내소비의 증가가 사회의 '공공의 선'을 위한 거래(무역)에도 긍정적인 영향을 미칠 수 있다고 주장했다. 부연하면, 스미스는 자신의 이익 추구('보이지 않는 손')에 따른 경제행위가 국내 생산과 소비, 그리고 무역의 증가에 기여할 수 있다고 보았다. 스미스의 국부론에서 '보이지 않는 손'이 언급된 유일한 구절인데, 흔히 알려진 것처럼 개인의 비자발적인 이해관계(행동)에 의한 시장의 작동원리를 스미스가 설명하려고 한 것이 아니라 국가와 사회의 생산과 소비를 위해 기여할 수 있는 개인의 경제적 역할을 강조한 것이다. 따라서 스미스(국부론: 572, 627)가 주장한 시장의 작동원리에 대한 '보이지 않는 손'에 관한 논리가 스미스의 중심적인 핵심사상이 아니라는 점이다. 왜냐하면, 스미스는 『국부론』에서 재정지출(국부론: 879~1,031), 지대이론(국부론:

198~348), 재정수입(국부론: 1,032~1,152), 식민지이론(국부론: 704~814) 등에 관하여 '보이지 않는 손'과는 비교할 수 없을 정도로 훨씬 더 많은 분량을 할애하면서 자신의 견해를 담았다. 말하자면, '보이지 않는 손'에 관하여 부정확하게 알려진 기존의 통설(스미스의 사상)이 얼마나 대중의 인식 속에 고착되었는지를 보여주는 대표적인 사례라고 할 수 있다. 또한, 스미스(국부론: 10~12)는 노동의 전문적인 분업의 산출(량) 증가에 대한 효과를 '핀 제조공장'의 사례로 설명했는데, '보이지 않는 손'과 마찬가지로 스미스의 경제철학을 대표한다고 할 수 없다. 왜냐하면, 스미스가 『국부론』에서 언급한 '핀 제조공장'의 사례는 3쪽 정도의 분량(내용)에 불과하고, 단 한 번의 설명에 그치기 때문에 스미스의 대표적인 사상이라고 할 수 없다. 흥미롭게도 노동의 전문적인 분업에 대한 스미스의 사상은 독일의 대문호인 요한 볼프강 폰 괴테(1749~1832)의 '파우스트적인 인간형'과는 대비된다. 괴테는 『빌헬름 마이스터의 편력시대』(1829)에서 사회적 분화와 직업적 전문화 시대에 행위윤리(칼뱅주의)를 중요시했으나, 『파우스트』(1831)에서는 개인의 삶을 전문적인 직업노동에만 한정하는 것은 '파우스트적인 인간형'을 포기한 것이라고 주장하면서 현시대에는 끊임없이 새로운 체험(자극)과 지식을 추구하는 '파우스트적인 인간형'이 요구된다고 강조했다. 그러나 경제학의 분야에서 '유효수요이론'(경제행위의 공급측면보다는 유효수요에 의한 국내총생산 산출에 관한 중점연구)을 정립한 케인

즈는 『설득에 관한 에세이』(1931)에서 경제활동의 자유방임에 관하여 설명했다. 케인즈는 자유방임의 목적은 관행으로 인정되는 '자연적인 자유'를 개인이 소유하거나 소유자의 '영속적인 권리'를 부여하는 협정이 아니라고 주장했다. 부연하면, 자신의 이익이 공공의 이해(이익)에서 항상 작동된다는 경제원리는 그릇된 추론이며, 개인은 자신의 목적을 위해 무시될 정도로 미약한 경제행위를 별도로 하려는 경향이 있다는 것이다.

고전학파는 완전고용을 가정하고 있는데, 프랑스 경제학자인 장 밥티스트 세가 주장한 '세의 법칙'("공급이 수요를 창출한다.")을 기본으로 고전학파는 모든 생산과 고용 수준에서 (총)수요가격은 (총)공급가격과 일치한다는 '중립적 균형'을 제기했다. 그러나 케인즈(일반이론: 26)는 단기적으로는 불완전고용 상태가 일반적이라고 가정하고, 균형상태에서 고용규모는 (총)공급함수, 소비성향과 투자규모에 의해 결정되며, 이는 고용에 관한 일반이론의 핵심사항이라고 규정했다. 부연하면, 케인즈는 고용(산출) 규모를 증가하기 위해 소비와 투자를 늘려야 한다고 주장했기 때문에 케인즈의 『일반이론』은 소비이론 또는 투자이론에 관한 것이다. 케인즈(일반이론: 79)에 따르면, 고용규모는 총공급함수와 총수요함수가 서로 교차하는 수준에서 결정된다고 분석했다. 케인즈(일반이론: 27)는 특히 사회의 소비지출(기대)과 신규투자(기대)를 합산한 값이 '유효수요'이며, 실질임금 수준이 동일한 상태에서는 소비성향과 신규투자율이 고용(규모)을 결정한다고 주장했다. 케인즈(일반이론: 47~56)는 '유효수요'에 의해 결정되는 (총)소득은 산출물의 가치이며, 소득은 소비와 투자를 합산한 값이라고 정의를 내렸다. 케인즈는 『일반이론』과는 별도로 『화폐론』(1930)에서는 '유효수요' 증가는 저축에 대한 투자의 증가(기대)에 의해 영향을 받는다고 설명했다. 부연하면, 케인즈는 고용증대가 기업에 의한 투자의 증가에 기인한다는 점을 강조한 것이다. 케인즈(일반이론: 215~218)는 자본주의 경제체제에서 종속변수는 임금(단위)으로 측정된 고용규모와 국민소득이며, 독립변수는 '소비성향', '자본의 한계효율'과 '이자율'이라고 분석했다. 최종적인 독립변수에 영향을 미치는 요인으로는 심리적인 요인, 고용주와 노동자간의 협상에 의해 결정되는 임금(단위), 그리고 중앙은행(행위)에 의해 결정되는 화폐(량)인데, 이중 심리적인 요인에는 소비성향, 유동성에 대한 심리적인 태도와 자본(자산)의 미래 수익에 대한 심리적인 기대(예상)가 반영된다는 것이다. 케인즈가 인간의 심리적인 요인이 경제행위에 중요하게 작용하고 있다는 사실을 관찰했다는 점에서 행위경제학과의 연계성이 돋보이는 부분이다. 또한, 케인즈(일반이론: 218)는 고용의 증가(또는 감소)는 '유동성선호'의 증가(또는 감소)에 의해 영향을 받을 가능성이 크며, 다시 유동성선호에 영향을 미치는 방법(동기)들이 화폐에 대한 수요 증가(또는 감소) 경향에 영향을 미치는 요인이 된다는 '유동성선호이론'을 제기했다. 부연하면, 케인즈는 유동성선호에 의한 화폐 수요의 증가가 고용(산출)의 증가에 영향을 미친다는 논리를 편 것이다. 케인즈(일반이론: 266)는 유효수요(양)에 대한 화폐(양)의 주요 변화(효과)는 이자율의 변화에 기인하는데, 특히 화폐수량의 변화는 유동성선호(계획), 자본의 한계효율(계획)과 투자승수효과(3대 요소)에 영향을 받는다고 분석했다. 부연하면, 화폐수량은 유동성선호, 자본의 한계효율과 투자승수효과에 의해 영향을 받지만, 그 기저에는 이자율의 변화가 가장 중요한 역할을 한다는 것이다. 케인즈(일반이론: 333)는 '이자율이론'과 관련하여, 완전고용은 필연적으로 투자규모에 의해 결정되고, 그 투자규모는 낮은 이자율에 의해 촉진다고 강조했다. 따라서 완전고용 수준에서 자본의 한계효율(계획)과 비교해 이자율을 인하하는 조치가 최선의 대책(경제적 이득)이라는 것이다. 케인즈(일반이론: 276)는 '화폐수량이론'에서 장기적으로는 국민소득과 화폐수량간의 관계가 유동성선호에 의해 결정되며, 물가의 안정성(또는 불안정성)은 생산체계의 효율성(증가율)과 비교해 임금(단위)(또는 비용단위)의 상승추세(강도)에 의해 영향을 받는다고 주장했다. 즉, 케인즈는 임금(생산비용) 상승에 의해 물가도 상승할 수 있다는 논리를 기반으로 임금과 물가의 비례관계를 주장한 것이다. 그런데, 생산(고용) 증가에 관하여, 케인즈는 『일반이론』에서 '재정지출'을 통한 경기부양대책에 관하여 단 1회의 언급도 하지 않았다. 다만, 케인즈는 소비성향에 영향을 미치는 객관적 요소로 재정정책의 변화(일반이론: 84) 등을 예시했을 뿐이다. 부연하면, 개인의 저축(또는 소비)성향이 미래의 기대수익에 영향을 받는다는 가정에서 소비성향은 이자율뿐만 아니라 정부 재정정책의 변화(소득과 자본에 대한 과세)가 소비와 유효수요 변동에도 영향을 미친다는 논리다. 즉, 케인즈는 정부수입(조세) 정책을 통해 소비성향을 변화시켜 유효수요 및 생산(고용) 변동(감소)에 미치는 영향을 분석했으며, 재정지출을 통한 유효수요 및 생산 변동(증가)에 관한 주장을 일반이론에서는 언급하지 않았다. 말하자면, 케인즈의 '유효수요이론'이 재정지출 확대를 통한 생산(고용) 증가(가능)를 강조했다는 기존의 통설이 또 다시 부정확하게 알려진 것이며, 더구나 '보이지 않는 손'과 마찬가지로 재정지출에 관한 분석을 거의 하지 않은 것이다. 재정지출과 관련하여, 통화주의 주창자인 프리드먼(자본주의와 자유: 93)은 국민경제와 개인의 문제(영역)에 대하여 오히려 정부의 역할을 고민해야 한다고 주장했다. 프리드먼의 재정지출에 대한 인식은 복지국가(사회)의 철학과도 연결되지만, 그의 재정지출에 관한 철학은 '톱니효과이론'(소비수준의 소득에 대한 비탄력적 특성)을 통해 실제로 적용되고 있다고 분석했다. 그러나 재정지출의 증가는 구조적인 장기침체의 불안요인을 억제하거나 경기를 부양할 수 없다고 프리드먼은 강조했다. 재정지출의 증가가 기업(민간)의 지출(투자)에 의해 얼마나 상쇄될지에 대한 의문(재정지출의 투자에 대한 구축효과)을 제기했다. 그리고 프리드먼(자본주의와 자유: 240~241)은 정부 조치(정책)가 시장에서는 임시적 대책(방편)에 불과하기 때문에 중장기적으로는 사회의 발전에 크게 도움이 되지 않고 방해가 된다고 주장했다. 따라서 재정지출보다는 자유시장을 통해 협력하는 개인의 기획력과 그리고 추진력에 의해 사회가 발전한다는 것이다.

: 경제성장 기여도 :

포괄적으로 국내총생산(GDP)에는 소비, 투자, 무역 등의 분야가 반영된다. 경제학에서는 국내총생산을 지출(수요) 관점에서 가계소비, 정부소비(재정지출), 기업과 정부의 투자, 수출과 수입으로 구분하고, 각 분야의 경제성장에 대한 기여도를 반영하고 있다. 경제학(경제성장론 또는 경제발전론 등)에서는 경제성장에 관한 다양한 해석을 할 수 있으나, 실물경제와 화폐경제에서 실제 적용될 수 있는 이론에는 그 이론이 현실적으로 부합할 수 있는 타당성 정도에 따라 이론의 적합성을 평가할 수 있다. 내수(소비와 투자)에 의존적인 선진경제권에서는 수출보다는 내수가 중요시되고, 무역의존도가 상대적으로 큰 소규모 경제권에서는 내수보다는 수출이 경제성장에 대한 기여도가 큰 편이라는 분석(시각)이 일반적이었다. 글로벌 금융위기 이후 2008~2015년 유럽지역에서 내수(소비 · 투자)와 수출의 경제성장 기여도를 관찰해보면, 고성장군(스웨덴 · 아일랜드 · 룩셈부르크 · 아이슬란드)에 속한 국가에서는 저성장군(이탈리아 · 그리스 · 우크라이나 · 세르비아)에 속한 국가에 비해 내수보다는 수출의 성장기여도가 더 높은 것으로 조사되었다. 부연하면, 고성장군에서는 수출의존도가 더 크게 나타난 반면, 저성장군에서는 상대적으로 소비의존도가 더 큰 것으로 나타나 일반적인 통념과는 다른 양상을 보였다. 즉, 2015년 기준으로 고성장군의 수출의존도(수출/GDP)는 평균 105.1%인데 비해, 저성장군의 수출의존도는 평균 40.2%로 나타났다. 따라서 지속적인 경제성장을 위해 가계소비가 제한적인 여건에서는 글로벌 경쟁력에 바탕을 둔 수출증대가 보다 효과적인 경제성장의 대안이 될 수 있다는 의미로 해석된다. 또 2016년 기준으로 정부채권 신용등급(무디스 기준)은 고성장군 국가는 Aaa~Baa2, 저성장군에 속한 국가는 Baa2~Caa3로 각각 분류되어 고성장군 그룹의 국가리스크 평가수준이 상대적으로 양호했다. 그리고 '다보스포럼'이라고 불리는 세계경제포럼(WEF)이 매년 발표하는 글로벌 경쟁력지수(GCI)도 고성장군에 속한 국가가 상위(순위)에 포진해 있다는 점도 많은 함의를 내포하고 있다. 2016년 기준으로 고성장군의 글로벌 경쟁력지수 순위는 스웨덴 9위, 룩셈부르크 20위, 아일랜드 24위, 아이슬란드 29위로 대부분 상위권으로 평가되었으나, 저성장군의 순위는 이탈리아 43위, 우크라이나 79위,

그리스 81위, 세르비아 94위로 평균적으로 중위권 이하로 평가된 점도 경제성장과 국가경쟁력간의 관계를 추론할 수 있는 또 다른 근거가 될 수 있다. 글로벌 경쟁력지수는 2004년부터 140개국 내외의 국가를 대상으로 기초여건(제도, 인프라스트럭처, 거시경제, 보건 · 교육), 효율성(상품 · 노동 · 금융시장, 기술수준, 시장규모), 혁신(기업경영) 등의 분야에 대해 매년 평가하고 있다. 우리나라에서는 내수와 수출이 모두 중요하므로 경제성장을 위해서는 내수 증가를 위한 소득수준 증가와 이자율 인하, 수출 증가를 위한 무역상대국의 실질구매력(국민소득) 상승과 수입수요 증가 등의 경제여건이 호전되어야 한다. 미국 경제학적 접근방법(경제이론) 또는 미국 위주의 경제정책이 우리나라 경제현실에는 적합하지 않은 이유는 내수와 수출의 경제성장에 대한 기여도가 상이하며, 따라서 경제성장을 위해 중점적으로 추진해야 하는 정책적 우선순위에서도 차이나기 때문이다. 더구나 우리나라가 한국전쟁(1950~1953) 이후 비약적인 경제성장으로 소위 '압축성장'의 대표적인 모델국가로 불리며 후진국 경제성장을 위한 모범사례로 회자되고 있다. 그러나 과거 우리나라의 경제성장 과정에서 직면한 대내외 경제여건은 현재 후진국과 비교하면, 상당한 격차가 있으므로 우리나라의 성장모델을 그대로 적용하는 것은 논리적 모순이다. 그리고 경제성장의 초기단계에서는 성장과정에 진입할수록 평균 10% 이상의 경제성장률을 10~20년간 지속되는 사례가 적지 않다. 소비에트경제연합(소련)의 경우도 과거

1930~1950년 평균 10% 이상의 고도성장을 달성한 사실 등을 고려하면, 경제성장의 초기단계부터 성장단계에 이르는 기간에서는 기록적인 경제성장률을 보이다가 성숙단계에 진입할수록 경제성장률은 정체되거나 오히려 하락하는 경향을 나타낸다. 경제발전단계에서도 '수확체감의 법칙'이 적용되는 것이다. 따라서 경제성장의 추세와 기여도에 대한 분석은 국가별로 매우 상이한 상황과 여건에 처해 있으므로 공통적으로 적용할 수 없고 개별적으로 다루어야 할 사안이다.

: 경제성장률과 국민소득 :

경제행위의 주체는 소비자와 생산자로 크게 구분할 수 있으나, 국내총생산 산출에서 소비는 가계와 정부, 투자는 기업과 정부, 수출과 수입은 기업이 그 경제행위의 대표적인 주체가 된다. 따라서 국내총생산 산출을 위해서는 가계의 소비지출, 정부의 재정지출, 기업과 정부의 투자와 수출입 등에 관한 정확한 통계자료가 전제되어야 한다. 연간 국내총생산이 산출되면, 전년의 국내총생산에 대한 변동률을 계산하여 증가한 경우 경제성장률은 플러스(+) 성장이라고 하고, 감소한 경우는 마이너스(-) 성장이라고 한다. 플러스 성장은 경기호황 국면에 진입한 상태이지만, 마이너스 성장은 경기불황 또는 경기침체 국면에 진입한 상태다. 미국 경제학자인 대니 로드윅은 『무역에 관한 직설』(2018)에서 '경제성장의 가속도' 현상은 1인당 경제성장률이 최소한 8년 이상 매년 2%포인트 증가하고, 그 이후에도 연간 최소 3.5% 이상 증가하는 상태라고 정의했다. 그러나 국제통화기금은 경제성장률이 2분기 연속 전년 동기간에 비해 마이너스를 기록한 경우를 '경기침체'로 규정하고 있다. 경기침체가 지속되면, 사회 전반에 걸쳐 부작용이 크게 나타나는 경향이 있다. 기업의 투자성향과 가계의 소비지출이 위축되면, 경제성장률은 크게 하락하게 된다. 경제성장률 하락은 다시 가계의 구매력 저하로 연결되며 소비지출이 더욱더 위축되는 악순환이 계속되고, 기업의 매출부진으로 영업실적이 악화되면서 생산설비 축소, 근로자 해고 등 기업의 구조조정으로 인해 경제성장은 사실상 정체상태에 있게 된다. 더구나 기업의 부도, 가계의 파산 등과 더불어 외부경제의 충격 등으로 경제위기 상태로 악화되면, 그 경제적 피해는 너무나 크다. '경제위기'를 어떻게 정의할 것인지에 대한 논란은 있으나, 경기침체(경기순환 현상) 국면을 넘어 거시경제상황이 제대로 작동되지 않는 상태인데, 일반적으로 연간 경제성장률이 마이너스(역성장) 상태에 있는 경우(경제 구조적 측면)를 지칭한다. 경제대공황(1929~1933), 글로벌 경제위기(2008~2009), 코로나바이러스 확산(2020~2021) 등 경제위기 기간의 경제성장률은 예외 없이 마이너스(역성장) 상태였다. 예를 들면, 남유럽 재정위기(2010~2012)

로 인해 유로존(유로를 자국의 법정통화로 도입한 유럽연합(EU) 회원국: 2023년 1월 기준 20개국)의 평균 경제성장률은 2012년 -0.9%를 기록했다. 특히 경제위기로 차관(EU · IMF · ECB)을 받은 그리스는 2008년부터 역성장을 나타내면서 2011년 -9.1%, 2012년 -7.3% 등 유럽연합 회원국 중에서 최저 수준이었다. 과거 경제위기 사례를 관찰해 보면, 통상 경제위기는 그 위기의 정도가 약한 수준에서 심각한 상태로 전개될 가능성이 있는데, 초기 단계에서는 유동성위기(자금의 미스매치 등으로 인해 유동성 경색현상 발생)에서 시작하여 위기 극복이나 해소가 어렵게 되면, 금융 · 외환위기, 재정위기, 채무위기(채무불이행 상태) 등으로 그 위기의 정도가 강해지는 경향이 있다. 경기침체로 경제사회적인 부작용이 너무나 크기 때문에 경제위기는 발생하지 않아야 한다. 더구나 마이너스 경제성장에 따른 사회적 손실을 실질적으로 추산하기도 쉽지 않다. 1974~2010년(37년간), 국제통화기금으로부터 긴급 구제금융(대기성차관 또는 확대신용공여차관)을 지원받은 신흥경제권의 경제위기(t년)의 실증분석 결과, 경제위기 발생 직전(t-1년)에는 (1인당)경제성장률, 재정수지/GDP, 자본수지/GDP 등에 관한 거시경제지표가 악화된 것으로 나타났다. 요컨대, 긴급 차관을 받은 신흥경제권에서 경제위기의 선행변수 가운데, 1인당 경제성장률이 가장 악화된 것으로 나타나 경제기초여건에서 1인당 경제성장률에 대한 중요도를 아무리 강조해도 지나치지 않다. 그러나 현실적으로 무한정 계속해서 경제성장이 플러스 상태만 유지할 수 없다. 그리고 특정연도의 경제성장률은 그 전년에 국내총생산과 비교한 값이므로 전년의 국내총생산이 지나치게 많거나 또는 적은 경우에는 경제성장률에 대한 분석과 진단에서 착시현상(판단오류)이 발생하기 쉽다. 예를 들면, 전년의 경제성장률이 지나치게 높은 경우에는 비교적 높은 경제성장률에도 불구하고, 경제성장률은 오히려 낮은 수준으로 산출된다. 반대로, 전년의 경제성장률이 지나치게 낮은 경우 상대적으로 낮은 경제성장률을 기록했음에도 불구하고, 경제성장률은 높은 수준으로 산출하게 된다. 이런 경우를 경제학에서는 '기저효과'라고 부른다. 기업에 대한 영업실적에 대한 분석에서도 전년 동기간에 비해 영업실적의 호전 또는 악화를 평가할 수 있는데, 비교적 선방했던 영업실적도 전년의 지나치게 양호한 실적으로 인해 영업이익증가율은 크게 증가하지 않거나 경우에 따라서는 하락하는 결과와 유사한 맥락이다. 반대로 영업실적이 그렇게 개선되지 않았음에도 불구하고, 전년의 영업실적이 너무 저조하여 영업이익증가율이 과대평가되는 사례가 흔히 있다. 개인의 학업성적도 유사한 사례가 될 수 있다. 일시적으로 성적이 급격히 향상되거나 하락하는 경우에는 특별한 이유가 있겠지만, 그 성적을 1년 이상으로 종합추계하면, 전혀 상이한 결과가 나타날 수 있다. 따라서 경제성장률은 전년과 비교하여 산출하는 방식은 적절하지 않다. 그러면, 어떻게 할 것인가? 경제성장률 추계를 단기(1년)간의 경제성장률을 기준으로 비교하기보다는 중장기(2년 이상) 관점에서 경제성장률을 비교하면, 보다 정확한 경제성장의 수준과 추세를 파악할 수 있다. 말하자면, 장기간(3년, 5년, 또는 10년 기간)에 걸쳐 경제성장률의 평균치를 기준으로 경제성장의 추세를 비교하면, 경제성장의 수준과 규모를 제대로 진단할 수 있다. 경제협력개발기구(OECD)에서는 통상 3년간의 경제성장률 평균치를 기준으로 경제성장의 추세를 비교하고 경제기초여건(펀더멘털)을 평가하고 있다. 거시경제지표에서 1년간 경제성장률 통계를 기준으로 적용(발표)하지 않은 것이 오히려 경제의 실상에 대한 판단오류를 범하지 않는 것이라고 할 수 있다. 또한, 경제성장률을 기준으로 국가간 경제상황 또는 경제수준을 비교하는 것은 정확하다고 할 수 없다. 왜냐하면, 경제위기에 처한 국가들은 예외 없이 마이너스(-) 경제성장률을 기록하지만, 경제성장률이 몇% 수준이 적정한지에 대해서는 논란의 여지가 많기 때문이다. 경제성장률(1년 단위)의 수치가 정확하게 그 경제의 상황과 수준에 대한 진단 또는 평가에 비례하지 않거니와, 경제성장률이 상대적으로 낮아도 경제기초여건이 더 양호한 경우가 발생하기 때문이다. 예를 들면, 선진국과 후진국의 경제성장률 추이를 살펴보면, 일반적으로 후진국의 경제성장률이 선진국보다 더 높은 경우가 나타나는데, 이는 '수확체감의 법칙'과 유사한 현상이다. 따라서 후진국에서 선진국으로 전환될수록 고도 경제성장을 달성하기가 더 어려워지고, 선진국에서는 5% 이상의 경제성장률을 기록하기가 현실적으로 불가능한 상태다. 따라서 선진경제권에서는 특별한 성장요인이 없는 한 경제성장률이 정체되는 이유가 되는 것이다. 경제성장률 이외에 경제성장의 결과를 측정하는 대표적인 방법으로는 국민소득의 수준에 대한 비교라고 할 수 있다. 생산의 관점에서 추계한 국내총생산과는 다르게, 국민소득(GNI)은 국민소득계정에 따른 회계방법에 의해 산출된다. 또 국내총생산은 속지주의(지역) 개념인데, 국민소득은 속인주의(국민)에 따른 것이다. 예를 들면, 우리나라에서 외국인이 벌어들인 소득은 국내총생산에 포함되지만, 우리나라 국민이 외국에서 벌어들인 소득은 국민소득에 해당된다. 그래서 국내총생산의 값과 국민소득의 값은 차이가 날 수 밖에 없다. 그러나 국가리스크 평가에서는 국민소득(또는 GNP)보다는 국내총생산에 관하여 더 숭섬석으로 반영하고 있다. 왜냐하면, 다국적기업(MNCs) 등에 의한 외국인투자 확대 등으로 경제여건이 개방화됨에 따라 국가단위의 경제활동을 총체적으로 파악할 필요가 있기 때문이다. 또한, 세계적으로 경제개방화가 진전됨에 따라 나타난 현상은 산업화된 선진국과 개발에 뒤쳐진 후진국간의 소득격차가 더 심해졌다는 것이다. 이런 현상은 주요상품(소비재) 생산에서 특화된 중심국과 주변국의 경제지역을 구분해서 살펴보면, 분명하게 대비된다.

: 국부론 :

더욱 중요한 문제는 "국가의 국부를 무엇으로 어떻게 규정하느냐?" 하는 것이다. 국부를 정확하게 산출할 수 없지만, 마샬(경제학원리: 198)이 국부의 증대에 관한 통계를 비교분석한 자료에 의하면, 선진경제권의 국부(백만 파운드)는 미국 13,200(1890년), 영국 10,037(1885년), 프랑스 9,400(1892년) 수준이었지만, 동 기간 중 1인당 국부(파운드)는 영국 270, 프랑스 247, 미국 208 수준이었던 것으로 추정되었다. 말하자면, 1880년대 후반 선진경제권에서 국부의 규모는 미국이 세계 최대였지만, 1인당 국부는 영국이 최고 수준이었다는 점을 유추할 수 있다. 경제학에서 국부에 관하여 최초로 분석한 스미스(국부론: 98, 326)는 "국부(실질가치)는 실질적으로 생산요소(토지 · 노동)의 연간 생산량으로 산출되며, 수익과 축적물의 증가에 따라 국부는 증대한다."고 설명했다. 스미스의 논리를 해석하면, 국부는 생산요소를 투입한 결과물이며, 수익이 증가하거나 산출물이 축적되면 국가경제의 규모는 커진다는 것이다. 스미스는 또 국가의 수익과 자본(국부)이 증가함에 따라 임금에 의존적인 노동자에 대한 노동수요가 필연적으로 증가하지만, 반대로 국부가 증대하지 않으면 노동자에 대한 노동수요도 증가하지 않는다고 역설했다. 말하자면, 노동수요(기업)의 필요조건은 국부(자본)의 증대라고 본 것이다. 스미스(국부론: 328)는 기계의 정교한 개량과 노동(작업)의 적정한 분업과 배분을 통하여 작업의 향상이 자연적으로 달성되며, 이로 인해 특정 작업(단위당)을 수행하는 데 요구되는 노동의 양도 줄어든다고 분석했다. 부연하면, 기술의 발전과 잘 분업화된 노동(작업)으로 국부의 증대가 가능하며, 노동생산성도 향상된다는 것이다. 스미스(국부론: 372)는 또 노동의 생산능력이 축소되지 않는다면, 고정자본의 관리와 유지에 소요되는 비용을 절약하여 산업자본(기금)에 대한 투입이 증가하고, 그 결과 사회의 (실질)수익, 즉 토지와 노동의 연간 생산량이 증가할 수 있다고 분석했다. 스미스(국부론: 431)는 자본의 증가(또는 감소)에 의해 국가 산업의 실질생산(양), 생산자(수), 토지와 노동의 연간 생산물의 (교환)가치, 그리고 국민의 실질적인 재산과 수익의 증가(또는 감소) 현상이 자연적으로 나타나는 경향이 있다고 주상했다. 다시 말하면, 스미스는 국부(연간 생산물) 증대의 필요조건은 토지와 노동 이외에도 자본과 기술의 발전이라고 보았는데, 따라서 스미스를 노동가치설을 주창한 대표적인 경제학자로 단언하는 것은 다소 무리가 있다. 왜냐하면, 스미스는 자본의 투입과 기술의 발전으로 국민의 실질 수익과 재산이 증가할 수 있다고 분석했기 때문이다. 고전학파의 기본적인 경제논리를 이어간 마샬(경제학원리: 193)은 미래를 위해 현재의 즐거움을 희생하는 것을 '자제'로 불렀는데, 일반적으로 '부의 축적'은 즐거움에 대한 연기 또는 기다림의 결과라고 주장했다. 마샬의 이런 주장은 스미스의 낭비(사치)에 대한 비판과 절약을 통한 저축에 동조하는 견해라고 보여지며, 따라서 마샬도 개인의 경제행위에서 소비보다는 저축을 중요시한 것으로 추정된다. 특히 마샬(경제학원리: 443)은 부의 축적이 자기통제의 습관, 미래 실현가능성과 가족간 애정의 힘에 의해 통제된다고 강조했다. 또한, 부의 축적에 대한 필요조건은 미래에 대한 보장인데, 다양한 방법에 의한 지식과 지능의 진보가 '부의 축적'을 가능하게 할 수 있다고 설명한 것이다.

한 국가의 경제력을 평가할 때, 경제규모에 대한 통제가 가능하느냐의 문제도 중요된다. 그것은 다름 아닌, 우리나라의 경제를 우리 자체의 힘으로 관리할 수 있는 '주권'의 문제다. 해외투자기업의 관점에서 보면, 투자에 따른 '이익의 중심'이 어디에 귀속되어 있느냐의 문제라고 할 수 있다. 따라서 한 국가의 경제규모를 비교할 때, 통제 가능한 국민소득(속인주의)이 국내총생산(속지주의)에 비해 그 국가의 경제규모(경제력)를 측정하는 데 더 적합하다고 할 수 있다. 따라서 한 국가의 경제성장에 대한 측정방법에서 경제성장률(국내총생산 변화)보다는 국민소득이 더 타당하다. 그런데, 국민소득에 대한 평가방법의 측면에서 고려해야 할 요소가 있다. 예를 들면, 환율, 인구 등인데, 국내총생산은 자국통화 표시로 산출된 부가가치의 합계로서 국내총생산과 경제성장률 산출에서는 환율이 전혀 고려되지 않는다. 그러나 국민소득은 자국통화 표시로 산출되더라도 최종적으로는 환율변동을 고려하고 있다. 왜냐하면, 국민소득은 자국통화 표시의 값보다는 기축통화(미 달러) 표시로 환산한 값으로 국가간 소득수준을 비교하는 데 활용되기 때문이다. 기축통화는 미국 경제학자인 로버트 트리핀이 최초로 언급한 용어로 국가간 무역과 금융 거래에서 기준이 되는 화폐로서 브레튼우즈 체제(1944)가 출범한 이후에는 미 달러가 사실상 기축통화의 역할을 하고 있다. 국제적인 자금결제의 수단이 금과 은에서 화폐로 변경된 이후 파운드(영국)를 대체한 미 달러(미국)가 기축통화로서의 지위를 유지하고 있다. 따라서 우리나라의 국민소득(원화)도 미 달러로 환산한 미 달러 표시 국민소득으로 계산할 경우 원화의 미 달러에 대한 환율을 적용해야 한다. 그런데, 국민소득은 국내총생산과 마찬가지로 계속해서 누적되는 저량(스톡) 경제지표가 아니라, 회계연도 이후 사라지는 유량(플로우) 경제지표다. 따라서 환율을 적용할 때, 회계연도(1년) 기말환율이 아닌, 회계연도 연평균환율을 반영해야 한다. 부연하면, 국부와 총외채잔액에 대한 수치는 저량 경제지표로서 누적적으로 합산한 최종누계의 값인데 반해, 국내총생산과 국민소득에 대한 수치는 유량 경제지표이므로 회계연도가 지나면 사장되는 값이기 때문에 회계연도(연중) 기준으로만 산출된다. 경제학에서는 1년 단위의 경제수치 가운데, 저량 경제지표에 대해서는 연말 환율, 유량 경제지표에 대해서는 연중 (평균)환율을 각각 적용한다. 따라서 국내총생산(자국통화 산출)의 수치가 증가했다고 하더라도 환율상승(자국통화의 가치하락)에 따라 국민소득(비교기준)의 값이 오히려 감소할 수 있으며, 반대로 환율하락(자국통화의 가치상승)의 경우에는 국민소득의 값이 증가한다. 그래서 환율변동이 안정적인 수준에서 유지될 필요가 있는 것이다. 환율이 지나치게 상승하면 거시경제관리에 상당한 부담이 될 수밖에 없는데, 지나친 환율상승은 곧바로 수입물가의 상승으로 연결되어 무역수지와 경상수지가 악화되고, 심각한 경우에는 외환보유액의 감소로 외채상환능력이 저하됨에 따라 경제위기(외환위기 또는 외채위기)가 초래될 가능성도 있다. 우리나라도 1997년 말 경제위기가 발생하여 경기침체가 상당기간 지속되었는데, 당시의 경제위기를 외환·금융위기라고 부른다. 그런데, 아직도 많은 사람들이 속칭 'IMF 때'라고 언급하고 있는데, 이는 적절하지 않은 표현이다. IMF는 국제통화기금의 약자인데, 외환·금융위기를 그렇게 부르는 것은 어법적으로도 이해가 되지 않은 표현이므로 이제 그런 말은 대중 속에서 사라져야 한다. IMF는 경상수지의 불균형을 해결하기 위해 브레튼우즈(미국 뉴햄프셔주 휴양지) 체제에 의해 태동한 국제금융기구다. 1914년 이전 금본위제가 시행된 시기에는 완전한 자본이동이 신성불가침이었는데, 제1~2차 세계대전 중간시기(1919~1938)에는 자본계정의 개방화가 거시경제의 안정성과 양립할 수 없다는 주장(케인즈)이 제기되면서 1944년에는 자본통제(IMF 협정)에 대한 새로운 합의(컨센서스)가 브레튼우즈 체제에 담겨졌다. 이후 미국 주도의 브레튼우즈 체제는 1971년 8월, 미국 정부(닉슨 대통령)의 금 태환(미 달러의 금 교환) 중지 선언으로 동요(미 달러 가치하락)하기 시작하여 미국도 1973년 고정환율제도 폐기(변동환율제도 채택)로 브레튼우즈 체제도 붕괴되었다. 브레튼우즈 체제의 붕괴로 미 달러에 대한 국제사회의 신뢰도도 크게 저하되었다.

: 1인당 국민소득과 국민 의식수준 :

국가간 경제비교를 위해 미 달러 표시로 환산한 국민소득의 값을 그대로 적용할 수 있는가? 예를 들면, 중국과 스위스의 국민소득을 비교하면, 국민소득(총량)의 절대규모는 2020년 기준으로 중국이 스위스보다 20배 정도 많지만, 1인당 국민소득 수준은 중국이 스위스의 8분의 1에 불과하다. 국민소득의 국가간 비교에서 흔히 언급되고 있는 경제지표는 국민소득을 인구규모로 나눈 1인당 국민소득이다. 국가 전체적인 총량적 관점에서는 중국이 스위스보다 경제규모가 크지만, 국민 개개인(평균)의 경제적 삶의 수준은 스위스인이 중국인보다 더 높다고 해석된다. 더구나 명목가격으로 산출한 국민소득과 실질가격(물가 반영)으로 산출한 국민소득은 또 다른 관점에서 접근해야 한다. 국가간 국민소득을 비교하기 위해 명목가격을 물가로 할인한, 즉 실질가격으로 산출한 국민소득이 사실상 더 적합한 추계방법이라고 할 수 있다. 경제학에서는 실질가격으로 산출한 국민소득을 구매력평가지수(PPP)에 의한 국민소득으로 정의하고 있다. 부연하면, 국가별 물가수준의 차이를 감안한 실질국민소득이 국가간 비교에 더 많이 활용되고 있다. 그러나 또 다른 관점에서 1인당 국민소득 수준이 내포하고 있는 한계가 존재한다. 1인당 국민소득의 값은 양적(정량적) 개념이기 때문에 국민의 경제적 삶에 대한 질적(정성적) 수준의 차이를 반영하지 못한다는 비판이 있다. 국민수준에 대한 다양한 질적 분석에 대한 연구가 있음에도 불구하고, 국민소득에 대한 양적 개념이 국가간 비교에는 보다 명료하기 때문에 일반적으로 국가간 국민소득 비교분석에 1인당 국민소득이 활용되고 있다. 국민소득에 대한 질적 개념을 산출하기 위해서는 전문적인 연구기관 등에서 국민에 대한 설문조사 등의 방법으로 추계해야 하지만, 그 또한 정확하지 않고 산출된 값에 대한 분류가 쉽지 않기 때문에 양적 개념에 의한 (1인당)국민소득 산출방법이 더 현실적이라고 할 수 있다.

또한, 국민소득의 국가간 비교를 위해 인구에 대한 재해석이 필요하다. 인구가 증가하는 현상이 경제사회적으로 긍정적인가? 아니면, 부정적인가? 고전학파에서 『인구 원리에 관한 에세이』(1798)를 펴낸 토마스 맬서스(1766~1834)는 인구의 증가에 대해 부정적인 견해를 피력했지만,

최근 우리나라의 출산율 저하에 따른 인구의 감소가 사회경제적 논란이 되고 있다. 특히 노년계층의 증가로 인한 인구 고령화 현상이 가속화되면서 생산가능인구(15~64세)가 부담해야 하는 경제사회적 비용이 만만치 않은 점에 대해서는 경제 현실적인 측면에서 고려되어야 한다. 그러나 1인당 국민소득은 산술적으로 인구가 증가할수록 상대적으로 그 수준이 낮아지지만, 인구가 감소할수록 그 수준은 오히려 높아진다. 따라서 인구의 증가 또는 감소가 경제에 미치는 효과를 분석하기 이전에 국민 개개인의 삶의 수준을 국가간 비교하는 관점에서는 1인당 국민소득이 총량적으로 산출된 국민소득보다 더 적절하다고 판단된다. 경제협력개발기구에서도 국가의 소득분류에서 적용하고 있는 국민소득은 1인당 국민소득을 기준으로 하고 있다. 세계은행(World Bank)은 매년 1인당 국민소득에 의한 국가분류를 발표하고 있는데, 2020년 기준으로 고소득국(HIC)은 1만 2천 달러, 저소득국(LIC)은 1천 달러 수준으로 분류하고 있다. 국가도 개인과 마찬가지로, '3분의 1 경험법칙'(룰)이 적용된다. 사회생활에서 개인의 성공여부를 판단하기는 어려우나, 자신의 원하는 바를 성취하는 경우에 일반적으로 성공한 인생으로 평가할 수 있다. 성공비율을 정확하게 산출할 수 없으나, 경험의 법칙에 의하면 대체적으로 3분의 1은 성공, 3분의 1은 실패한 것으로 분류할 수 있다. 마찬가지로 한 국가의 경제성장 결과에 대한 실적(정책성과)은 (1인당)국민소득으로 귀결되는데, 세계은행 또는 국제통화기금 가입국

(190개국) 중에서 소득분류를 기준으로 경제성장을 달성한 국가(3분의 1)는 고소득국, 경제수준이 아직도 저개발 상태에 있는 국가(3분의 1)는 저소득국으로 분류된다. 또한, 경제협력개발기구는 국가리스크(외채상환능력 기준) 평가에서 경제성장률보다는 1인당 경제성장률을 거시경제 상황에 관한 중점 경제지표로 반영하고 있다. 왜냐하면, 국민소득이나 경제성장률은 총량 개념이므로 국민소득 또는 경제성장률 수준이 과다 또는 과소 계상되기 때문이다. 따라서 인구규모를 감안하여 할인한 값인 1인당 국민소득이나 1인당 경제성장률이 국민 개개인의 경제적 수준을 보다 정확하게 대변할 수 있다는 논리다. 1998~2006년(9년간), 중동부유럽 체제전환국(17개국)을 대상으로 국가리스크 평가등급에 대한 중점 평가요소를 살펴보면, 1인당 국민소득(GDP 기준), 외환보유액, 총투자율, 1인당 경제성장률, (순상품)교역조건과 단기이자율(대출금리)이 통계적으로 유의적인 경제변수로 선정되었다. 설명변수 중에서 1인당 국민소득의 국가리스크 평가등급에 대한 가중치(회귀계수)가 압도적으로 큰 것으로 나타나 국가리스크 평가등급(수준)이 1인당 국민소득(변동)에 의해 가장 많은 영향을 받는 것으로 추론된다. 부연하면, 국가리스크(평가등급)는 경제발전(1인당 경제성장률)의 수준과 경제기초여건을 가늠하는 대표적인 평가지표로 인식되고 있는데, 따라서 1인당 국민소득이 높을수록 경제기초여건이 양호하다고 평가할 수 있다.

그런데, 1인당 국민소득의 의미를 더욱 확장하면, 국민의 의식수준과도 연계된다. 일반적으로 국민의 의식수준은 그 국민의 문화수준과는 다르게, 국민 개개인의 시민의식(멘탈리티) 수준에 대한 평가로 표출된다. 선진국(고소득국)일수록 후진국(저소득국)에 비해 문화수준은 비교할 수 없어도 의식수준은 비례하는 경향이 있다. 1인당 국민소득의 수준은 시계열(특정대상의 시점비교) 분석과 횡단면(특정시점의 대상비교) 분석에서 비교 가능하다. 시계열 분석에 관한 사례를 들자면, 우리나라의 1인당 국민소득은 비약적으로 증가했지만, 그 국민을 구성하는 개개인의 시민의식은 상당한 격차를 나타내고 있다. 세계은행이 추계한 우리나라의 1인당 국민소득(GNI)의 추이를 10년 단위로 비교해보면, 1962년 120달러, 1970년 280달러, 1980년 1,870달러, 1990년 6,450달러, 2000년 11,030달러, 2010년 22,290달러, 2020년 32,930달러로 급증추세를 보였다. 1인당 국민소득 수준은 1962년을 기준으로 1970년은 2배, 1980년은 16배, 1990년은 54배, 2000년은 92배, 2010년은 186배, 2020년은 274배에 달할 정도로 자본주의 경제체제에서 보기 드문 경제 고도성장의 사례로 꼽힌다. 그런데, 인생에서 사회 경제적으로 가장 활발한 시기는 평균 40대(중반)인데, 1990년을 기준으로 보면 1950년대에 출생한 사람들(2020년 기준, 70대)이고, 2020년을 기준으로 1980년대에 출생한 사람들이다. 30년의 세대차이가 산술적인 측면에서의 연령의 격차뿐만 아니라 국민의 (평균)의식수준도 상당히 차이나는 경향이 있다. 우리나라의 1인당 국민소득이 정체상태에 있지 않고 증가하고 있는 상황에서는 의식수준의 격차가 존재하는 것은 당연하다. 물론 국민 개개인의 시민의식은 연령과는 비례하지 않지만, 경제발전에 따른 평균 국민의 의식수준은 과거보다는 향상되고 있다는 점을 부인할 수 없다. 한편, 횡단면 분석에 관한 사례를 들자면, 2020년 기준으로 고소득국 또는 저소득국 등 소득수준에 의한 국가 분류보다는 국민 의식수준이 선진국과 후진국으로 평가되는 경우 더욱 극명하게 나타난다. 인간의 속마음을 들여다보고 그 실상을 정확하게 판단하기가 쉽지 않기 때문에 국민 의식수준을 교양과 사고 등에 의한 내면의 수준 차이로 비교하는 것은 사실상 불가능하다. 그러나 의식수준이 외형적으로 드러나는 행태나 관습 등은 어느 정도 가늠할 수 있기 때문에 선진적인 또는 후진적인 고유의 특성이 나타나기 쉽다. 예를 들면, 공중도덕의 준수여부와 행동양식을 비교해보면, 선진적 국민일수록 주변에 피해주기 않기 위해 대중교통의 실내 공간에서 요란하게 떠드는 경우가 적고, 상대방과도 작은 음성으로 대화하는 경향이 있다. 반면, 후진적 국민일수록 대중교통의 비좁은 실내 공간에서 소음, 부딪힘 등 승하차와 착석 상태에서의 무질서 등 공중도덕에 대한 태도에서 혐오스러운 장면을 흔하게 발견할 수 있다. 또한, 온라인 공간에서도 당사자가 상처를 받을 수 있는데도 무심코 던진 댓글에 아무런 양심의 가책도 느끼지 못하는 행태, 자신은 각고의 노력을 하지 않으면서 타인의 부러움을 살 만한 성과에 대해 시기하거나 질투하는 행위, 타인을 잘 알지도 못하면서 함부로 평가하고 허위 루머를 퍼뜨리는 언행, 그리고 타인에 대한 지나친 간섭과 개입 등으로 정신적인 압박을 가하는 습관 등이 사회 전반에 걸쳐 횡행한다면, 그 사회는 정말로 건전하고 성숙된 국가라고 할 수 있는가? 이런 행태와 양식은 근본적으로 교양과 사고의 부족에서 기인하는데, 가정과 학교의 교육으로만 해결될 수 없다. 사회 전반에 걸친 공동규범에 대한 의식과 고착화된 관습에 대한 혁신 등으로 개선되어야 할 필요가 있다. 따라서 이런 사회적인 문제를 해결하기 위해 경제성장에 따른 국민소득 수준 향상으로만 기대하기는 어렵기 때문에 사회 전반에 걸쳐 총체적으로 의식개혁에 관해 치열한 고민이 필요한 것이다. 미국 경제학자인 대니 로드릭도 『무역에 관한 직설』(2018)에서 개발경제권에서 경제성장을 위해 기술의 습득과 노동력에 대한 교육, 제도와 지배구조의 향상, 생산성 제고를 통한 구조개혁(산업구조의 고도화)이 필요한데, 이중에서도 교육을 우선적으로 언급했다는 점을 다시 한 번 눈여겨봐야 한다.

스미스(국부론: 484)는 '국가의 진보'와 관련하여, "국가의 고용과 생활수준은 완성된 일(행위)에 대한 수요의 증가에 비례하여 증가할 수 있으며, 그 수요는 국민 교양수준의 확장(발전)에 의해서만 비례하여 증가할 수 있다."고 강조했다. 따라서 인간 사회의 제도가 어떤 상황의 자연적인 진행과정에 방해가 되지 않는다면, 모든 정치사회에서 '국가의 진보'(재산 포함)의 증가가 교양수준의 발전에 비례해서 필연적으로 수반된다는 것이다. 부연하면, 스미스는 일찍부터 교양과 의식의 수준이 국가의 진보에 필수적인 요건이라는 점을 강조한 것이다. 밀(정치경제의 원리: 198~199)도 '생산 증가의 법칙'과 관련하여, "노동자의 '지성'이 노동의 생산능력에서 가장 중요한 요소이며, 노동자의 신중함, 절약(검소한 태도), 그리고 일반적인 신뢰성(신용관계)도 지성만큼 중요하다."고 주장했다. 그리고 민주주의는 특히 '사회적 성숙' 수준을 필요로 한다고 밀은 강조했다. 고전학파(스미스·밀)는 국가의 발전과 국부의 증대는 교양수준과 지성 등의 사회적 성숙도에 의해 비례하므로 결국 국민 의식수준과 경제성장(1인당 국민소득)에 대한 상관관계는 비교적 높다고 추론할 수 있다.

1인당 국민소득의 거시경제상황에 대하여 중요한 의미를 부여하고 있는 경제협력개발기구는 '국가리스크 평가방법론'에서 1인당 국민소득이 높은 국가의 경제기초여건을 중요하게 평가하고 있다. 예를 들면, 우리나라는 1996년 경제협력개발기구에 가입한 이후 공적수출신용(정부의 수출지원을 위한 대출·보증·보험)에 대한 수출신용협약 참가국간 합의에 따라 최저프리미엄요율(MPR) 결정의 기준으로 국가리스크 평가등급을 적용하고 있다. 최저프리미엄요율은 각국 정부의 수출보조금 지원을 위한 과당경쟁을 방지하기 위해 공적수출신용에서 가격조건의 하한선을 정해 놓은 기준이다. 말하자면, 최저프리미엄요율은 수출지원 가격에 대한 덤핑방지 성격의 규정인데, 지나치게 낮은 수출지원 가격은 세계무역기구(WTO)에서 규정한 공정거래의 규칙(철학)에 위배되는 것이다. 그러나 세계무역기구는 경제협력개발기구의 공적수출신용에 의한 정부보조금 지원을 예외적으로 허용하고 있다. 그리고 최저프리미엄요율 산정에서 국가리스크 평가등급을 기본적으로 중요한 요소로 반영하고 있기 때문에 그 평가등급의 등락에 따라 최저프리미엄요율이 변동하게 되므로 수출지원 가격조건도 영향을 받게 되는 것이다. 경제협력개발기구 수출신용협약 참가국(선진경제권)은 1998년부터 세계 150개국에 대하여 국가리스크를 0~7등급의 8단계로 분류하고 있다. 경제협력개발기구의 국가리스크 평가등급에서 0등급은 리스크가 없는 상태로 보고 최저 수준의 프리미엄요율을 적용하지만, 7등급은 채무불이행 상태로 평가해 최대 수준의 프리미엄요율을 적용함으로써 사실상 공적수출신용을 지원할 수 없다. 우리나라는 2020년 기준으로 고소득국(세계은행 기준)에 분류되어 경제협력개발기구의 국가리스크 평가대상국이 아니다. 왜냐하면, 경제협력개발기구(무역국 수출신용과)는 자체 국가리스크 평가규정에 의해 경제협력개발기구 또는 유로존 회원국이고 고소득국(1

인당 국민소득 기준)인 국가에 대해서는 평가를 생략하고 0등급을 부여하고 있기 때문이다. 그러나 1997년 외환·금융위기로 인해 우리나라는 1인당 국민소득이 1997년 1만 달러 수준에서 1998~1999년에는 고소득국에서 이탈하여 2000~2002년의 기간에는 평가대상국으로 전락했다. 2000년 경제협력개발기구 국가리스크 평가에서 우리나라에 대하여 일본(1등급 주장)과 이탈리아(3등급 주장)를 제외하고는 정치적 위험(지정학적 리스크) 등을 이유로 대부분 2등급을 주장하면서 우리나라의 국가리스크 평가등급은 종전의 1등급에서 최종 2등급으로 하락했다. 우리나라의 국가리스크 평가등급의 하향조정 사유는 일차적으로 우리나라가 1인당 국민소득이 감소함으로써 경제협력개발기구의 '국가리스크 평가방법론'에 의해 평가대상국으로 분류된 데 기인한다. 경제협력개발기구 평가등급의 하향조정은 우리나라의 국제신뢰도가 악화되어 국제금융시장에서 자금조달이 어렵거나 조달비용이 높게 되는 파급효과가 발생한다. 또한, 우리나라의 주요 수출상대국(평가대상국)에 대한 평가등급의 하락은 공적수출신용 지원을 위한 최저프리미엄요율 상승으로 우리나라의 수출 가격경쟁력 하락과 수입 위축 등에 영향을 미치므로 국가리스크 등급의 하락을 최대한 억제해야 한다.

또 다른 관점에서 보면, 경제협력개발기구의 의사결정 방식은 만장일치가 원칙이기 때문에 소수의견이 존중되는 유럽적 의사결정 문화와 방식이 반영되고 있다. 예컨대, 1965년 프랑스 대표단의 유럽경제공동체(EEC) 각료이사회 출석거부('빈 의자' 사건)로 다수결에 의한 의사결정 방식이 문제가 되었다. 그래서 유럽경제공동체는 한 국가라도 그 국익에 반하는 경우가 있더라도 소수의견도 반영하는 의사결정(토론)에 대한 합의(룩셈부르크 콤프로마이즈)를 도출했다. 이런 의사결정 방식과 문화는 국민 의식수준과 결부되는데, 민주주의가 다수결에 의해 의사결정을 하다보면, 다수결의 횡포로 인해 의사결정의 중재 또는 의견의 수렴과 협치 관점에서 상당한 문제가 발생하기 쉽다. 프랑스 정치학자인 알렉시스 드 토크빌(1805~1859)은 『미국의 민주주의』(1840)에서 소수의 의견이 무시되는 다수의 횡포를 문제시했으며, 다수결에 의한 의사결정 방식은 민주주의의 결핍에서 나올 수 있으므로 소수의견도 수렴하는 사회적인 배려가 필요하다고 주장했다. 따라서 비록 다수는 아니지만 소수의 편에서 제기된 의견을 무시하는 형태는 오히려 비민주적인 의사결정 방식이라고 할 수 있다. 예를 들면, 의사결정의 방식에서 최고 경영진 또는 책임자 등 어떤 조직의 대표(상위계층 임직원)가 결정하여 하위계층 직원에게 일방적으로 전달되는 방식(탑-다운 방식)이 민주적인가? 아니면, 그 반대로 하위계층 다수의 토론과 의견수렴으로 논의된 내용이 그 조직의 상위계층(경영진 등 대표)에게 전달되는 방식(바텀-업 방식)이 합당한가? 유럽연합에서 일어난 대표적인 사례를 들자면, 2004년에 타결된 '유럽연합 헌법조약'이 당시 유럽연합 회원국의 국민투표 또는 의회승인으로 비준되는 과정에서 2005년 프랑스와 네덜란드가 부결하는 사태가 벌어졌다. 프랑스와 네덜란드는 유럽경제공동체의 창립멤버로서 여타 회원국에 비해 유럽연합에 대한 애착과 관심이 많은 국가들로 평가되었다. 그런데도 불구하고, 유럽연합 헌법조약이 부결된 이유와 배경은 무엇인가? 그 해답은 '민주주의 결핍'으로 추정된다. 유럽연합 헌법조약은 유럽연합을 대표하는 대통령을 선출하고 유럽 시민권을 발부하는 등 유럽연합을 실질적인 단일국가로 격상하려는 법적 근거를 마련한 것이다. 그런데, 프랑스와 네덜란드에서 나타난 국민들의 저항이 유럽연합 헌법조약에 대한 거부권으로 나타났는데, 가장 큰 이유는 유럽연합 국민들이 유럽연합 헌법조약에 대하여 충분히 인지하지 못한 데 기인한다. '유로바로미터'에 따르면, 유럽연합 국민들이 1만 쪽에 달하는 분량의 유럽연합 헌법조약을 제대로 알지 못하는 상황에서 단일국가의 구상에 대한 의미와 파급효과를 파악할 수 없었기 때문이라는 것이다. '유로바로미터'는 1973년부터 유럽연합 내부의 다양한 주제에 관하여 실시하고 있는 여론조사 채널이다. 부연하면, 유럽연합의 중요한 의사결정이 국민들의 자발적인 의사가 아닌 정치권(EU 이사회)에서 주도한 방식으로 추진되다보니, 그 추진과정에서 상당한 부작용이 발생한 사례라고 할 수 있다. 일반적으로 비상상황에서는 탑-다운 방식이 예외적으로 더 효과적일 수 있지만, 평상시에는 바텀-업 방식에 따른 의사결정이 별다른 무리 없이 효력을 발휘할 수 있다. 따라서 민주적인 의견수렴과 충분한 의사소통에 의한 의사결정 방식을 채택하는 경우 그 조직이 오히려 안정적이고 지속적으로 영위되는 등 조직의 생존 가능성도 더 강해지는 경향이 있다. 더구나 근소한 차이로 다수가 아니라는 이유로 무시되거나, 승자독식의 투표방식에 의한 의사결정과 여론조사 등은 첨예한 의견대립으로 인해 의사결정도 어려우며 민주적인 의사결정에 상당한 장애가 되는 경향이 있다. 또 다른 예를 들자면, 미국의 대통령 선거제도에서는 선거인단(대의원)을 통한 간접선거로 대통령이 선출된다. 그런데, 공화당(보수 진영) 또는 민주당(진보 진영) 의원이 근소한 차이라도 다수 의석을 차지하면, 그 지역선거구(의석)를 독식하는 이른바 '승자독식'의 형태로 대통령 선거가 실시된다. 어느 당이라도 의석수가 적게 되면, 당연히 그 당의 대통령후보는 대통령에 선출될 수 없지만, 선거구에 대한 득표수를 합산하면 오히려 많거나, 아니면 득표수에서 근소한 차이로 탈락하는 경우가 발생할 수 있다. 그럼에도 불구하고, 과반수이지만 한 표라도 더 많이 받은 의원이 소속 정당의 대통령후보를 선출하게 되고, 반대의 경우에는 무효표(사석 처리)가 되므로 결과적으로 여론수렴도 충분히 반영되지 않게 되는 것이다. 그럼에도 불구하고, 선거에서 승리한 여당(대통령)은 반대편에 있는 국민(정당)에 대해 임기기간(4년 중임가능) 내내 국정 주도권을 장악하게 되는 것이다.

과연, 민주적인 선거제도라고 할 수 있는가? 미국뿐만 아니라 대다수의 국가에서 오히려 극한적인 이념(이데올로기) 대립과 시대착오적인 발상으로 인해 정권 주도세력의 정치경제적 의사결정(정강)이 국민의 삶 속에 전혀 투영되지 않을 수 있다. 여·야간 정치적 투쟁만 지속되는 경우에는 국민들은 더 이상 정치권에 대한 기대와 열망이 식어가고, 특히 국가와 사회를 이끌어갈 유능한 인재가 정치권에 더 이상 진입하지 않으면서 국민들의 정치권에 대한 우려와 기피 현상이 나타나게 된다. 더구나 정치권의 극단적 성향(극우 또는 극좌)으로 인해 중도성향 국민들의 요구가 희석되고 정치와 경제에 제대로 반영되지 못하는 악순환이 반복되고 있다. 과거 극우적 정치성향(나치즘·파시즘)과 극좌적 정치성향(코뮤니즘)으로 정치·사회의 불안정이 지속됨에 따라 심지어 전쟁도 초래되었다. 양극단의 비타협적이고 강경한 정치성향에 대하여 침묵하는 대다수의 국민들의 의사가 정치와 경제의 중요한 정책실행에 묻히고, 극한적인 대립양상으로 정치사회가 안정적 구도를 형성하지 못했던 사례가 빈번하게 발생했다. 따라서 극단적 성향 대신, 중도적 성향이 주도하는 정치체제가 국민의 삶과 안정적인 국영운영을 위해 더 바람직하다. 정치는 경제의 선행변수다. 그렇기 때문에 정치안정이 경제성장의 필요조건인데, 중도적(중도우파 또는 중도좌파) 성향의 합리적인 정치체제가 정착되고, 극단적(극우 또는 극좌) 성향 대신에 중도적 성향의 정당이 출현하고 또 견제할 수 있는 정치적 여건과 국민적 선택(선거)이 더욱 요구된다. 역사적 사례에서도 중도적 성향의 정치체제는 극단적 성향보다 정치 불안정을 완화할 수 있다. 만약 극단적 성향의 정당이 집권하더라도 경제사회에 대한 평가에 따라 얼마든지 정권교체가 가능하다면, 중립적 입장에서 국민들의 선택(선거)과 정치참여가 더욱 더 중요하게 되는 것이다. 실제로 유럽에서는 현실적으로 어느 정당도 과반수 의석을 차지하기 어려운데, 이런 이유는 미국의 양대 거대정당 중심의 정치구조와는 다르게, 유럽에서는 소수정당도 정치적 활동이 비교적 활발하여 의회 구성에서 다당제의 견제가 가능한 의석구조가 일반적이기 때문이다. 그래서 유럽에서는 한 정당이 정치적으로 연대가 가능한 다른 정당과의 연립정권 수립을 통한 협치가 관행적이며, 일방적인 의사결정 방식보다는 다소 시간이 소요되더라도 다양한 의견수렴 과정을 거쳐 의사결정(국정)이 이루어지기 때문에 오히려 정치 안정성이 상대적으로 나은 편이다. 여 · 야간 사사건건 극한적인 대립(정쟁)과 갈등보다는 협력과 화해를 통한 국정운영과 의사결정으로 정치적인 불안정성이 상당부분 완화될 여지가 있다. 여 · 여간 무조건적인 갈등과 대립보다는 국민의 경제생활과 국정운영이 중요한 사안에 대해서는 여 · 야를 막론하고 공론의 장을 만들고 충분한 토의를 거쳐 의사결정을 취하는 방식을 권고한다. 이런 관점에서 유럽적인 정치사회문화를 배경으로 설립된 경제협력개발기구(프랑스 파리 소재)에서 진행되는 모든 의사결정에서 한 국가라도 이의를 제기하거나 안건을 유보(보류)하는 경우에는 회의의제가 채택되지 않고 순연되는 사례를 흔히 발견할 수 있다. 다만, 경제협력개발기구에서 논의되는 국제회의에서 각국의 이해관계가 대립되는 경우 국가리스크 등급결정에 지나친 시간이 소요되는 것을 방지하기 위하여 경제협력개발기구는 다수결에 따른 의사결정 방식도 차선책으로 (보완)적용하기도 한다.

: 산업구조의 변화 :

그러면, 경제성장을 통해 1인당 국민소득을 어떻게 증가시킬 수 있는가? 인구규모가 급격히 변동하지 않은 한 국민소득(분배 측면)을 증가시켜야 하고, 다른 표현으로 요약하면 1인당 국민소득의 증가는 경제성장(생산 측면)의 결과다. 수요의 관점에서는 논리적으로는 소비, 투자, 그리고 수출이 지속적으로 증가해야 1인당 국민소득도 증가할 수 있다. 그러나 세계 경제는 산업의 발전과 더불어 그 패러다임이 변화하고 있다. '패러다임'에 대한 개념은 사회과학에서는 현대 '사회학의 아버지'로 불리는 미국 사회학자인 로버트 머튼(1910~2003)이 언급했다. 그러나 자연과학에서는 미국 과학철학자인 토마스 쿤(1922~1996)이 『과학혁명의 구조』(1962)에서 과학혁명과 패러다임의 변화를 논했는데, '패러다임'은 특정한 시기의 지배적인 관점이나 접근방법이라고 정의할 수 있다. 예컨대, 과학철학의 패러다임 변화는 자연학(아리스토텔레스) 이후 역학(갈릴레이·뉴턴), 상대성이론(아인슈타인), 양자이론(플랑크·하이젠베르크) 등 과학이론의 확장으로 가능하다는 해석이다. 자본시장의 경제사회는 인류가 태동하면서 그 산업구조도 변했다. 신석기시대 이전에는 수렵채취(동물과 근접한 원시상태)가 인간의 중심적인 생활방식이었으나, 신석기시대 이후에는 불 등의 도구를 사용하기 시작하면서 농경사회 중심으로 인류의 사회문화가 정착하기 시작했다. 그러나 오랜 기간에 걸쳐 농경사회가 산업의 중심적인 역할을 해 왔는데, 기원후 1500년이 지난 시점에서도 여전히 농림어업이 중심적인 산업이었던 것은 분명한 사실이었다. 특히, 중세유럽의 봉건사회에서는 봉토(장원)에서 주종관계를 통해 영주(토지 소유자)와 농노(농지 경작자)가 그 역할을 분담했으나 농업을 중심으로 산업구조가 형성되었다. 따라서 근세 이전에는 인간의 산업 중심에는 농업이 중요한 역할을 차지하고 있었던 것이다. 예를 들면, 역사적으로 농업에 비해 제조업의 부가가치가 추월한 시기는 영국 1825년, 프로이센(독일) 1865년, 미국 1869년, 프랑스 1875년 등으로 미루어보아 1800년대 들어 산업의 중심이 농업에서 제조업으로 이전되기 시작했다. 따라서 경제학의 연구 분야도 농업을 중요시한 중농주의가 중상주의보다 일찌감치 나타난 것이다. 유럽에서 비교적 넓은 영토를 보유한 프랑스에서는 프랑스와 케네(1694~1774)가 『경제표』(1758)를 발표하면서 '중농주의'를 주창했다. 중농주의는 자연법사상(자연질서)에 근거하여 국민의 복리와 산업 증진(국부)을 농업에 기반을 둔 경제사상(철학)이다. 특히 케네는 당시 루이 14세 치하의 프랑스 재상이던 장 밥티스트 콜베르(1619~1683)가 추진하는 '중상주의'를 비판하고, 중상주의에서 중심적인 역할을 하는 상공업(국제무역)보다는 농업이 유일하게 생산적인 산업이라고 주장했다. 그렇다고 케네는 농업에 투입되는 노동을 생산적이라고 인정하지 않았지만, 케네의 중농주의를 계승한 안느 튀르고(1727~1781)는 자연법사상이 아닌 역사적 사실에 근거하여 농업에 투입되는 노동도 생산적이며 인간의 기본권이라고 주장했다. 아무튼 케네의 중농주의 경제철학은 아담 스미스의 고전학파(국부론)에도 지대한 영향을 미친 것으로 알려졌다. 그러던 인간 사회에서 산업의 중심적 역할이 농업에서 상공업으로 이전되는 계기가 발생했다. 소위 '산업혁명'이라고 불리는 인간 사회의 대변혁이 일어난 것이다. 영국 역사학자인 아놀드 토인비(1889~1975)가 저술한 『역사의 연구』(1961)에서 산업혁명의 발생시점을 기준으로 그 중심적인 변혁과정(성장동력)을 3단계로 구분하여 설명하고 있다. 토인비는 제1차 산업혁명(1794)은 기계식 생산설비의 도입(증기기관 발명), 제2차 산업혁명(1870)은 컨베이어시스템의 도입 및 대량 생산체계 구축(전기에너지 발명), 제3차 산업혁명(1965)은 자동차시스템의 진화 및 정보기술 산업의 발전(PC · 인터넷 발명)으로 분류하고 있다. 그러나 미국 경제학자이자 문명비평가인 제레미 리프킨은『3차 산업혁명』(2011)에서 산업혁명의 특징을 논했는데, 제1차 산업혁명은 농업에서의 변화(수직형 도시형태), 제2차 산업혁명은 공업(화석연료)의 글로벌화 진전(수평형 공간확장), 제3차 산업혁명은 재생가능에너지 중심의 대륙화 과정으로 분류했는데, 토인비의 분류체계와는 다르게, 에너지 중심적 관점(기준)에서 공동체의식의 패러다임 변화를 관찰한 접근방법이다. 리프킨은 글로벌화가 진전되면서 화석연료 중심의 2차 산업의 패러다임이 재생가능에너지 중심의 3차 산업으로 변화하면서 공동체의 의사결정(의식) 형태도 효율성(수직적 소유의식)에서 공감(수평적 공유의식) 추구로 전환되고 있다고 강조했다. 독일 경제학자로서 세계경제포럼의 창설자인 클라우스 슈밥은『제4차 산업혁명』(2016)에서 1차 산업혁명(1760~1840)은 철도 건설과 증기기간의 발명으로 기계에 의한 생산, 2차 산업혁명(1800년대 후반~1900년대 초반)은 전기와 생산 조립라인의 출현에 따른 대량생산, 3차 산업혁명(1960~1990)은 컴퓨터(PC)와 인터넷으로 인한 디지털 혁명을 그 특징(역사적 의의)으로 한다고 규정했다. 특히 4차 산업혁명(2000년대)은 과학기술(물리적 시스템)의 융합형태가 진행되면서 사회 전체(시스템 충격)가 선형적 속도가 아닌 기하급수적 속도로 변화하고 있다고 분석했다. 아무튼 영국에서 시작된 산업혁명은 자본주의 경제체제가 성장하면서 미국을 거쳐 농업이 아닌 공업(제조업)으로 진화하면서 산업과 인류문명의 발전과 그 궤를 같이하고 있다. 21세기에 들어서면서 인류는 또 다른 차원의 진화를 모색하고 있는데, 흔히 '제4차 산업혁명'이라고 불리는 새로운 산업의 발전이다. 제3차 산업혁명의 과정과 중복되는 개념일 수 있기 때문에 제4차 산업혁명에 대한 명료한 개념설정이 확립된 상태는 아니지만, 일반적으로 사이버 물리시스템(인공지능 · 빅데이터 · 사물인터넷 · 메타버스 등)의 도입을 중심으로 산업의 구조 또는 체계가 획기적인 변혁과정에 있다. 시간이 흐른 뒤 제4차 산업혁명에 대하여 역사는 충분한 근거를 가지고, 산업구조의 변화에 관한 정립, 산업혁명에 대한 총체적인 개념 등이 언젠가는 확립될 것으로 보인다.

고전학파에서 '산업구조의 변화와 발전'에 관하여, 밀(정치경제의 원리: 656)은 산업이 진보하는 사회에서는 자본의 증가, 인구(노동력)의 증가와 생산의 향상(생산기술 발전)이 나타난다고 설명했다. 이른바 밀이 제기한 산업진보의 3대 특징(현상)이다. 그리고 밀(정치경제의 원리: 648)은 생산의 증가는 산업진보와 동반되어 나타나는 유일한 현상이 아니라, 최소한 상품(소비재)을 제조하는 과정에서 생산비용이 감소하는 경향을 통해서도 나타난다고 분석했다. 부연하면, 생산비용 감소에서 생산이 증가하고, 다시 생산의 증가는 산업진보에 기여한다는 논리다. 그러나 마샬(경제학원리: 125)은 프랑스 경제학자인 안느 튀르고가 처

음 제기하고 고전학파인 데이비드 리카도(1772~1823)가 발전시킨 '수확체감의 경향에 관한 법칙'(생산의 평균비용으로 측정)에 대하여 관심을 보였다. 만약 농업의 기술발전이 동반되지 않는다면, 일반적으로 생산(량)의 증가에 비해 토지경작에 투입되는 노동과 자본이 덜 비례적으로 증가한다고 마샬은 분석했다. 즉, 마샬은 생산비용의 증가로 인해 생산의 증가가 한계에 도달할 수 있지만, 기술발전으로 인해 생산이 증가할 수 있다고 주장했다. 마샬(경제학원리: 519)은 '생산의 증가'에 관하여, 기업의 수익은 기업자체의 능력에 따른 수익, 설비(플랜트)와 자본(시설자재)에서 창출된 수익, 영업 조직과 그 연계성에 기인한 수익의 총합이라고 설명했다. 마샬(경제학원리: 497)은 특히 기업의 경영능력(힘)은 자체적 조달능력(자본), 자본을 운용할 수 있는 기업의 관리능력과 기업의 조직체계가 기업 수익확대의 요인이라고 주장했다. 부연하면, 기업의 관리능력과 기업의 조직체계가 생산을 위해 통합적으로 작동하고 효과적으로 운용되는 기업이 성공할 수 있으며, 생산도 증가할 수 있다는 논리다. 또한, 마샬(경제학원리: 221)은 (상품)생산규모의 증가를 외부경제와 내부경제의 관점에서 구분하여, 외부경제는 일반적으로 산업의 발전에서 비롯되지만, 내부경제는 생산에 관여된 기업의 경영조직(재원), 즉 조직과 관리의 효율성에 기인한다고 분석했다. 말하자면, 마샬이 분석한 기업의 조직과 관리에 대한 내용은 경제학에서는 미시경제학과 산업조직론, 경영학의 영역에서는 조직관리학에 대한 학문적 태동과 발전에 기여한 것으로 평가된다.

자본주의 경제체제가 발전할수록 산업구조가 고도화된다는 통념이 있다. 영국 경제학자인 콜린 클라크(1905~1989)는 『경제진보의 조건』(1940)에서 경제발전에 따라 중심적인 산업(인구 · 소득 기준)의 비중이 1차 산업(농림어업)보다는 2차 산업(광공업 · 건설업), 다시 3차 산업(상업 · 금융통신업)으로 높아진다고 주장했다. 말하자면, 산업구조의 고도화 관점에서는 1차 산업에 비해 2차 산업, 다시 3차 산업으로 그 산업의 생산과 고용의 창출능력과 경제적 비중이 높아지는 경향이 있다는 것이다. 그런데, 실제로 산업구조의 고도화로 인해 최종적으로 3차 산업 중심의 산업사회가 적정한 것인가에 대한 논란의 여지가 있다. 부연하면, 한 국가의 산업에서 생산과 고용의 비중은 산업이 창출한 부가가치를 합산한 값을 기준으로 산출되는데, 선진국으로 진입할수록 1차 산업보다는 2차 산업, 다시 2차 산업보다는 3차 산업에 종사하는 노동(인력) 비중이 높아지는 현상은 일반적이지만, 3차 산업이 2차 산업보다 생산의 부가가치 비중이 더 높다고 산업구조가 고도화되었다고 보기 어렵다. 예를 들면, 정보기술(IT) 산업은 2차 산업과 3차 산업이 공존하는 형태인데, 정보기술 기계제조 및 부품개발(하드웨어)은 2차 산업, 정보기술 프로그램개발(소프트웨어) 및 서비스 분야는 3차 산업의 영역으로 분류된다. 정보기술 산업 등 다양한 산업(분야)에서 1차와 2차 산업, 1차와 3차 산업, 2차와 3차 산업 등이 공존하는 형태가 지속적으로 나타나고 있기 때문에 단순히 1차, 2차, 3차 산업으로 분류하는 방식은 현실적으로 그 구분의 한계가 있다. 따라서 1차 산업보다는 2차 산업, 다시 3차 산업의 생산과 고용의 비중이 높다고 해서 산업구조가 고도화되었다고 단정할 수 없다. 더구나 경제성장과 더불어 중심적인 산업의 발전형태가 다르게 나타나는데, 3차 산업보다는 제조업 중심의 2차 산업의 대외경쟁력을 보유한 사회(국가)에서 산업발전이 장기간 지속되는 사례를 흔하게 발견할 수 있다. 예를 들면, 제1차 세계대전 이후 영국에서 미국으로 세계 경제의 패권(헤게모니)이 넘어가면서 영국의 산업구조는 제조업에서 서비스업으로 변화했으나, 미국은 서비스업보다는 제조업에서 여전히 우월한 대외경쟁력을 보유하고 있고, 유럽에서도 최고의 경제수준(경제규모)을 장기간 지속하고 있는 독일도 서비스업보다는 제조업이 산업의 중심적 역할을 하고 있다. 단순히 부가가치를 기준으로 산업의 생산과 인구의 비중이 높다고 산업구조가 고도화되고 있다는 해석은 실제로 경제현실에서 산업의 대외경쟁력과 경제의 지속적인 성장의 관점에서는 적절하지 않은 것이다. 더구나 후진국에서도 경제발전에 따라 1차 산업보다는 2차 산업, 다시 2차 산업에서 3차 산업으로 산업의 생산과 고용의 비중이 상승했다고 하더라도 산업구조가 고도화되었다고 진단하는 것은 착오이며, 그럼에도 불구하고 산업구조의 고도화 분류를 그대로 적용하더라도 산업구조가 선진경제권으로 진전되고 있다는 분석은 또 다른 관점에서 접근해야 한다.

그러면, 산업의 발전을 어떻게 추진해야 하는가? 그 해결방법은 성장잠재력을 지속적으로 발굴하고 확충하는 데 있다. 우량기업의 성장과 마찬가지의 논리로, 한 사회(국가)의 산업의 발전은 경쟁력이 있는 산업을 전략적으로 육성해야 하며, 성장 가능성이 있는 산업을 지속적으로 발굴해야 한다. 부연하면, 경제 전반에 걸친 근본적인 산업 구조조정이 필요한 것이다. 그 산업의 발전이 국가 경제의 성장동력(엔진역할)이다. 따라서 산업의 발전에 대한 다각적인 방법을 통한 고민과 검토가 필요하고 중요한 이유다. 우리나라에서도 상당히 오랜 기간에 걸쳐 성장동력 산업을 발굴하고 육성하는 정책을 추진하고 있다. 예를 들면, 2008년 그린 에너지산업 발전전략의 일환으로 신재생에너지를 중심으로 녹색성장산업에 대한 집중투자 계획을 수립했다. 2009년에는 녹색기술산업, 첨단융합산업과 고부가가치산업(3대 분야) 등 성장동력 산업에 대한 종합적이고 세부적인 추진계획을 발표했다. 각국이 지속적으로 추진하고 있는 산업정책은 그 형태와 방식이 다르더라도 공통적으로 지향하는 목적은 사실상 유사하다. 즉, 자국의 산업발전을 통해 대외경쟁력을 제고하고 그 산업이 경제성장에 대한 기여효과를 높이는 데 있다. 유럽연합도 경제 저성장 기조를 극복하기 위해 세계무역기구의 공정무역(지침)에 위반될 여지가 있음에도 불구하고, 전략적으로 지원 가능한 산업정책(리스본전략, 그린딜정책 등)을 추진하고 있다. 정부의 산업정책은 그 당위성과 필요성에 대한 의문보다는 오히려 산업정책의 실효성 측면에서 평가해야 한다. 요컨대, 산업정책 추진의 실효성을 제고하려면, 산업을 구성하는 개별 기업의 성장과 발굴에 대한 기준을 우선적으로 정립할 필요가 있다. 우리나라에서는 중소기업(중견기업 포함) 해당여부를 종업원(상근 노동자), 자본금(자기자본 포함)과 매출액 등을 기준으로 한국표준산업분류에 따라 업종별로 구분하고 있다. 그러나 대기업과 중소기업의 구분은 개별 중소기업을 경영하고 있는 소유주(사업자) 또는 경영진(대표이사)에게는 의미가 있더라도 종업원이나 국가와 사회 전체적으로는 그 구분의 별다른 실익이 없다. 대기업과 중소기업의 구분보다는 그 기업의 대외경쟁력과 산업발전에 대한 기여도가 오히려 더 의미가 있다. 대기업에 분류되지 않고 중소기업에 잔류하는 경우 정책자금 등의 금융혜택, 세금감면 등 사업운영 특례조항을 부여받을 수 있으나, 중소기업도 정부 또는 대기업에 지나치게 의존적인 사업운용(수익모델 구조 또는 형태)은 경제성장에도 크게 기여할 수 없다. 물론, 중소기업의 고용창출과 대기업 협력체제는 기업별 산업발전에 기여하는 측면도 있지만, 단순히 기업규모의 구분에 따른 산업정책은 지양되어야 한다. 부연하면, 대기업이 중소기업 제품의 구매계약을 체결(발주)하지 않는 경우에는 중소기업의 경영악화가 현실화되는 사례가 빈번하게 나타나기 때문에 산업 정책(금융지원 포함)에서 대기업 또는 중소기업의 기업규모별 차등적용 방식을 재검토해야 한다. 그렇다면, 기업에 대한 정책지원을 어떤 방향으로 추진해야 할 것인가? 우리나라 경제(성장과 분배)에 대한 기여도가 지속적으로 높은 기업에 대해 선별적으로 지원하는 방식이 바람직하다. '3분의 1 경험법칙'에 따른 중소기업별 산업 지원정책을 예시하자면, 대기업에 지나치게 의존적인 중소기업(3군)에 대해서는 일정 기간 구조조정을 거쳐 산업재편의 방식으로 가급적 정책지원을 배제하고, 제품개발과 생산을 위한 기획, 판매 등 전 과정(단계)에서 대기업과의 협력체제가 잘 구축된 중소기업(2군)에 대해서는 대기업의 정책자금 지원 위주로 운영할 필요가 있으며, 대기업과는 별도로 해외시장을 개척하고 상품을 개발하여 대기업과도 경쟁 가능한 중소기업(1군)에 대해서는 정부의 정책지원을 포함한 산업정책의 중심적인 지원대상 기업으로 선정해 그 기업이 성장할 수 있는 경영여건을 조성해 줄 필요가 있다. 기업이 독자적으로 제품 개발에 소요되는 자금(사업비용)과 전문적인 연구 인력의 채용 등에 대해 정부 차원에서도 적극 지원함으로써 해외시장의 발굴과 개척에 선도기업으로 성장할 수 있는 기회를 제공해야 한다는 것이다. 산업의 발전을 위한 추가적인 필요조건은 무엇인가? 영국 경제학자인 로이 해로드(1900~1978)는 "동태적 이론에 관한 에세이"(1939)에서 신고전학파와는 다르게, 기술진보를 산업경제에 필요한 조건(성향)이라고 주장했다. 해로드가 추산한 연간 총소득의 증가율(%포인트)은 저축된 소득을 연간소득에 대한 자본의 비율로 나눈 값이라고 정의했다. 미국 경제학자인 로버트 솔로우는 『성장이론』(1970)에서 경제성장(경제발전 단계)의 결정요인을 생산요소(노동 · 자본)와 기술진보로 구분하여, 기술진보를 신규 자본으로 평가하면서 기술진보(외생변수)에 따른 생산증가를 가치 있다고 보는 실용적인 견해(장기 경제성장 모델)를 주장했다. 미국 정치학자인 조너선 쉘퍼는 『경제학자의 가정』(2012)에서 솔로우 경제모델이 성장회계의 프레임워크를 제시한 것이며, (1인당)경제성장률은 장기적으로 후진국에서는 국민저축의 투자에 대한 전환('세의 법칙'의 적용)에 의해 결정되지만, 선진국에서는 총요소생산성에 의해 영향을 받는 것으로 가정했다. 즉, 경제성장을 위해 고전학파가 주장한 노동 의존적인 산업구조에서 자본과 기술이 결합된 생산요소의 생산성 증가가 더욱 필요하다는 것이다. 한편, 경제성장과 관련하여 산업구조에서 나타날 수 있는 독과점 또는 가격담합(카르텔)에 따른 경제적 폐해를 고려하지 않을 수 없다. 독점적 또는 불완전 경쟁의 경제이론은 미국 경제학자인 에드워드 챔벌린(1899~1967)의 『독점적 경쟁이론』(1933)과 영국 경제학자인 조앤 로빈슨(1903~1983)의 『불완전 경쟁의 경제학』(1933)에 의해 정립되었다. 산업사회의 완전경쟁시장은 이론적으로 가능하지만, 현실적으로 불완전 경쟁시장의 형태가 일반적이다. 이에 따라, 특정 산업에서 경쟁이 치열할수록 오히려 거대 기업이 주도하는 독과점 형태의 시장이 형성되기 쉽다. 그 결과, 소규모 기업이 시장에서 퇴출되거나 심지어 파산하는 사례가 빈번히 나타나고, 독과점 기업에 대한 규제(조치) 등이 요구된다. 경제대공황의 발생요인에 대해 석유산업계(국제 석유자본)의 카르텔에 의해 국제유가가 폭등(인상)하면서 자동차산업이 불황을 겪게되면서 비롯되었다는 분석도 있다. 말하자면, 산업(실물경제)의 경기침체가 금융위기를 유발했고, 그 배경에는 불공정 경제행위에 따른 시장 불안요소(물가 급등)가 작용했다는 것이다.

스미스(국부론: 777)는 시장이자율이 높은 수준에서도 독점은 유지되지만, 지대(토지 사용대가)는 이자율과 반대방향으로 변동한다고 설명하면서 사실상 독점(중상주의 성장엔진)은 이윤을 올려 상인의 이득이 증가한다고 주장했다. 그러나 스미스는 독점이 자본의 자연적 증가를 억제함에 따라 자본의 이윤으로부터 유발되는 국민 총수익을 증가하기보다는 오히려 감소하게 할 가능성이 크다고 설명했다. 말하자면, 독점은 중상주의 관점에서는 옹호될 수 있지만, 자본의 증가를 억제하고 국민소득이 감소하는 부작용을 스미스는 간파한 것이다. 마샬(경제학원리: 397)도 '독점이론'과 관련하여, 상품의 수요함수(계획)에 의해 결정되는 수요의 가격수준이 상품의 공급함수에 의해 결정되는 공급의 가격수준을 상회하면서 수요가격과 공급가격의 차이(잔여분)

만큼 독점의 생산단위당 가격수준이 설정된다고 주장했다. 따라서 독점이 아닌 시장상황에 비해 독점으로 인해 최대 매출수익(=가격×수량)이 오히려 감소한다고 마샬은 분석했다. 독점이 아닌 시장상황과 비교하면, 독점으로 수요가격은 높은 수준에서 형성되고 산출량은 낮은 수준에서 결정되므로 독점에 따른 국내총생산(국민소득)은 축소될 여지가 크다는 본 것이다. 마샬(경제학원리: 416)은 독점기업이 자신의 순수익을 극대화할 수 있는 상품의 생산과 판매를 조정하기 위해 즉각적으로 관심(이해관계)을 나타내며, 독점기업이 채택하고 있는 과정은 생산자와 소비자가 자유로운 이해관계를 추구하여 총 만족을 극대화하기 위한 시장상황과는 다르다고 설명했다. 프리드먼(자본주의와 자유: 18~19)은 다른 사람에 대한 물리적 강요를 억제하고 계약의 자발적인 실행을 위한 기본적인 필요조건은 법과 질서의 유지인데, 독점은 특정 교환(거래)에 대한 개인의 대안(선택)을 부정함으로써 효과적인 자유를 저해하는 가장 어려운 문제를 야기한다고 주장했다. 따라서 프리드먼(자본주의와 자유: 159)은 가장 긴급하고 중요한 정부의 경제정책은 독점을 직접적으로 지원하는 조치를 철폐하는 것이라고 강조했다. 시장주의자인 프리드먼은 정부의 시장개입에 대해 부정적인 입장이었으나, 자유로운 기업 문화를 저해하는 독점 행위의 폐해를 지적한 것이다.

: 실업 :

경제가 지속적으로 성장할 수 없다는 현실적인 문제에서 나타날 수 있는 또 다른 문제는 무엇인가? 대표적으로는 경제성장의 부진 또는 악화에 따른 실업의 문제다. 경제현실에 성장과 실업은 반대방향으로 작용한다. 그런데, 실질 국내총생산 증가율(=경제성장률)이 잠재 국내총생산 증가율을 초과하면 통상 포지티브(+) 국내총생산 갭으로 부르지만, 그 반대인 경우에는 네거티브(-) 국내총생산 갭으로 일컫는다. 잠재 국내총생산은 총생산요소를 투입해 완전고용 수준에서 산출되는 경제규모인데, 잠재 국내총생산 증가율 수준도 중장기적으로 지속적인 경제성장 가능성에 대한 측정지표로 고려되고 있다. 따라서 실업의 문제를 극복하기 위해 잠재 국내총생산 증가율과 실질 국내총생산 증가율을 고려해야 하는데, 경제학에서 국내총생산 증가율과 실업률 수준이 음(-)의 상관관계라는 실증분석은 '오쿤의 법칙'에 근거한다. 미국 경제학자인 아서 오쿤은 미국 경제(1948~2016, 분기통계 기준)에서 실업률이 1% 상승하면, 국내총생산은 잠재 국내총생산 수준보다 추가적으로 2% 이상 감소한다고 경험적으로 관찰했다. 즉, 총산출량의 갭(=실질GDP 증가율-잠재GDP 증가율) 수준은 실업률 갭(=실업률-자연실업률)과 반대방향으로 안정적인 관계가 나타난다는 것이다. 부연하면, 경제가 성장하면 실업이 심각한 경제사회적 문제로 표출되지 않으나, 경제가 악화되면 산업(기업)의 구조조정 등으로 인해 실업의 문제가 대두되는 경향이 있다. 예를 들면, 경제대공황, 글로벌 금융위기, 코로나바이러스 확산 등 경제위기로 인해 실직을 당한 국민(가계)의 피폐해진 경제사정은 극단적 선택 등으로 심각한 사회문제가 초래되었다. 따라서 실업의 문제를 완화하고 해결하기 위해서는 우선적으로 경제가 성장해야 한다는 것이다. 그리고 실업의 문제는 경제적 문제로만 국한되지 않고 정치사회적으로도 고민해야 하는 사안이다. 예를 들면, 국가리스크 평가에서도 실업의 문제에 대한 주요 지표를 계량화(양적 분석)하여 비교평가하기 어렵기 때문에 정치사회의 안정성에 대한 질적 분석을 통해 그 사회(국가)에 대한 국가리스크를 평가하고 있다. 즉, 실업률 수준이 몇% 정도가 적정한지, 아니면 심각한지에 대한 평가기준이 없으므로 양적(통계자료) 분석이 현실적으로 불가능하기 때문에 실업의 요인과 현상에 대한 질적 분석으로 정치사회의 안정성을 평가하고, 그 사회에 대한 적절한 실업대책이 요구되는 것이다.

경제학에서는 실업 상태에 있는 경제활동인구의 비율을 실업률로 계산한다. 즉, 15세 이상의 경제활동인구에서 취업자를 차감한 실업자의 수가 경제활동인구에서 차지하는 비율이 실업률이다. 그런데, 실업의 문제에 관하여 연구하는 대표적인 국제기구인 국제연합(UN) 산하의 국제노동기구(ILO)에서는 1주일간 1시간 이상 일하면 취업자로 분류되는 계산방식이 현실적으로 적합한지에 대한 논란이 제기되고 있다. 예를 들면, 아르바이트 학생이 1주일간 1시간 이상 일하는 사례가 흔하지만, 그 학생을 취업자로 분류되지 않는다. 따라서 국제노동기구의 취업률과 실업률에 관한 통계자료를 현실에 부합하는 기준으로 재산정할 필요가 있다. 왜냐하면, 국제노동기구에 의한 실업률 계산이 정확하게 산출되지 않기 때문에 실업률 통계자료의 국가간 비교분석에도 적절하지 않다. 따라서 실업률 통계자료에 대한 신뢰성 문제로 인해 노동과 실업 등에 관한 경제적 대응이 어렵게 된다. 부연하면, 경제현실에서 실업에 관한 통계자료가 실질적인 실업 상태(평가)와 일치하지 않기 때문에 고용 증가 등을 통한 실업률 수준의 하락 등 관련 경제정책을 적합하게 추진할 수 없다. 실업의 문제를 해결할 수 있는 우선적인 필요조건은 정확하게 산출된 실업에 관한 통계자료라고 할 수 있다. 실업에 관한 통계자료가 실제로 정확하게 반영되는 경우를 가정하면, 실업의 문제를 해결하기 위해 어떤 조치가 필요한 것인가? 실업은 취업의 반대적인 상태이므로 실업상태의 개선을 위해 취업률을 제고해야 한다. 거시경제가 악화된 상황에서는 기업의 구조조정 등으로 인해 취업률 제고가 현실적으로 어렵다. 경제상황의 악화로 경제위기 극복을 위한 경제대책의 효과로 취업률 수준이 일시적으로 회복될 수 있으나, 중장기적으로 지속될 수 있는지는 의문이다. 반면, 거시경제가 악화되지 않은 상황에서는 실업의 문제가 크게 부각되지 않지만, 실업상태가 높은 수준을 유지하거나 더 악화되는 구조적인 문제가 지속되면, 취업률 제고가 사실상 불가능한 상태라고 할 수 있다. 그렇다고 공공부문의 고용을 증가하여 취업률을 제고하는 방법은 사회 전반에 걸쳐 부작용이 초래된다. 예를 들면, 일자리를 창출하기 위해 공직(공무원 또는 공공기관) 종사자에 대한 채용인원을 늘리게 되면, 취업 예정자들이 대거 공직 시험에 응시하는 현상이 늘어날 수밖에 없다. 공직 시험에 합격한 소수의 인원을 제외하고 대부분의 응시자들은 상당기간 시험에 매달려 인생의 황금기를 그냥 흘려보내면서 사회경제적인 기회비용을 추산하기도 어려울 정도로 너무나 크다. 그리고 공직 종사자 증가분에 대한 정부 예산의 지출비용도 무시할 수 없을 정도이며, 더구나 정부 예산의 인건비(퇴직 이후의 연금 포함)에 대한 경상비용은 계속적인 지출항목이고, 그 재원은 국민 개개인이 부담하는 세금이기 때문에 정부 지원에는 한계가 있다. 따라서 취업률 제고를 위해서는 공공부문이 아닌 민간부문(기업)의 고용인원 확대가 우선적으로 요구된다. 민간부문에서 노동수요를 증가하기 위해서는 기업의 경영상태가 호전되어야 하는데, 경제상황이 악화되면 오히려 기업의 구조조정에 따른 해고 조치 등으로 고용 창출은커녕 노동수요가 위축되는 경향이 있다. 경영상황이 악화되지 않는다는 전제조건이 현실적으로 어려울지라도 기업의 노동수요

증대가 취업률 제고 등을 통한 실업의 문제를 해결할 수 있는 최선책이다. 기업은 사업확대를 위해 다양한 방법을 동원하면서 필요한 사업에 대한 고용을 지속적으로 창출할 수 있는 가장 효과적인 일자리 제공의 파이프라인이다. 그리고 기업의 채용시스템도 전면 재편할 필요가 있다. 고등교육기관에서 공부한 성적과 실력으로 기업에서는 필요한 인력을 채용해야 하는데, 대다수 기업에서 운용하고 있는 입사시험을 통한 채용시스템은 적절하지 않다. 왜냐하면, 입사시험을 통과했다고 하더라도 신입직원이 그 기업의 배치 분야(직종)에서 곧바로 업무를 수행하기가 곤란하기 때문에 입사 이후 재교육이 필요하다. 그렇게 운용할거라면, 구태여 많은 비용과 시간을 들여 입사시험을 치를 필요가 없고, 차라리 학업성적과 심층면접을 중심으로 그 분야(직종)에 적합한 인력을 수시로 채용하는 방법이 효율적이다. 기업에 진입하려는 취업 예정자들의 시험 준비에 따르는 고통과 비용을 최대한 억제해야 하고, 또 한 번의 입사시험으로 인력을 채용하는 현행 채용시스템에서는 적절한 인력을 채용하기 위해 고려해야 할 변수가 너무도 많다. 기업의 인사채용 전문가는 심층면접만으로도 얼마든지 적재적소의 필요한 인력을 선택할 수 있는 능력과 경험을 보유하고 있다. 다만, 부정채용 등에 관하여 사회적 윤리기준에 따라 엄격하게 관리하면 되는 것이다. 기업의 인력소요 직종에 연중 특정시기에 인력이 집중적으로 소요되지 않는다면, 일반적으로 소요인력은 연중 내내 필요하기 때문에 소요인력의 수시 채용시스템을 적극적으로 도입할 필요가 있다. 대부분의 국제기구에서는 필요한 직업에 대해 수시로 소요인력을 심층면접을 통해 채용하는 관행이 일반적이다.

또 다른 측면에서 보면, 기업이 사내유보를 확충하면서도 투자를 보류하는 경영방식은 고용 창출에 도움이 되지 못하기 때문에 기업의 투자 확대를 통해 노동수요를 확충하는 방안이 더욱 더 강구되어야 한다. 기업 자체적으로 투자를 확대하려는 조치를 취하지 않는다면, 실질적으로 노동공급의 확대가 쉽지 않다. 기업의 투자성향이 낮은 상황에서는 부득이 관계당국(정부)이 관여할 필요가 있다. 정부는 국내기업뿐만 아니라 외국기업의 투자활동에 대해서도 적극적인 인센티브를 제공해야 한다. 부연하면, 기업의 자발적인 투자활동이 위축된 상황에서도 기업경영여건 개선(회사설립 절차 간소화 등), 조세 인센티브 부여(조세 부과면제기간 적용, 투자세액 공제 및 법인소득세 인하 등) 등으로 기업의 투자활동을 촉진하고, 투자의 장애요인을 제거하는 대책이 수립되어야 한다. 프리드먼은 투자기업에 대한 인센티브에서 법인소득세를 아예 폐지해야 한다는 극단적인 주장을 했지만, 미국에서는 법인소득세가 상대적으로 높은 주(캘리포니아)보다 상대적으로 낮거나 조세 감면기간을 적용하고 있는 주(텍사스)에 대하여 기업의 투자(법인설비 이전)가 증가하고 있는 사례를 고려할 필요가 있다. 유럽에서는 서유럽에 비해 동유럽(중동부유럽 포함) 국가들의 법인소득세 감면 등으로 투자 인센티브를 부여함으로써 외국인투자기업의 투자를 유치하고 있으며, 글로벌 금융위기로 인해 경제적으로 어려운 상황에 처했던 아일랜드 등의 국가에서도 서유럽 중에서도 가장 낮은 수준의 법인세율을 적용함으로써 외국인투자의 증가뿐만 아니라 자국 기업의 국내회귀(리쇼어링) 현상으로 인해 지속적인 경제성장을 달성한 대표적인 사례라고 할 수 있다. 국내기업의 투자활동이 저조한 경우에는 외국인투자기업의 유치 등을 통해 적극적인 투자 확대가 요구된다. 국내의 매출시장이 독과점적이고 대기업이 지배하는 구조에서는 그 독과점적인 기업의 투자 확대가 지속되지 않는 한 노동수요는 증가할 수 없고, 시장의 교란 또는 왜곡 현상이 발생하지 않는다면 그 대안으로 외국기업의 국내 진출을 허용할 필요가 있다. 다만, 국내의 주요 국유자산이나 핵심전략 산업에 대해서는 외국기업의 무분별한 투자를 제한할 필요가 있으나, 시장에서 자유로운 경쟁이 허용되는 분야에서 외국기업의 국내 진출은 노동수요를 증가시켜 고용창출에 크게 기여할 수 있다. 국내기업도 외국기업과의 경쟁을 통해 제품과 서비스의 경쟁력이 제고될 수 있고, 그 과정에서 국내기업의 노동수요에 대한 탄력적 운용이 가능해질 것으로 기대된다.

한편, 노동공급을 하는 개인의 입장에서는 막연히 기업의 노동수요 증가를 기대하기보다는 고용 창출을 위한 자발적인 노력이 필요하다. 말하자면, 경제상황이 호전된 경우에도 기업의 노동수요가 증가하지 않는 구조적인 문제가 지속되면, 취업률 제고가 현실적으로 어렵다. 그런 상황에서는 개인의 입장에서 기업의 노동수요를 무조건 요구할 수 없고, 그렇다고 막연히 기다릴 수 없다. 그래서 개인도 스스로 고용 창출에 노력해야 한다는 것이다. 현실적으로 기업의 신규 또는 추가 투자로 고용이 증가한다면 더할 나위가 없이 좋겠지만, 그렇지 못한 경우가 다반사이기 때문에 개인의 입장에서도 새로운 고용을 창출해 나가야 한다. 흔히 자기가 기업 대표로서 자신을 고용하는 영업 종사자를 자영업자(개인사업자)로 일컬어지는데, 우리나라에는 자영업자의 비중이 비교적 높은 편이다. 외견상 별다른 문제가 없어 보이지만, 실제로 진입장벽이 높은 전문직 개인사업자의 경우에는 사업의 실패 가능성이 비교적 낮고 매출과 수익 등 영업실적이 양호한 수준이나, 진입장벽이 낮은 개인사업자의 경우에는 경제여건에 영향을 받으면서 사업의 부진 또는 실패 가능성도 농후하다. 그러나 개인사업자의 형태와 관계없이, 개인은 부단한 연구와 학습을 통해 지식을 축적하는 과정에서 새로운 고용 창출이 가능하다. 예를 들면, 글로벌 최고 수준의 정보기술 업체를 창업한 스티브 잡스(애플), 빌 게이츠(마이크로소프트) 등의 자서전을 살펴보더라도 기존에 없던 새로운 영역에서 직업(잡)을 개척한 인물들이다. 개인의 구직(취업)은 경직된 노동시장(노동수요의 영역)에서 경쟁하여 선택받는 어쩌면 실력 이외에도 행운이 작용하는 결과라고 할 수 있다. 그러나 자기 자신이 지속적인 노력과 연구 등으로 새로운 노동수요의 영역을 발굴하면, 자신의 직업뿐만 아니라 사회 전반에 걸쳐, 더 나아가 인류사회에 기여할 수 있다. 그리고 개인도 자신이 속한 직업(노동 분야)에서 각고의 노력을 기울일 필요가 있다. 세계 초일류 기업은 그 특수한 인재들의 의지와 직관(영감)에 의해 탄생되었다는 사실에 귀 기울여야 한다. 인생사의 성공여부에 대해 '3분의 1 경험법칙'을 논했지만, 세계 초일류 기업은 그 3분의 1의 성공에 만족할 수 없다. 다시 3분의 1의 3분의 1, 즉 10% 수준에 든다면 개인이나 기업은 자신의 소속 분야에서 핵심주체(실세)가 될 수 있으나 여전히 세계 일류의 범주에는 들지 못한다. 다시 그 3분의 1의 3분의 1, 즉 3%(10%의 3분의 1)에 든다면, 국내에서는 일류의 범주에 들어갈 가능성은 높지만, 여전히 국내에서도 일류에 속하자면, 또 다시 3분의 1, 즉 1%에 속해야만 가능하다고 본다. 소위 '넘사벽' 또는 '덕후'으로 불릴 수 있는 경지인데, 어떤 분야에서 최상위 1%(연수입 기준 포함)에 든다면, 사회적으로 출세했다고 평가할 수 있지 않을까? 예를 들면, 반도체 산업에서 메모리(낸드플래시 포함) 분야의 삼성전자, 파운드리(시스템반도체 위탁생산) 분야의 대만반도체제조기업(TSMC) 등의 기업들이 적어도 그 범주에 포함될 수 있다. 그러면, 개인이나 기업은 1%에 속하는 경우 국내에서

안주한다면, 세계 초일류 기업에 들 수 있다고 장담할 수 없다. 다시 그 3분의 1, 즉 0.3%에 들거나 더 나아가 3분의 1의 3분의 1, 즉 0.1%에 든다면, 소위 '초격차' 또는 '지존'에 속하지 않을까? 그러면, 개인의 어떤 노력이 고용(직업) 창출에 연결될 수 있는가? 그 해답은 바로 교육에 있다. 우리나라에서 교육관행(제도)은 초등학교(6년), 중학교(3년)와 고등학교(3년)를 거쳐 대학교(4년) 진학 이후에도 16년 이상 아직도 주입식 교육방법과 사교육(개인과외 중시) 시장에 치우쳐 있다. 사회경제적 비용이 이만저만이 아니다. 반대로 해석하자면, 공교육이 사실상 죽어 있는 사회다. 직설적으로 표현하자면, 입시 위주의 제도권 교육에서 다양한 지식 축적과 교양 함양을 위한 살아 있는 교육을 기대하기가 매우 어려운 실정이다. 이런 교육 환경에서는 대학교에 진학해도 또 다시 취업 준비에 많은 시간과 노력을 투입하기 때문에 교양과 전공지식이 연계된 총체적이고 창의적인 학습체계가 무너진 상태다. 대다수 청년계층들이 대학교를 졸업해도 여전히 취업 준비를 하거나, 아니면 자신의 진로를 결정하지 못한 채 방황하는 사례를 주변에서도 어렵지 않게 발견할 수 있다. 이런 고질적인 문제를 해결하지 않은 상태에서 취업률 제고, 구체적으로 개인의 고용 창출이 가능할 수 있겠는가? 기업의 경직된 노동수요 시장에 진입하는 경우에도 그 기업의 경영실적이 악화되거나, 아니면 파산한다면, 자신의 직업도 보장받을 수 없다. 따라서 자신의 고용 창출이 현실적으로 매우 어렵더라도 창업하려는 도전 능력과 적극적인 태도가 노동수요의 시장을 넓힐 수 있다. 그렇게 하려면, 현재의 교육 방식(또는 제도)이 아닌 자신의 진로를 체계적으로 준비할 수 있는 사고와 지식을 기반으로 한 교육 방식이 절실히 요구되는 것이다. 개인 차원의 성공여부에 만족하지 말고, 국가와 사회에 기여할 수 있는 의식 전환(개혁)이 필요하다. 부연하면, 입시 위주의 교육 방식으로는 산업구조의 변화에 대응할 수 없으며, 실업의 문제가 고착화되면서 경제문제를 해결할 수 없는 딜레마에서 벗어날 수 없다.

'실업과 고용의 문제'에 관하여, 마샬(경제학원리: 556)은 노동과 자본이 제공되는 공간에서 자연적 자원, 그리고 자원을 사회적인 산업조직과 지식의 진보에 의해 창출되는 분야에 대하여 고용은 선용(전환)하는 힘(능력)과 과잉 생산물을 판매할 수 있는 시장에 대한 접근 정도에 달려 있다고 분석했다. 즉, 마샬은 고용의 증가가 자원, 조직과 지식을 활용하는 능력, 그리고 시장 여건에 영향을 받는다고 주장했다. 케인즈(일반이론: 14~15)는 인간은 기본적으로 비자발적 실업상태에 있으며, (화폐)임금에 비해 노동집약적(임금지출 의존적) 상품의 가격이 조금이라도 오르는 경우에는 현재의 임금수준에서 일하려는 노동(자)의 (총)공급과 그 임금수준에서의 노동에 대한 (총)수요는 기존의 고용규모(상태)에서보다는 증가할 것이라고 주장했다. 케인즈는 고전학파의 완전고용에 대한 가정을 비판하면서 상품의 가격이 상승하는 경우 노동의 공급과 수요는 증가할 가능성이 있다고 분석한 것이다. 상품의 가격 상승이 보편화되면 인플레이션 현상이 나타날 수 있는데, 경제대공황으로 실업이 만연하고 경제상황이 심각한 상태에서 실업 상태를 극복하고 고용을 증가하기 위해 인플레이션을 어느 정도 감내해도 된다는 견해다. 말하자면, 케인즈는 당시 경제상황에서 인플레이션보다 디플레이션을 더 우려한 것이다. 따라서 케인즈의 『일반이론』(일반이론: 79)은 고용 증가를 결정하는 요인을 추정하고 분석하는 데 그 목적을 두고 있으며, 경기불황 국면에서 경제위기를 극복하고 완전고용을 지향하는 데 필요한 경제이론을 제기한 것이다. 영국 후생경제학의 창시자로 불리는 아서 피구(1877~1959)는 '실업이론'에서 고용규모는 실질임금(비율 · 수준)과 노동에 대한 실질함수의 형태에 의해 결정된다고 주장했다. 예를 들면, 소비할 수 있는 여력을 제공하는 노동집약적(임금지출 의존적) 산업에서 노동수요함수는 생산의 물리적 조건(한계 생산성의 상태), 실제 고용된 노동자수(공급), 그리고 고용되어야 하는 노동자수(노동수요)간의 기능적 관계(여건)에 의해 결정된다고 피구는 설명했다. 즉, 노동의 실질수요의 결정요인은 노동집약적 산업에서 물리적 생산조건과 고용간의 기능적 관계의 함수라는 것이다. 부연하면, 피구는 생산요소에서 자본보다는 노동을 투입하는 경향이 있는 산업에서 임금 수준과 노동의 수급현황을 자본집약적 산업보다 중시하면서 산업 특성별로 고용시장의 인력 채용 구조가 다르게 나타날 수 있다는 점을 강조한 것이다. 케인즈(일반이론: 239~248)는 피구의 '실업이론'에서 분석한 고용규모는 기본적인 요인, 즉 노동자가 명시한 실질임금(률)과 노동의 실질수요함수(형태)에 의해 결정된다는 논리를 재인용하고 있다. 특히 케인즈(일반이론: 27)는 고용 증가를 위해 소비성향을 높이고 투자수요를 늘려야 한다는 유효수요이론을 제기했다. 케인즈는 유효수요를 증가시키기 위한 가장 적합한 방법(일반이론: 266)은 이자율을 인하하여 소비(유동성선호)와 투자(투자승수)를 확대해야 한다는 논리다. 또한, 케인즈의 유동성선호이론(일반이론: 149)은 거래적 수요(동기), 예비적 수요(동기)와 투기적 수요(동기)를 증가하기 위해 (국민)소득 수준을 증대하고 이자율을 인하해야 한다는 논리로 요약된다. 그러나 프리드먼은 자연실업률은 (예상)실질임금의 상승률과 노동공급의 증가율에 비례한다는 자연실업률 가설을 제기했다. 자연실업률은 완전고용 수준의 산출량(잠재GDP) 수준에서 발생하는 실업률을 의미하며, 경기변동과 관계없이 나타나는 구조적 실업 또는 마찰적 실업이 자연실업률의 요인(결정변수)이라고 프리드먼은 분석했다. 부연하면, 실업률은 인플레이션(기대인플레이션 반영)과 관계없이 장기적으로는 자연실업률 수준에서 결정된다는 것이다.

그런데, 케인즈의 '유효수요이론'이 정부소비(재정지출)을 통한 경기부양이 최선책이라는 통설은 잘못된 해석이며, 케인즈의 일반이론에서는 재정지출보다는 오히려 소비와 투자를 강조한 소비이론 또는 투자이론에 근거한 경제정책의 대안을 제시했다. 케인즈는 정부의 직접적인 개입보다는 자유경쟁시장을 전제로 가계의 소비행태와 기업의 투자행위를 통한 자발적인 활동을 유도하는 데 그 방점을 두고 있다. 케인즈의 유효수요이론을 바탕으로 (국민)소득과 이자율의 관계를 분석(가격경직성 가정)한 힉스-한센모델(IS-LM 단기균형모형)은 실물시장에서는 소비, 재정지출, 투자와 수출을 늘리는 대신 수입을 줄여야 하고, 화폐시장에서는 거래수요와 투기수요를 증가시켜야 하며, 이를 위해서는 실질소득을 증가시키고 실질이자율을 낮춰야 한다는 논리를 폈다. 반면, 통화주의 창설자인 프리드먼은 시장의 자율적인 작동원리를 기반으로 화폐수요도 아닌 화폐공급을 늘리는 통화정책으로도 경제성장이 가능하다고 주장했다. 그러나 통화정책으로 경제성장이 지속될 수 있다는 논리에 대해서는 비판할 여지가 많다.

: 소득재분배 :

경제성장의 관점에서 고려하지 않을 수 없는 사안은 분배의 문제다. 경제운용의 관점에서 성장의 논리가 우선되어야 하는가? 아니면, 분배가 성장의 논리보다 우선되어야 하는가? 흔히 성장과 분배가 모두 충족될 수 있다면, 더할 나위가 없이 좋다. 그러나 경제현실에서는 성장과 분배를 모두 충족하기가 쉽지 않기 때문에 성장과 분배가 서로 상충관계(반비례 방향)에 있다는 것이 통념(통설)이다. 예를 들면, 경제성장을 경제운용의 우선 목표로 설정하고 한 나라의 자원을 성장에 집중적으로 투자하면, 국민소득 수준의 저소득국 단계에서는 높은 수준의 경제성장률이 달성될 수 있지만, '수확체감의 법칙'과 유사한 경로를 보이면서 고소득국 단계에 근접할수록 경제성장률이 정체되는 경우가 경제발전 단계에서 나타나는 공통적인 현상이다. 그런데, 경제가 성장하면서 수반되는 부작용은 대표적으로 소득불평등과 물가수준의 상승 등인데, 특히 소득불평등에 따른 빈부의 격차가 사회경제적으로 심각한 문제를 유발한다. 프랑스 경제학자인 토마스 피케티는 『21세기 자본』(2013)에서 소득수준 양극화의 근본요인은 (연평균) 자본수익률이 경제성장률을 상회하는 자본주의(경제) 구조적 모순에 따른 것이며, 소득불평등의 원천은 노동소득보다는 자본소득(금융자산 및 사업소득)이 과다하기 때문인데, 따라서 자본소득에 대한 누진과세가 필요하다고 주장했다. 1인당 국민소득을 기준으로 고소득국 단계에 진입하더라도 부유층과 빈민층간의 소득과 재산의 격차로 인해 사회 전반에 걸친 문제점이 잠재되거나 표출되면서 소득불평등 현상이 사회 불안정의 요인으로 작용한다. 예를 들면, 소득불평등이 심각한 사회에서는 고소득층과 저소득층간의 분리된 사고방식으로 인해 사회 구성원간의 상이하고 단절된 행태가 나타나고, 소득계층 상호간에 대한 공감의 벽이 더욱 높아지게 된다. 따라서 경제운용을 성장에 중점을 두고 추진한 경제정책의 결과, 상당기간 경제성장률이 지속되고 국민소득이 향상되는 긍정적인 효과가 나타나지만, 소득불평등에 따른 빈부의 격차로 인한 분배(소득 또는 재산)의 문제가 사회 안전망을 흔들면서 성장의 역효과가 나타날 수 있다. 경제성장의 목적은 국민소득을 향상시키는 데 있는데, 한 사회(국가)의 구성원 전체의 소득이 증가하기보다는 고소득층에게 성장의 효과가 편중되고 저소득층에게는 성장의 '낙수효과'가 별로 나타나지 않는다는 점이 문제다. 따라서 경제성장에 따른 소득 증가의 몫이 저소득층에게도 배분되어야 한다. 그리면, 개인적으로 감당하기 어려운 분배에 관하여 치밀한 경제정책이 요구되는데, 아무리 성장이 지속되고 소득이 증가해도 경제운용의 중점을 분배에 관하여 고려하지 않는다면, 경제성장의 효과가 반감된다. 따라서 거시경제운용의 관점에서 성장과 소득을 융합적으로 모두 고려하는 분배에 관한 경제철학과 논리가 더욱 필요한 것이다. 그렇다고 하더라도, 미국 철학자인 존 롤스(1921~2002)의 『정의론』(1971)에서 제기된 평등주의 사고로 소득분배가 현실적으로 실현될 수 있겠는가? 경제정책의 우선순위에 대한 성장과 분배에 관한 이견은 효율과 평등에 관한 상충관계와 마찬가지로, 경제철학에 대한 해묵은 선택의 문제다. 미국 경제학자인 아서 오쿤(1928~1980)은 『평등과 효율』(1975)에서 공공정책은 평등과 효율간의 긴장관계에 대한 관리를 중심으로 운영되고 있다는 점에서 평등과 효율의 가치에 대해 논했지만, 효율과 평등의 상충관계와 마찬가지로 성장과 분배의 문제를 모두 해결하기가 쉽지 않다. 그러나 분배의 문제는 경제성장을 통해 어느 정도 가능하지만, 반대의 경우인 경제성장이 악화되고 국민소득 수준이 낮은 상태에 있는 사회(국가)에서는 분배의 문제를 해결하기가 더 어렵다는 사실을 어렵지 않게 발견할 수 있다.

'분배의 문제'와 관련하여, 경제주체(가계)에 대한 한정된 자원(생산요소)의 소득, 즉 노동소득(임금)과 자본소득(이자 · 이윤 · 지대)을 어떻게 배분할 것인지에 대한 논의가 기본적으로 필요하다. 고전학파의 '임금이론'에 대하여 고찰한 마샬(경제학원리: 420~422)에 따르면, 임금과 이윤의 자연율에 대한 용어는 중농주의학파(튀르고)가 주장한 대로 뚜렷한 정의나 불변의 개념에 의해 구분되지 않고, 수요와 공급의 변동을 거듭하는 조건(시장상황)에 의해 임금과 이윤이 결정된다고 스미스는 분석했다. 그러나 노동의 자연가격(식품 · 필수품 추정)은 절대적으로 불변이고 고정된 것으로 이해하기 어렵고, 그 자연가격은 인간의 습관에 의해 기본적으로 결정된다고 고전학파인 데이비드 리카도는 분석했다. 그래서 임금이 생활 (기본)필수품의 가격수준을 상회하면, (기본)필수품 가격수준의 자연적 법칙(리카디안 철법 또는 브라질법)에 의해 인구가 증가하는 경향이 고착화될 수 있다는 것이다. 리카도에 따르면, 임금 상승이 인구의 증가가능성의 잠재요인이라는 것을 의미한다. 그러나 밀은 토마스 맬서스의 역사적 사례(교훈)에 동조하면서 만약 임금 하락이 노동계급을 더 열악하게 만든다면, 임금 하락이 노동계급의 생활(안위)수준에 대해 항구적으로 피해를 주며, 노동계급의 열악한 여건은 이전의 최저상황에 더욱 충분히 근접할 정도로 그 여건이 또 다른 새로운 최저상황에 직면하게 될 수도 있다는 점을 강조했다. 밀의 견해는 임금 하락에 대해 분석하면서도 임금 하락으로 소득 저하가 구조적인 악순환에 처할 수 있다는 점을 의미한다.

고진학파의 '고용이론'(분배의 문제 포함)과 관련하여, 밀(정치경제의 원리: 210)은 부의 분배가 사회의 법과 관습에 의해 결정되며, 따라서 부의 분배에 관한 규칙은 시대와 국가에 따라 매우 상이하지만 사회를 지배(구성)하는 견해와 감성(사고)의 영향을 받고 있다고 주장했다. 밀(정치경제의 원리: 312)은 소작농(코티어 시스템)의 생산은 지대와 노동자의 보수로 구분(분배)되며, 노동자의 여건은 지대의 양에 달려 있다고 분석했다. 그러나 경쟁에 의해 통제되는 지대는 토지에 대한 수요와 공급과의 관계에 의해 결정되며, 토지에 대한 수요는 경쟁자(총농촌인구)의 수에 의해 결정된다는 것이다. 그래서 소작농 기간의 효과는 관습, 개인의 신중함(절약), 기아 또는 질병에 의한 농촌인구의 생산능력의 증가정도(범위)에 의해 결정된다고 밀은 주장했다. 또한, 밀(정치경제의 원리: 333)은 임금은 노동의 수요와 공급(시장여건)에 의해 주로 결정되며, 흔히 자본(양)과 인구(노동자수)의 비율(관계)로 표시된다고 주장했다. 밀이 언급한 인구는 노동계급의 수 또는 고용되는 노동자를 의미하며, (유동)자본은 노동의 직접적인 고용(구매)에 지출된 금액이다. 그러나 밀(정치경제의 원리: 386)에 따르면, 고용주는 자본에 대한 인구(노동)의 비율을 초과하는 노동의 평균임금을 인상할 수 없고, 노동자에게 더 많은 것을 보상하기 위해 고용주는 고용의 수를 제한한다는 것이다. 노동수요자(기업)의 입장에서 임금 상승에 따른 고용의 감소가 불가피할 수밖에 없다는 견해다. 특히 밀(정치경제의 원리: 451)은 자본과 노동은 일반적으로 국민소득과 통용되는 개념인 '국민배당'의 생산과정에서 상호작용하며, 자본소득과 노동소득은 각각의 한계효율에 의해 측정된다고 주장했다. 그리고 밀(정치경제의 원리: 669~670)은 지주, 자본가와 노동자로 구성되는 사회에서 경제적 진보(발전)는 노동자의 생계비용(임금)이 전반적으로 증가하고 자본가의 이윤이 하락하는 대신, 지주계급(지대)은 점진적으로 부유하게 되는 경향이 있다고 주장했다. 밀의 견해는 이윤은 자본의 경쟁에 의해 결정되며, 자본이 증가하면 경쟁도 마찬가지로 증가하여 이윤이 하락한다는 스미스의 논지와 맥을 같이하는 것으로 추론된다. 그러나 신고전학파를 대표하는 마샬(경제학원리: 524)은 토지 순소득은 일반적으로 토지의 총량(토지의 생산자잉여)과 토지 이해관계자에 대한 배분으로 구성되며, 토지의 생산자잉여(지대 가치)는 토지의 비옥도와 구매(수요) 및 판매(공급)의 상대적 가치에 따라 결정된다는 것이다. 마샬(경제학원리: 587)에 따르면, 노동자의 임금은 정상적인 노동 효율성에 기인한 순생산물에 근접하는 수준이라는 것이다. 부연하면, 마샬이 분석한 임금과 지대에 관한 생산물의 배분 문제는 시장에서 결정되는 상대적 가치와 생산물의 순가치에 의해 영향을 받는다는 것이다. 신고전학파를 비판한 케인즈(일반이론: 6)는 실질임금은 노동의 한계생산물과 일치하며, 고용되는 노동(규모)가 일정할 때 임금의 효용은 고용의 한계비효용(고용과 효용의 반비례 관계)과 일치한다고 분석했다. 부연하면, 케인스(일반이론: 16)는 단위 노동에 의한 실질임금은 고용규모와 역(-)의 상관관계를 나타내며, 따라서 노동집약적(임금지출 의존적) 상품을 기준으로 단위 노동의 보상이 감소하면 이윤이 증가할 수 있다고 고전학파의 고용이론에 동조했다. 기업(노동수요자) 관점에서 임금 지불에 따른 생산비용(인건비) 절감으로 더 많은 고용이 가능하며 이윤증가(영업비용 감소)가 가능하다는 논리다. 케인즈(일반이론: 34)에 따르면, '국민소득'에 대한 개념은 신고전학파(마샬 · 피구)에 의해 규정되었고, 국민소득은 (화폐)소득 또는 산출물의 가치가 아니라 현재의 실질소득 또는 산출물(규모)로 측정된다고 정의된다.

아서 피구(후생경제학)는 '국민소득'은 한 사회의 자본보유 또는 소비를 위한 가용자원과 (순)산출물에 의해 결정된다고 규정했다. 그러나 피구가 창설한 후생경제학에 따르면, 생산과 분배에 관하여 구분했는데, 생산은 총생산의 증가와 관련한 사회적 후생의 증가를 위한 명제(과제)이며, 분배는 경제적인 처방(대책)이 아닌 정치적인 목적을 실행하기 위한 방식으로 상대적 이점(비교우위)과 관계된다는 견해(다니엘 하우스만의 분석)에 대해서는 논란의 여지가 있다. 그러나 신고전학파와는 다르게, 케인즈의 경제철학은 경제학에 도덕적인 문제를 고민했다는 것이 영국 경제학자인 조앤 로빈슨(1903~1983)의 주장이다. 로빈슨에 따르면, 케인즈는 신고전학파의 경제철학을 비판하면서 개인적 이기주의와 공공 서비스에 대한 철학을 조화시키려는 소위 '기다림'의 개념은 부의 소유자가 현재의 만족감 대신 소비(유혹)의 억제, 그리고 그에 따른 보상과 관계된 희생이라는 것이다. 그리고 케인즈(일반이론: 249~253)는 실질임금은 노동의 한계비효용과 동일하고, 고용(또는 산출물)이 증가하면 노동의 한계비효용은 증가한다는 고전학파의 가정을 인용했다. 다른 조건이 일정한 경우 실질임금이 하락한다면 임금(단위) 기준으로 가계(노동공급자)의 지출 증가가 어렵기 때문에 노동공급도 감소할 것이라는 고전학파의 견해에 대하여 케인즈는 동조한 것이다. 즉, 임금의 상승과 하락은 노동의 공급과 수요의 관점에서 영향을 받기 때문에 임금의 하락으로 손실을 보는 노동공급자와 이득을 보는 노동수요자간의 상충관계가 발생한다는 것이다. 프리드먼(자본주의와 자유: 193)은 자유시장 사회에서 소득분배를 직접적으로 정당화(명분)하는 윤리적 원리는 자신과 자신의 고유 생산수단(방편)에 따라 다르게 적용해야 한다고 주장했다. 재산권은 법과 사회적 규약에서 중요한 문제이므로 재산권에 대한 정의와 실행이 사회(국가)의 주요한 기능이며, 프리드먼은 윤리적 원리에서 소득과 부의 최종적인 분배는 실제로 채택된 재산권에 관한 규칙에 의해 결정된다고 보았다.

'분배의 문제'에 관하여, 경제학에서는 소득불평등 상태를 측정하는 방법으로 '지니계수'가 활용되고 있는데, 완전 평등상태에서는 0, 완전 불평등상태에서는 1로 분류하여 0에서 1로 근접할수록 소득불평등 상태는 악화된다는 것이다. 그러나 지니계수(0~1)가 소득불평등 상태를 정확하게 진단하지 못하는 한계를 내포하고 있어 지니계수의 적합성에 대한 의문이 제기되고 있다. 그럼에도 불구하고, 소득불평등 수준을 국가간 비교하는 방법(차선책)으로 지니계수가 활용되고 있다. 2021년 기준, 경제협력개발기구 회원국(38개국)을 대상으로 지니계수를 측정한 결과, 평균 0.321 수준으로 산출되었다. 지니계수의 평균값이 0.5이하이므로 경제협력개발기구 회원국은 소득불평등 상태가 비교적 양호하다고 추정할 수 있는데, 세계은행이 추계한 1인당 국민소득(GNI, PPP 기준 미 달러 환산)과 경제협력개발기구가 산출한 지니계수의 상관계수는 -0.532로 소득수준과 지니계수가 어느 정도 역(-)의 상관관계가 있는 것으로 추정된다. 그런데, 소득수준 최상위 5개국(룩셈부르크 · 노르웨이 · 아일랜드 · 스위스 · 미국)과 최하위 5개국(콜롬비아 · 멕시코 · 코스타리카 · 칠레 · 튀르키예)의 지니계수와 소득수준에 대한 상관계수는 -0.926으로 매우 높은 역(-)의 상관관계가 도출되었다. 즉, 경제협력개발기구 회원국에서는 소득수준이 높은 국가일수록 지니계수가 낮고, 반대로 소득수준이 낮은 국가일수록 지니계수가 높은 것으로 해석된다. 부연하면, 2021년 기준으로 지니계수(1인당 국민소득, 미 달러)는 룩셈부르크 0.305(83,230), 노르웨이 0.263(82,840), 아일랜드 0.292(79,450), 스위스 0.316(75,860), 미국 0.375(70,480)인데 비해, 콜롬비아 0.542(16,460), 멕시코 0.420(19,540), 코스타리카 0.487(21,800), 칠레 0.460(27,410), 튀르키예 0.415(30,020) 등으로 추계된다. 2021년 기준으로 유럽에서도 사회보장제도가 잘 구축되었다고 평가받고 있는 북유럽 5개국(스웨덴 · 노르웨이 · 핀란드 · 덴마크 · 네덜란드)의 1인당 국민소득은 평균 65,990달러로 OECD 평균치(48,367 달러)를 훨씬 상회하고, 지니계수도 0.275로 OECD 평균수준(0.321)에 비해 양호하다. 말하자면, 사회보장제도가 절대적 측면과 상대적 측면에서 양호한 북유럽에서는 소득불평등 상태와 국민소득 수준이 절대적으로도 양호한 것이다. 비록 경제협력개발기구 회원국에 대한 특정시점의 소득수준과 지니계수를 비교했기 때문에 모든 국가와 시기(기간)에 적용할 수 없다는 점에서 논란의 여지는 있으나, 소득수준이 향상되면 소득불평등(지니계수)이 악화된다는 논리가 적절하지 않다는 사실을 보여주고 있다. 따라서 분배를 위해 성장 주도의 경제정책을 보류하거나 억제하는 것보다는 분배(소득불평등)의 문제를 개선하기 위해서라도 오히려 지속적인 경제성장 지원정책이 필요하다. 부연하면, 거시경제운용에서 성장과 분배가 모두 달성 가능하다는 점에서 의미가 크며, 경제정책도 분배(소득불평등 개선)를 위해 성장을 우선적으로 추진해야 한다는 논리에 방점을 두어야 할 것이다. 개인(가계)의 관점에서 4인 가족 기준으로 연수입(총소득 기준)이 5천만원인 가계와 1억 5천만원인 가계의 기본적인 경상지출(고정비용)을 연평균 3천만원이라고 가정하면, 1인당 사용 가능한 소득(순소득 기준)은 5천만원인 가계는 평균 5백만원이지만, 1억 5천만원인 가계는 평균 3천만원 수준으로 6배 많은 것으로 추계된다. 가계 단위로 산출한 순소득은 소득 창출을 주도하는 구성원(가장)의 입장에서 가계소득을 나눈 것(용돈배분 형태)으로 계산하면, 일종의 소득재분배가 된다. 말하자면, 소득수준이 높을수록 나눌 수 있는 몫(분배)도 커지게 되므로 국가 단위에서뿐만 아니라 가계 단위에서도 소득수준의 증가가 재분배(배분)의 증가로 연결될 수 있다. 역으로 말하면, 아무리 분배를 중요시하고 소득재분배 정책을 시행하더라도 소득수준이 낮고 나눌 수 있는 소득 또는 재산이 없다면, 분배는 사실상 이루어질 수 없고 원조나 기부에 의해 경제적 생활을 지탱할 수밖에 없다. 분배를 위해 성장에 대한 경제정책을 미루지 말고, 오히려 지속적인 성장을 통한 소득증가로 (소득)재분배 정책을 시행하는 방법(선성장 · 후분배 방식)이 최선책이라고 할 수 있다. 경제정책에서 성장도 포기할 수 없지만 분배의 문제도 고려하지 않을 수 없기 때문에 분배의 문제를 완화하기 위해서라도 경제의 지속적인 성장이 분배의 전제조건이다.

그러나 분배의 문제를 경제의 영역에서만 해결하는 방안은 실질적으로 쉽지 않다. 토마스 맬서스의 학설을 비판한 미국 사회사상가인 헨리 조지(1839~1897)는 소득불평등의 원인을 단순히 소득에서 찾을 수 없고 소득 이외 부(재산)의 불평등한 분배에 기인한다고 보았다. 조지는 『진보와 빈곤』(1879)에서 생산량은 임금(생산의 한계), 이자(경작의 한계) 및 지대(토지 투기)에 의해 결정되며, 임금과 이자를 합한 값(수준)을 초과하는 지대(임금, 반비례 관계)는 산업불황의 원인이 되므로 토지소유에 대한 과세가 필요하다고 주장했다. 분배의 문제를 해결하기 위해 취하고 있는 일반적인 방법으로는 소득불평등 상태를 완화하기 위한 조세 부과가 대표적이다. 과세표준을 기준으로 소득수준이 높을수록 개인소득세는 누진적으로 적용하지만, 반대로 소득수준이 낮을수록 소득세율을 인하하거나 세금공제를 통해 개인소득세 납부금액을 경감하는 등 소득불평등 상태를 조정하는 방식이 일반적으로 취해진다. 오랜기간 조세 부과를 통한 소득불평등 완화 방식이 취해졌는데도, 여전히 소득불평등 등의 분배문제가 해결되지 않는 것은 사회 전반에 걸친 합의와 적절하고 투명한 조세 체계가 작동하지 않은 데 기인한다. 분배의 문제는 경제 분야에서만 해결할 수 없고, 정치와 사회의 분야에서 심도 있게 고민해야 한다. 소득불평등을 완화하기 위해 사회적 합의를 통한 사회보장제도를 도입하고, 조세 부과의 실효성을 제고하기 위해 불공정 조세관행을 신고하고 관리하는 조세관리시스템을 구축해야 할 필요가 있다. 분배 문제를 해결하기 위한 정치와 사회 분야의 역할은 저소득층을 포함한 빈민계층과 사회적 약자에 대한 사회공동체의 의식과 배려가 선행되어야 한다. 성장이 지속되고 소득수준이 상승해도 나타나는 소득불평등 현상은 사회 구성원 모두가 동일한 경제수준의 상태에 속해 있지 않다는 점이다. 자본주의 속성상 빈부의 격차가 발생할 수밖에 없는데, 빈민계층에 대한 사회 전체의 지원과 기부 등이 분배 문제를 완전히 해소하지 못할지라도 사회 공동체에 속해 있다는 인식과 공감을 형성하는 데 어느 정도 역할을 할 것으로 기대된다. 따라서 사회 구성원에 대한 충분하고 촘촘한 사회안정망 체계를 구축하여 성장의 효과를 배분할 수 있는 사회(국가)가 사실상 복지사회를 지향하는 해법이라고 단정할 수 있다. 경제가 지속적으로 성장한다고 가정하면, 분배의 문제도 어느 정도 완화할 수 있다. 그러나 경제의 성장이 정체 국면에 있거나 악화되는 상황에 처하면, 사회 전반에 걸쳐 상당한 부작용이 초래된다. 과거 경제위기의 발생사례를 살펴보면, 선진경제권에서도 크고 작은 경제위기가 수없이 발생했으며, 후진국에서는 경제위기로 채무불이행 사태로 정부부도가 발생하거나 채무불이행을 방지하기 위해 국제금융기구로부터 긴급 구제금융(차관)을 지원받은 사례가 빈번했다. 성장의 정체 또는 악화로 경제위기가 발생하면, 경제 전반적으로 엄청난 변화가 수반된다. 예를 들면, 기업의 경우 기업자체의 파산, 자산의 구조조정과 투자 보류 또는 지연, 가계는 가처분소득 감소 또는 실직에 따른 생계부담 악화 등으로 경제활동이 정상적으로 작동되지 않는다. 그런데, 기업의 파산과는 별도로 산업(기업)의 구조조정은 단기적으로 경제적 부담이 우려되지만 중장기적으로는 기업의 생존체질(체력)을 강화하는 데 기여할 수 있으므로 부정적으로만 여길 필요가 없다. 다만, 발생할 수 있는 문제는 산업(기업)의 구조조정에 따른 실직 등으로 가계가 경제활동에 어려움에 처하게 된다는 점이다.

2

소비

스미스(국부론: 431)는 자본이 절약(신중한 태도)에 의해 증가하고, 낭비(방탕한 태도)와 비행(부당한 행위)에 의해 감소하므로 저축을 중요시했다. 고전학파를 열었던 스미스는 사치스러운 행태보다는 검소한 생활로 저축을 증가하여 자본을 축적하는 것이 국부의 증대에 기여할 수 있다고 본 것이다. 스미스(국부론: 839~840)에 따르면, 중상주의 경제학자들의 견해는 소비자(가계)의 이익(이해관계)이 생산자(기업)에 의해 지속적으로 희생되었기 때문에 모든 산업과 상업거래의 궁극적인 목표는 소비가 아닌 생산이었다고 분석했다. 그러나 스미스는 소비가 모든 생산의 유일하고 궁극적인 목적이기 때문에 생산자의 이익은 소비자의 이익을 촉진하는 데 필요하다고 주장했다. 부연하면, 생산과 소비의 연결고리에서 생산은 소비를 위해 필요하므로 소비가 되지 않는 생산의 존재이유는 없다는 견해다. 그러나 케인즈(일반이론: 323, 329)에 따르면, 토마스 맬서스가 데이비드 리카도에게 보낸 『정치경제의 원리』(1820)에서 아담 스미스가 "자본은 절약에 의해 증가되고 검소한 사람들이 사회의 은인이며, 따라서 국부의 증대는 소비를 상회하는 생산의 균형에 의해 결정된다."고 주장한데 대하여, 절약의 원리가 과도하게 적용되면 오히려 생산의 동기가 위축될 것이라고 확신했다. 그러나 리카도는 『정치경제와 조세의 원리에 대하여』(1817)에서 생산의 증가는 소비하는 능력에 비례하여 나타나기 때문에 과잉생산의 가능성은 없다고 주장했다.

: 소비론 :

소비는 산술적으로 소득에서 저축하고 남은 부분으로 정의된다. 케인즈(일반이론)는 저축은 소득에서 소비를 차감한 값이고, 저축은 투자로 연결된다고 주장했다. 그러므로 소득이 일정할 경우 저축이 상대적으로 많으면 소비는 줄어들고, 반대로 저축이 적으면 소비는 늘어난다는 논리다. 스톡홀름학파인 엘리 헥셔(1879~1952)는 사치와 절약에 관한 중상주의 논지에 대하여, 교환되지 않은 화폐(량)에 의해 실질임금이 감소하고 저축은 화폐 유통(량)을 축소하는 것으로 여기기 때문에 절약은 실업의 요인이라고 분석했다. 그러면, 경제가 성장하려면, 소비를 해야 하는가? 아니면, 저축을 해야 하는가? 개인적인 관점에서는 소비보다는 저축을 통해 경제적 여유를 가질 수 있다. 그러나 가계가 소비보다는 저축을 늘리게 되면, 다른 부작용이 나타날 수 있다. 말하자면, 기업의 생산제품이 가계의 낮은 소비성향으로 인해 판매되지 않고 재고자산이 누적되어 매출실적이 저조하게 될 우려가 있다. 단기적으로 개인은 부자가 될 수 있으나, 중장기적으로는 기업의 경영실적이 악화되어 고용시장이 위축되고 기업의 부도 또는 파산으로 인해 노동여건이 악화되거나 심지어 실직상태가 늘어 가계의 소득이 오히려 축소되는 결과가 초래될 수 있다. 결국, 가계의 저축성향이 높을수록 다시 가계의 소득저하로 연결되는 문제가 노출될 가능성이 농후하다. 소위 케인즈가 주장한 '저축의 역설'이다. 케인즈에 따르면, 극심한 경기침체 상황에서는 미래에 대한 비관적인 전망으로 인해 소득이 저하된 가계의 저축성향이 낮아지고 따라서 저축을 통한 투자 증가가 어렵다는 견해다. 풍요한 사회에서는 개인의 높은 저축성향으로 인해 역설적으로 빈곤해질 수 있는 '풍요속의 빈곤' 현상이 나타날 수 있다는 것이다. 저축은 개인적인 관점에서 판단할 문제이지만, 소비성향은 경제사회적으로 미치는 영향이 크다. 그러면, 개인은 저축하지 말라는 것인가? 가계도 소득에서 자신의 지출계획을 고려하여 저축을 하지 않으면, 가계도 부도 또는 파산 가능성이 있다.

따라서 가계도 경제여건의 변화, 미래의 지출계획 등을 고려하여 저축을 해야 하며, 개인의 저축성향에 대하여 누구든지 관여할 필요는 없다.

밀(정치경제의 원리: 178)은 '자본의 증가법칙'에 관하여, 사회가 안전할수록 자본축적에 대한 욕구의 강도(효과)가 더 커지게 되는데, 예를 들면, 개인의 재산(부)이 덜 안전하거나 더 자주 또는 심각하게 피폐된 사회에서는 저축하려는 경향이 낮아지며, 현재의 만족(즐거움에 대한 유혹)보다는 불확실하지만 미래를 선호하게 하는 유인(동기)이 발생한다면 자본에 대한 투자 이윤율이 더 높아지는 경향이 있다고 주장했다. 마샬(경제학원리: 196)은 자본에 공급되는 이자율(또는 이윤율)의 상승은 저축에 대한 수요가격의 측면에서 저축규모를 증가시키는 경향이 있다고 주장했다. 부연하면, 이자율의 상승은 저축하려는 욕구를 증가시키고, 그리고 저축에 대한 힘을 증가시키거나 생산 자원의 효율성을 향상시키는 암시(징후)가 될 수 있다는 것이다.

가계는 저축을 통해 자산을 늘려갈 수 있지만, 소비를 통해 행복감을 향유할 수 있다. 가계는 물가상승에도 불구하고, 저축을 많이 하지 못하더라도 필수품에 대해서는 소비하지 않을 수 없다. 다만, 사치품에 대한 소비성향은 가계의 지출계획을 고려하여 적정 수준에서 제한될 필요가 있다. 그것도 순전히 가계의 자율적인 판단으로 이루어져야 하지만, 소비에 따른 합리적인 자원배분과 사회의 안정적인 운영의 관점에서, 특히 사회적 건강과 치안에 위해한 소비행위는 통제될 필요가 있다. 개인의 의사결정에 관한 '합리적 선택모델'에 따르면, 경제학에서 개인의 소비행위에 대한 최적화 문제는 소비자 효용함수(선호관계), 예산제약(설정)과 소비수준(선택변수)에 의해 특정화(구성요소)될 수 있다는 것이다. 그러나 기업의 생산제품에 대한 매출실적도 가계(B2C)의 소비행위뿐만 아니라 기업(B2B)과 정부(B2G)의 구매행위에 의해서도 영향을 받고 있으므로 가계의 소비행위가 기업의 매출실적 증가에 대한 필요조건은 될 수 있어도 충분조건은 아닌 것이다. 그러므로 가계의 저축을 무조건 제한할 필요는 없다. 가계의 저축은 금융기관으로 유입(자본축적)되어 금융자산 또는 산업자본에 대한 투자자금으로 활용되어 경제성장에 기여할 수 있는 순기능도 있다. 따라서 가계는 소득에서 저축도 하고 소비도 하는데, 가계의 저축성향과 소비성향은 누구도 통제할 필요가 없지만, 거시경제에서 논하고 있는 유효수요의 관점에서는 저축보다는 소비의 지속적인 증가가 필요하다. 왜냐하면, 가계의 소비가 위축되면, 기업의 경영실적도 위축되고, 최종적으로는 그 사회(국가)의 경제성장도 기대할 수 없기 때문에 소비가 위축되어서는 안 된다.

소비이론에 관해 많은 관심을 표명한 케인즈(일반이론: 376)에 따르면, 『일반이론』의 최종적인 목적은 고용규모를 결정하는 요인을 발견하는 것인데, 생산가치(종속변수)가 소비지출(설명변수)과 투자(설명변수)를 합산한 값과 일치되는 수준에서 고용(규모)이 결정되며, 소비함수는 안정적인 고용의 요건이라고 강조했다. 그리고 케인즈(일반이론: 27)는 한 사회의 소득과 기대(예상)소비의 관계는 그 사회의 심리적 특성(소비성향)에 의해 영향을 받는다고 설명했다. 케인즈(일반이론: 81~85)는 소비성향에 영향을 미치는 요인(변동)은 단위 임금, 소득과 순소득간의 차이, 우발적인 자본가치, 시간 할인율(현재상품과 미래상품의 교환비율), 재정정책, 현재와 미래의 소득수준의 관계(예상)라고 설명했다. 즉, 소비성향에는 소득수준이 기본적으로 중요한 영향을 미치는 요인이라고 케인즈는 분석한 것이다. 케인즈는 『일반이론』에서 정부지출에 의한 '유효수요' 증가를 주장했기보다는 재정정책으로 소비성향이 영향을 받는다는 점이 흥미롭다. 부연하면, 재정정책의 산출물(고용)에 대한 관계(영향)를 알 수 없지만 재정정책이 소비성향의 변동에는 유의적인 영향을 미친다는 것이다. 케인즈는 『일반이론』에서 유효수요를 증가하여 경제성장을 달성하려면, 사회 전반적으로 소비의 증가가 우선시되어야 한다고 강조했다. 그런데, 케인즈(일반이론: 291~292)는 저축 증가를 유발하는 것은 산출물(생산) 증가에 기인하는데, 물가 상승은 산출물 증가의 부산물(수요견인 인플레이션)에 불과하고, 저축이 증가하지 않더라도 소비성향의 증가에 의해 산출물이 증가할 수 있다고 분석했다.

국제통화기금에 따르면, 우리나라의 국내총생산(2020년 기준)은 1,940조 7,262억원인데, 이중 가계소비는 900조 3,210억원, 정부소비(재정지출)는 350조 943억원, 투자지출(총고정자본형성과 재고자산증가분)은 618조 7,924억원, 수출(상품 · 서비스)은 705조 6,401억원, 수입(상품 · 서비스)은 634조 1,217억원으로 각각 집계되었다. 2020년 기준으로 우리나라 국내총생산에서 수요(지출)의 관점에서 분류한 분야별 비중은 가계소비 46%, 재정지출 18%, 기업투자 32%, 순수출 4%(=수출 36%-수입 32%)로 가계소비 비중이 국내총생산에 대한 (경제성장)기여도가 수출과 기업투자의 비중보다 더 높은 것으로 분석된다. 그러나 가계소비는 재정지출, 기업투자와 수출입과 비교하여 변동성이 상대적으로 적으며, 결국 1인당 국민소득이 증가하지 않으면 실질적으로 그 증가속도가 지지부진한 정체상태에서 크게 증가할 수 없다. 경제규모가 크고 국민소득이 올라갈수록 가계소비 증가에 의한 내수경제의 비중이 더 높아지고 있는 상황에서는 가계소비의 지속적인 증가가 더욱 더 요구된다. 그런데, 경제현실에서 소비의 증가는 원천적으로 소득의 증가에 기인한다. 즉, 소득수준이 향상되지 않으면, 소비여력이 생길 수 없다. 따라서 가계의 소비여력은 그 소비의 원천인 소득의 증가에 달려 있다. 소득이 증가하면 소비여력이 그 만큼 증가하는 것이다. 그러나 문제는 소득증가보다는 소비증가의 속도와 비중이 급속히 커지는 현상이 개인적으로 부담이 될 수밖에 없다. 가계의 소득산정의 기준은 기본적으로 가처분소득이다. 가처분소득은 가계의 수입(총소득)에서 원천적으로 공제되는 준조세지출(세금과 이자지급 등)을 차감하고 이전소득(사회보장금과 연금 등)을 더한 값이다. 따라서 실제로 가계는 가처분소득을 기준으로 저축하고 소비하는 것이다. 그런데, 물가상승에 따른 실질 가처분소득은 더 감소할 수밖에 없다. 결국 실질 가처분소득이 가계의 소비여력을 결정한다. 그러나 우리나라의 경제현실에서 가계소비의 지속적인 증가에 따른 소비여력의 증대가 한계에 직면하고 있다. 그 주된 사유는 가계 수입은 현저하게 증가하지 않은 상태에서 고정적인 경상지출이 지속적으로 늘고 있기 때문이다. 경상지출의 증가에 따라 경제지표에서 나타난 결과는 가계부채의 비율이 매우 높은 수준에 있다는 사실이 입증하고 있다. 우리나라의 가계부채가 가처분소득에서 차지하는 비중(2022년 기준)은 200%를 상회하면서 가계부채(2022년 말 1,863조원 추정) 부담이 경제성장의 최대 아킬레스건으로 작용하고 있다. 가계부채가 많으면, 그 만큼 가계의 소비여력이 줄어들 수밖에 없으며, 경제성장의 장애요인이 되고 심각한 경우에는 경제위기의 잠재요인이 될 수 있으므로 지속적인 관리와 대책이 필요하다. 소득수준이 제한된 여건에서는 소비의 증가가 사실상 어렵지만, 필요적 소비(필수품 등 지출)와 불필요한 소비를 구분하여 소비지출을 관리하는 묘안이 더욱 더 요구되는 것이다.

: 교육 · 주거 비용 :

그렇다면, 우리나라에서 가계부채가 거시경제의 운용과 관리에서 부담이 된 배경은 무엇인가? 그것은 바로 교육과 주거(주택) 비용에서 찾을 수 있다. 우리나라는 교육열기가 높기로 유명한 나라인데, 유아시절부터 학부모들의 지나친 교육열기로 인해 공교육이 아닌 사교육 시장이 과거 수십년간 계속 팽창해 왔다. 자녀 1인당 사교육비를 추산하면, 사교육(과외 · 학원) 과목당 월평균 20만원 수준으로 3과목을 수강할 경우 초중고교 12년간 평균 1억원 수준에 근접하는 것으로 추산되는데, 별도의 추가교육(유아원 · 유치원, 해외유학 등)을 감안하면 사교육 비용은 계산조차도 어렵다. 사교육 비용이 이만저만 부담되는 상황에서 기대 이하의 성적으로 진학에 실패하는 경우에는 그 기회비용(재응시 등)이 엄청나고 사회적 손실도 만만치 않다. 따라서 가계소비는 사교육 비용지출로 인해 상당한 제약을 받게 되고, 개인은 일정기간 벌어들인 수입을 기반으로 문화생활도 제대로 영위하지 못한 채 최소 12년 이상 자녀의 교육에 매달리게 되는 것이다. 교육비용 이외에도 자녀의 육아와 보살핌으로 들어가는 양육비용(돌봄 비용 등)도 적지 않게 소요된다. 자녀의 출생부터 성년으로 성장하기 이전에 소요되는 양육비용에는 돌봄 이외에도 식품구매와 병치레 등과 우발적인 비용지출 등에 제법 소소하게 들어가는 제반 비용을 일일이 기록할 수 없을 정도다.

자녀가 2명 이상인 경우에는 그 자녀수에 최소한 비례하여 지출규모가 늘어나게 마련이다. 따라서 가계의 소비지출을 줄이려면, 불요긴급한 필수품 등에 대한 소비를 제외하고 불필요한 소비지출을 억제해야 하는데, 대표적인 사례가 바로 사교육에 소요되는 비용이다. 사교육 대신 공교육을 활성화해서 유년시절의 기본적인 인성과 교양교육이 제도권 학교 안에서 이루어져야 한다. 지금처럼 학원이나 과외를 통한 입시 위주의 사설교육기관보다는 공교육에서 가르치기 어려운 인성과 교양에 대한 교육기관을 지정해서 운용하는 것이 바람직하다. 다만, 입시 위주가 아닌 인성과 교양을 전문적으로 교육하는 사교육 시장에 대해서는 선별적으로 그리고 제한적으로 운용하는 대안이 마련될 필요가 있다. 사교육 시장의 유지와 확대는 가계의 소비여력 증가에 역행하고 궁극적으로 경제의 지속적인 성장을 저해하므로 최대한 억제되어야 한다. 초중고교 제도권 공교육에서 충분한 인성과 교양 교육이 부족하다면, 고등교육기관(대학교 · 연구소)에서 교양 교육에 관한 프로그램 등을 통해 운용하면 될 일이다. 구태여 입시교육으로 정신적인 고통과 무의미한 시간투자가 수험생들에게는 진정한 교육과 지식의 함양에는 별다른 도움이 되지 못한다. 특히 대학입시를 위한 교육정책을 전면적으로 재검토하고, 체계적인 교육방식에 대해 고민해야 한다. 극단적으로 말하자면, 현재의 대학입시 제도를 전면 수정해야 한다. 그러면, 우리나라의 미래를 위해 교육의 방법을 어떻게 혁신해야 하는가? 초중고 교육기간을 현재보다 단축하고, 그 시간에 충분한 교양과 인성을 함양하는 노력을 기울어야 할 필요가 있다. 현재의 대학 입시방식을 폐지하고, 고등학교 졸업 이후 대학교에 대한 진학여부는 학생(자신), 학부모와 선생님(고등학교)간의 충분한 교감과 지도를 통해 결정하는 방식으로 추진될 필요가 있다. 대학교 진학도 성적(수능 · 내신)보다는 적성과 진로탐색(방향)에 의해 선택할 수 있어야 한다. 말하자면, 성적(수능)으로 대학교의 우열을 구분하지 말고, 대학교를 3분 체계(고등교육기관의 평준화)로 분류하되, 인재 육성과 양질의 노동공급을 위해 전공 분야별 연구 중심의 전문대학원(1군), 인문 · 사회 · 자연 과학을 통합적으로 교육하는 융합대학교(2군), 취업과 진로 선택을 위한 특화대학교(3군) 등의 체계로 운영할 것을 권고한다. 부연하면, 대학교의 운영체계도 '3분의 1 경험법칙'에 근간을 두고 전문대학원은 융합대학교 졸업 이후 기초학문을 집중적으로 연구하는 체계로 운영하고, 융합대학교는 복수 전공을 통해 인문 · 사회 · 자연 과학을 통합적으로 사고하고 판단(사리분별) 능력을 제고하는 교육체계로 운영하고, 특화대학교는 고등학교에서 취업에 대해 충분한 검토와 고민이 이루어지지 않는 현실에서 보다 구체적으로 기업에서 필요한 분야에 대한 인턴쉽 형태의 교육체제로 운영하는 것이다. 고등학교를 졸업한 이후 모두 대학교에 진학할 필요가 없으며, 또 강요해서도 안된다. 고등학교 졸업 이후 대학 교육체계는 선택사향이다. 대학교와 고등학교 졸업자간의 경제적 보상 측면에서 차별은 없어야 한다. 경제적 보상의 차별은 대학교 졸업여부 또는 대학간의 편견(선입견)이 아니라, 오로지 개인의 역량과 성과를 기준으로 이루어져야 한다. 어떤 유형의 대학교를 졸업해도 대학교에 대한 차별(연수입 포함)을 금지하고, 직업 선택의 자유가 보장되어야 하며, 교육 인센티브는 학생의 노력에 대한 개별적인 성과(성취도)에 의해 결정되어야 한다. 또한, 대학교 진학 이전에 자신의 진로방향을 결정할 수 있는 충분한 시간과 기회가 보장되어야 한다. 그렇게 하기 위해서는 중 · 고등학교에서 대학입시 위주에 매달리기보다는 풍부한 교양교육이 선행되어야 한다. 사춘기 시절, 체계적인 교양 교육을 통해 인성과 지식을 함양해야 하는데, 우리나라의 교육 현실을 비추어 볼 때, 정말 낭비적이고 허무한 입시 위주의 교육에 그 많은 시간을 허비하고 있다. 그러나 중 · 고등학교 교육과정에서 문학, 철학, 사회사상, 자연과학, 음악, 미술 등에 걸친 세계적인 명작과 고전을 중심으로 독서하고 토론한다면, 지금보다는 완연히 다른 양상으로 변화될 수 있다. 특히 문화인류사적으로 위대한 공헌을 한 위인들의 작품과 사상(영감), 그리고 그들의 삶을 들여다보면, 우리나라의 교육현실을 개혁해야 한다는 인식이 형성될뿐더러 국민 의식수준의 전환과 창의적인 인재 육성에도 엄청난 자양분이 될 것이다.

중·고등학교 교양 교육의 구체적인 교육콘텐츠에 관하여 예시하자면, 서양에서는 그리스 철학자인 플라톤 이후 학문의 시작이 철학(모든 학문의 연결고리 역할)으로부터 비롯되었다. 따라서 인간에 관하여 연구하는 철학 분야에서 학문을 선도했던 철학자의 삶과 사상을 음미하고 해석하면 그 의의가 크다고 할 수 있다. 예를 들면, '근대 서양철학의 아버지'로 불리는 르네 데카르트(1596~1650)는 "주관은 어떻게 객관을 인식하는가? 그리고 주관의 인식이 객관과 일치한다고 할 수 있는 근거는 무엇인가?"라고 인식론의 관점에서 철학적 고민을 했다. 프랑스 합리주의(실존주의) 철학을 선도한 데카르트는 『방법서설』(1637)에서 지성의 적합한 행동을 위한 조건은 도덕(지혜의 최고)이며, 신의 존재와 인간의 이성(합리적인 사고)에 대한 확신을 통해 연역적인 진리탐구의 방법론을 제기했다. 스코틀랜드학파인 존 로크(1632~1704)는 영국 경험주의(귀납적인 진리탐구 방법론) 철학의 시조로서 입헌주의와 자유주의의 기본적인 관념을 제시했다. 로크는 『인간지성에 관한 에세이』(1689)에서 우리 자신의 능력을 검토하면서 우리의 지성이 어떠한 대상을 다루는데 적합한지, 아니면 부적합한지를 고찰했는데, "이성과 인식은 경험으로부터 유래하며, 경험은 감각과 반성을 통해 이루어진다."고 강조했다. 독일 관념주의 철학을 주창한 엠마누엘 칸트(1724~1804)는 인간의 지성에 대하여 선(감정)과 도덕(이성)을 구분하면서 "도덕의 최고원칙은 무엇인가?"에 관하여 고민하고, "모든 인간은 수단이 아닌 목적으로 대하라"는 보편적인 도덕준칙을 제시했다. 칸트의 3대 비판서 중에서 『실천이성비판』(1788)은 개인의 의지는 보편적인 준칙(입법)에 따라야 한다는 실천원리를 강조한 것인데, 실천행위를 가능하게 하는 조건은 자유와 도덕법칙이라고 규명하면서 순수한 실천의지가 곧 선(참)임을 증명하려고 했다.

교양 교육의 콘텐츠에 관하여 예시했지만, 중 · 고등학교 과정에서 대학 입시준비(암기형태의 주입식 교육)보다 인간과 사회에 관한 내면적이고 근본적인 문제를 토론하고 고민하는 교육방식이 자녀의 미래(교육)를 위해서도 훨씬 더 바람직하다. 중 · 고등학교에서 충분한 교양 교육을 통해 자신의 장래 직업과 진학에 대한 확신을 가질 수 있고, 자신이 어떻게 살아가야 할 것인지, 또 어떤 삶의 방식이 적정한지에 대한 방향설정도 가능하지 않을까? 그런데, 신뢰할 수 없고 공평하지도 않은 수시(스펙위주) 평가와 일회성의 정시(수능시험) 평가에 의한 대학 입시제도에서 수험생들이 자신의 미래를 위해 충분한 고민과 적합한 적성(만족도)을 고려하여 대학교나 학과를 선택한다고 할 수 있는가? 사설입시기관이 제공하는 입시 가이드라인에 맞춰 자신의 적성과 잠재능력에 부합하지도 않은 채 입시 성적을 기준으로 대학교나 학과를 선택하는 너무나도 어이가 없는 사태를 더 이상 방관할 수 없다. 더구나 입시 성적을 감안하여 진학한 대학교에서 상당수는 적성에 맞지 않거나 학업에 흥미를 느끼지 못하는 대학생들이 적지 않다는 사실에서 현재의 대학 입시제도가 문제가 많다는 점을 입증하고 있으며, 따라서 대학 입시제도 등에 대한 교육 전반에 걸친 제도개혁이 절실히 요구된다. 또한, 우리나라에서는 오랜 기간에 걸쳐 행해진 사교육도 대부분 주입식 교육방식으로 운용되기 때문에 사고력을 바탕으로 창의적인 교육과 인재 양성이 어렵다. 예를 들면, 경제협력개발기구가 주관하는 국제학업성취도평가(PISA)에서 우리나라의 고등학생들의 평균 성적이 최상위권에 포진하지만, 세부적으로 자기 주도적인 학습능력 평가에서는 경제협력개발기구 회원국 중에서 최하위권으로 분류되어 창의적이고 능동적인 교육이 절실한 상태다. 우리나라의 교육현실을 지금부터라도 제대로 진단하고 수험생도 자신의 진로를 위해 어떤 교육 방법이 최선인지를 자각할 필요가 있다. 무조건 사교육 시장에 매달리지 말고, 공교육 체계 속에서 자신의 미래를 위한 진정한 시간과 노력을 투자해야 한다. 정부(교육부)의 사교육 시장에 대한 통제가 현실화하지 않는다면, 국민 개개인이 스스로 자신의 미래를 위해 사교육 시장에 투자하지 않으면 되고, 그 결과 사교육도 수요(수강생)의 감소에 의해 스스로 위축될 수밖에 없다. 그리고 개인적으로는 학교교육도 중요하지만 가정에서도 적절한 교육방법을 시도해보아야 할 필요가 있다. 소위 '가정교육'이라고 불리지만, 고대 그리스 철학자들은 유년시절부터 자녀에 대한 교육을 가정에서부터 시작했고, 그리스신화에서도 오디세우스가 트로이전쟁 기간에 자녀를 자기의 친구인 멘토에게 부탁하면서 그 '멘토'라는 단어가 유래되었다. 자녀 교육도 학교에 전담하도록 하는 것보다는 가정에서도 분담해야 사회 전체적으로 양질의 교육과 인재의 양성 가능성도 농후하다. 대체적으로 가정형편이 어려워 유년 시절에 학교교육뿐만 아니라 가정교육을 제대로 받지 못해 그야말로 교육의 사각지대에 놓인 사례가 흔히 발견된다. 설사 어른이 되더라도 가족애의 부족, 그리고 정신적인 상처로 힘들어하고 교육의 빈곤을 채우지 못해 심지어 사회적인 범죄가 발생하는 경우도 빈번하다. 언론이나 책자를 통해 사회범죄에 대한 예방조치나 부작용에 대한 설명이나 공지를 해도 눈과 귀를 막고 보고 듣지 않는다면, 소용이 없다. 그래서 가정교육이 중요한 것이다. 우리나라의 가정교육은 어떠한가? 냉철하고 정확하게 진단하고 판단해 볼 필요가 있다. 우리나라의 교육현실을 감안하면, 가정교육이 미래의 인재를 양성하는 가장 직접적인 방법이라고 단언할 수 있다. 현재의 공교육이 사실상 제대로 작동하지 않고, 사교육도 입시 위주로 운영되고 있기 때문에 미래의 인재를 양성하기가 불가능한 상태다. 그리고 사교육을 포함한 교육에 소요되는 제반 비용이 만만치 않기 때문에 교육 문제는 가계소비뿐만 아니라 경제성장에도 적지 않은 영향을 미친다. 따라서 개인의 차원에서 우선 접근 가능한 가정교육을 통해 인재의 양성을 개별적으로 가정에서 책임질 필요가 있다. 그렇게 하려면, 가정에서 가사분담과 마찬가지로 유년시절의 자녀에 대해 적절한 가정교육에 관한 방법과 요령이 요구된다. 유년시절의 가정교육에 관한 방법과 요령에 관하여 말하자면, 가장 중요한 교육은 자녀가 스스로 문제해결을 할 수 있는 능력을 배양하여 성년 이후에 정신적으로 그리고 경제적으로 독립하는 방식에 대하여 교육하는 것을 권고한다. 그렇게 하려면 공통적으로 가장 중요한 것은 자녀의 사회적 인식에 대한 판단능력을 키워야 하는데, 세부적으로는 풍부한 경험을 바탕으로 논리적으로 사고하는 방법이 요구된다. 고대 그리스철학자들은 자신이 직접 여행을 통해 견문을 넓혔지만, 그 여행은 비용과 시간이 상당히 소요되는 노작이다. 따라서 여행을 대신하여 간접적인 경험과 논리적 사유를 통해 지적인 발전을 가져올 수 있는 대표적인 방법은 바로 책읽기(독서)다. 양서는 인재 육성의 원초적인 자양분이다. 책을 통해 다양하고 유익한 지혜를 발견할 수 있고, 간접경험이지만 저자의 생각을 공유하면서 자신의 사고체계를 논리적으로 구축할 수 있다. 선진국으로 진입할수록 독서의 중요성을 간과하지 않는다. 후진국에서는 당장 생활고에 시달리다보니, 독서를 할 시간이 부족하다고 한다. 그러나 독서 시간이 부족하다는 핑계로 무시할 수 있는 게 아니라, 여행보다는 직접적인 경험 측면에서 부족하지만 독서, 특히 양서는 여행보다 적은 비용으로 예상외의 효과를 발휘한다. 우리나라 국민들의 독서 수준은 아직 빈약하지만, 유년시절부터 가정교육을 거쳐 독서의 양을 늘려가는 습관을 가지면, 언젠가는 우리나라도 선진국 수준의 독서를 즐기는 국민이 될 수 있다. 독서에서 지식이 축적되고 경험도 공유되며 사고도 발전하고 의식수준도 향상된다. 독서 없이는 국가가 발전할 수 없으며, 선진국도 될 수 없다. 개인적으로는 독서를 통해 자신의 진로를 탐색하고 인류사회를 위한 중대한 발견과 발명도 가능하다. 가정교육은 독서에서 시작하고, 다시 독서를 통해 사교육보다는 사회 전반에 걸쳐 교육의 질을 높이고 가계는 교육비용을 절감할 수 있다. 그리고 공교육을 활성화하기 위해서는 공교육에 대한 신뢰가 제고되어야 한다. 따라서 공교육 현실에 대한 정밀한 진단과 분석을 토대로 교육자의 자질과 능력을 평가하고, 교육시설에 대한 투자도 지속적으로 이루어져야 한다. 초중고교의 교단에서 교육할 능력이 부족한 교육자를 대체할 교육인력을 양성하여 적시에 투입하고, 열악하고 낙후된 교육시설에 대하여 과감하게 투자해야 한다. 시대에 적응하지 못하고 도태된 교육자는 재교육을 실시하거나 아니면 교육자 임용 또는 재계약에서 배제되어야 한다. 학생들은 미래의 자산이기 때문에 현재 충분한 학습기회를 보장해 주어야하고, 양질의 교육을 받을 권리가 있다. 교육은 미래의 무형자산이기 때문이다. 특히, 초중고교뿐만 아니라 고등교육기관에 대한 연구개발 투자는 우리나라의 미래를 좌지우지하는 중요한 교육여건이므로 산학연계를 통한 연계교육과 연구, 정부와 사회단체의 지원과 기부를 중장기적인 관점에서 지속적으로 추진할 필요가 있다. 일시적이고 간헐적인 투자는 오히려 지속적인 연구개발에 지장을 주기 때문에 단기적이고 이윤추구적인 투자관행보다는 지속적이고 일관된 투자를 통해 연구개발이 체계적인 성과를 기대할 수 있는 투자관행이 정착될 필요가 있는 것이다. 이런 교육과 연구의 여건 속에서 우리나라의 미래가 보장될 수 있고, 반대로 현재의 교육 관행(제도)이 유지된다면 기초과학 분야의 획기적인 발전과 성장을 여전히 기대할 수 없다.

교육과 다른 관점에서 가계부채의 증가에 따른 소비여력이 한계에 직면한 이유는 부동산 시장의 과열과 그에 따른 주택가격 폭등현상이다. 우리나라의 주택시장은 그야말로 복마전이다. 주택시장에는 가계(주택수요), 건설업체(주택공급), 공인중개사(주택거래중개), 정부(주택개발 · 허가), 지방자치단체(주택거래과세) 등 상당히 많은 이해관계자들이 참여하고 있다. 그런데, 주택수요 관계자에 비해 주택공급 관계자가 많은 상태에서는 주택가격이 하락하는 것은 사실상 어렵다. 왜냐하면, 주택시장은 수요와 공급의 원리가 아닌 이해관계자들의 힘에 의해 작동되기 때문이다. 주택수요 관계자는 주택가격이 낮을수록 주택거래 차익이 발생해 재산상의 이익이 발생하지만, 반대로 주택공급 관계자는 주택가격이 높을수록 주택공급에 따른 비용을 보전하고 수익을 거둘 수 있기 때문에 주택공급 관계자가 많은 우리나라에서는 주택가격의 하방경직성 경향이 나타나기 쉽다. 흔히 주택 등 부동산 전문가들에 따르면, 주택가격은 시장에서 수요와 공급의 법칙에 의해 결정되므로 공급이 부족하면 주택가격이 상승한다는 논리를 제시하고 있다. 그러나 우리나라의 주택가격은 수요와 공급의 법칙에 따라 움직이지 않고 오히려 기대심리와 외부충격에 의해 좌우되는 경향이 크다. 예를 들면, 주택가격이 평당 얼마가 적정한지에 대한 논의가 제기되면, 주택가격의 상승에 대한 기대심리가 작용하여 경제상황이 악화되어 가처분소득이 위축된 상태에서도 주택가격이 상승하는 사례가 빈번하다. 특히 주택가격 하락을 용인하지 못하는 주택소유자들의 담합행위(카르텔)가 주택의 가격하락을 방지하는 국소적인 요인으로 작용하기도 한다. 더구나 건설업체는 주택분양을 통한 수익을 극대화하기 위해 분양가 인상에 관심을 두고 있는데, 건설업체는 사업의 확대 분야를 주택건설보다는 사회간접자본(인프라스트럭처)에 치중하는 경영전략 추진이 타당하지 않는가? 건설경기에 의해 변동성(부침)이 심하고 혼란스러운 정부의 주택 부양·통제정책과 국내의 제한적인 영업환경에 영향 받는 주택건설보다는 국내외 사회간접자본(교통·통신시설 등) 프로젝트 건설에 참여한다면, 경제성장과 고용창출에도 지대한 역할을 할 수 있지 않을까? 또 경제위기 등으로 외부 충격에 따른 경제상황이 예상외로 심각한 경우에는 정부가 아무리 주택

경기에 대한 부양대책을 내놓아도 주택가격 하락을 막을 수 없는 경우도 발생한다. 경제위기에 따른 주택가격 하락이 주택시장의 수요와 공급의 법칙이 작용한 결과인가? 경제위기가 발생하면, 주택 분양시장도 경색되어 미분양 사태가 속출하면서 주택 건설업체의 연쇄적인 부도 또는 파산이 나타나기도 한다. 설상가상으로 2022년 3월 이후 미 연준(Fed)의 기준이자율(기준금리) 인상으로 우리나라 중앙은행도 물가상승과 자본유출을 억제하기 위해 기준이자율을 인상하고 있다. 이에 따른 영향으로 주택가격이 하락하는 현상이 주택수요보다 주택공급이 많은 데 따른 결과라기 보기 어렵다. 왜냐하면, 주택가격의 하락 현상은 불과 1년 전보다 주택시장에서 주택공급이 현저하게 증가했기보다는 기준이자율 인상으로 인해 투자수요가 주택 등 실물자산에서 예금 등 금융자산으로 대체하여 이동했기 때문이다. 그러나 일시적으로 주택가격 하락에 따른 주택수요가 대기수요 상태로 전환된 뿐이고, 중장기적인 관점에서는 주택수요는 잠재되어 있다. 말하자면, 주택수요는 지속적으로 잠재되어 있는 상태에서 주택공급이 현저히 늘지 않은 가운데, 외부충격으로 인해 주택가격이 일시적으로 하락한 상태라고 볼 수 있다. 따라서 우리나라에서는 주택가격이 단기적으로 하락할 수 있으나, 중장기적으로는 오히려 주택가격이 상승할 가능성이 크다는 것이 경험적인 관찰 결과다. 그래서 주택가격은 하방경직성 경향을 나타내고 있다. 주택수요자인 가계는 언젠가는 주택을 구입하려는 소유의식이 강하고, 전월세 형태의 주거상태를 유지하기는 현실적으로 너무 고단하다. 가계의 주거비용(전월세)은 고정적인 경상지출에서 차지하는 비중이 너무 크기 때문에 가계소비에서 가장 큰 경제적인 부담이 되고 있다. 예를 들면, 전세는 우리나라 고유의 주택거래 방식이어서 월세를 위주로 설명하자면, 그 월세의 기준은 고전학파 경제학자들이 주장한 지대이론에 근거한다. 토지의 사용에 대한 대가로 지불하는 지대는 현대의 경제현실에서는 주택의 토지지분과 지상건축물에 대한 평가를 연중 시장이자율로 환산한 값을 기준으로 측정된다. 따라서 가계의 주태소유자에 대한 월세 부담가격은 시장이자율의 변동에 따라 등락하게 되는데, 기준이자율이 상승하는 상황에서는 월세 부담가격도 비례하여 상승하는 경향이 있다. 소득수준이 낮은 가계는 대부분 자가 소유의 거주형태보다는 월세를 부담하는 가구가 대부분이어서 이자율 상승으로 인한 월세 인상이 가계에 적지 않은 부담으로 작용할 수 있다. 더구나 주택구입은 훨씬 더 많은 경제적 부담을 초래하는데, 예를 들면, 평당 주택가격이 1천만원 이상만 하더라도 가계의 경제적 부담이 상당하다. 구체적으로 예를 들자면, 30평 아파트를 구입하는데, 평당 주택가격이 1천만원 경우에는 3억원이지만 만약 그 주택가격이 평당 2천만원인 경우는 6억원에 달한다. 2021년 서울의 평균 주택가격이 평당 3천만원 수준이라는 통계를 기준으로 계산하면, 30평 아파트를 구입하기 위해 평균

9억원에 상당하는 자금을 마련해야 한다. 그런데, 노동자 평균 연소득(명목 총소득 기준)이 연 5천만원이라고 가정할 경우 9억원의 주택구입에 소요되는 기간은 총소득을 모두 투입하더라도 18년에 달한다. 다시 구체적으로 계산하면, 가계의 가처분소득이 실제로 지출 가능한 소득수준인데, 가처분소득과 명목 총소득간의 괴리가 크고 따라서 가처분소득을 기준으로 계산해도 최소 20년 이상이 걸릴 것으로 추산된다. 그러나 이런 계산은 단순히 산술적인 방식인데, 실제로 주택구입에 소요되는 기간은 훨씬 더 길고, 30년간 근무해서 벌어들인 노동소득 전체를 투입해도 구입할 수 없다. 또 주택가격도 평균값(고가 주택포함)이므로 중위값(주택구입자 수 기준)을 계산하면, 실제로는 평균값(주택가격 기준) 이하의 주택을 구입하는 것이고, 더구나 연소득도 평균값(고소득자 포함)이 아닌 중위값으로 계산하면, 노동자의 평균 연소득은 5천만원에도 미치는 못하는 수준이 더 현실적이라고 할 수 있다. 따라서 더 낮은 가처분소득 수준에서 더 높은 평균값을 형성하는 주택을 구입하기가 현실적으로 어려운 것이다. 그러면, 어떻게 할 것인가? 주택 관계당국(정부)에서는 주택가격의 변동성을 안정적으로 관리해야 하며, 주택을 구입하려는 가계(주택수요자)에 대한 다양한 주거형태를 제공해야 한다. 주택가격의 측면에서 월세의 가격인상분을 소비자물가상승률의 범위(한도)내에서 관리하고 통제할 필요가 있다. 현재의 임대차보호제도를 주택소유자 입장이 아니라 주택수요자

(세입자)의 주거권리를 강화하면서 주택소유자와 세입자간 분쟁을 원천적으로 방지하고 제도와 관행을 정착시켜야 한다. 또 주택을 구입하려는 가계에 대해서는 주택 분양(임대형태 포함) 또는 기존 주택의 매매 등에 관한 폭 넓은 구입권리를 부여하고, 가계의 실질 소득수준을 고려하여 적절하고 안정적인 주택보급을 위한 정책과 조치를 일관성 있게 지속적으로 취해야 한다. 주택을 더 이상 투기 수단이 아닌 거주의 개념으로 접근해 주택가격의 안정을 정부가 주도하여 추진할 필요가 있는 것이다.

케인즈학파 이전에는 토지(지대)를 생산요소로 분류했으나, 케인즈학파 이후에는 생산요소를 노동(임금)과 자본(이자 · 이윤), 그리고 기술(로열티)로 재분류했다. 말하자면, 토지를 더 이상 생산에 필요한 요소로 고려하고 있지 않다는 것이다. 부동산은 토지의 가격에 대한 보상 차원에서 그 대가(지대)를 지불하는 관계로 인식하면, 부동산은 더 이상 생산적인 요소라고 할 수 없다. 부동산에 대한 투자는 거시경제의 매몰비용으로 분류될 수 있기 때문에 보다 생산적인 분야에 대한 투자에 자원을 활용하기 위해서는 부동산(주택 포함)에 대한 투자, 특히 투기적인 거래를 억제할 필요가 있다. 부연하면, 주택시장은 거주 목적으로 거래되어야 한다. 거주 이외의 투기를 위한 주택거래는 경제사회적으로 부작용이 크므로 최대한 제한되어야 한다. 주택거래의 투기행위가 지속되면, 주택가격의 하방경직성 경향은 해결되지 않고 주택구입도 현실화되기 어렵다. 또한, 가계는 최소 20년 이상 걸리는 주택구입 의사를 일찌감치 포기하기보다는 가계소득을 기반으로 예상 가능한 주택구입 스케줄을 통해 안정적인 가구(세대주)를 구성할 수 있는 계획을 수립할 수 있어야 한다. 그렇지 않으면, 가계 구성원들은 무리하게 주택구입을 서두르고 또 전월세 부담이 커지면서 금융기관으로부터 대출을 받으면 가계부채가 급격히 증가할 수밖에 없다. 가계부채가 증가하면, 개인적으로는 부채상환을 하지 못하는 경우 신용수준이 하락하고, 설상가상으로 개인 파산신청 사례가 늘면서 가계소비가 위축될뿐더러 거시경제운용의 큰 부담요인이 된다. 더구나 미 연준의 기준이자율 인상으로 인해 가계의 이자지급 부담이 증가하면서 개인 파산이 우려되는 상황이며, 이에 따라 가계소비는 더욱 위축되는 상황이다. 부연하면, 교육에 대한 지출과 주거비용에 대한 부담이 가중됨에 따라 우리나라 가계의 소비성향은 더욱 위축되고, 경제성장에는 부정적인 영향을 미칠 수밖에 없다. 따라서 교육과 부동산에 대한 무리하고 불필요한 지출을 최대한 억제해야 한다. 그래야 가계소비의 증가를 통한 경제의 지속적인 성장도 가능하다.

또 다른 관점에서 우리나라 경제의 아킬레스건은 출산율(또는 출생률)의 지나친 저하 현상이다. 우리나라 출산율은 1.0에도 미치지 못하는 세계 최저 수준이다. 우리나라에서는 인구 고령화에 따른 인구구조의 급격한 변화가 상당히 진행되는 가운데, 결혼 연령대의 가구(세대주)가 결혼과 출산을 기피하는 현상이 나타나고 있다. 정부에서 출산율 저하를 억제하기 위해 보육에 소요되는 양육비 지원 등으로 각종 대책을 쏟아내고 있지만, 오히려 출산율 저하 현상은 멈추지 않고 더 낮아지는 추세다. 이런 추세라면, 경제활동인구에서도 생산가능인구의 비중이 더욱 낮아져 젊은 세대가 노령인구에 대한 부양능력이 크게 저하될 것으로 예상되는 것은 자명한 수순이다. 출산율 저하추세가 지속되고 있다는 사실로 미루어 볼 때, 현재의 정부 대책으로는 그 한계가 있다는 것은 분명하다. 정부의 경제적 지원조치만으로 출산율 저하를 막을 수 없다. 그러면, 어떻게 할 것인가? 그 해답도 교육과 주택 문제에서 기인한다. 현실적으로 가계의 가처분소득으로 주거비용(주택 구입과 월세 부담)을 감당하기 어렵기 때문에 거주지역이 수도권(서울 강남지역)에 근접할수록 결혼을 미루고, 따라서 자연스럽게 출산 가능성이 낮아지는 것이다. 또 결혼을 하더라도 자녀의 교육비용(사교육 등 지출)을 포함한 양육비용이 실질 가처분소득에 비해 과다하므로 정부의 양육비용 지출만으로 보전하기에는 역부족이다. 따라서 출산을 미루고, 또 출산하더라도 자녀의 2명 이상 출산하는 경우가 더 적어지는 경우가 흔하게 발생한다. 이런 악순환 현상이 반복되고 세대간으로 전이되면서 우리나라의 출산율 저하 현상이 심각한 경제사회적 문제가 되고 있는 것이다. 출산율 저하에 따른 인구감소의 최대 경제문제는 인구 고령화가 진행되는 인구구조로 인해 생산가능인구의 비중이 하락하면서 경제의 활력(성장동력)이 저하되고 있다는 점이다. 노년계층에 대한 청년계층의 경제적 부담 증가와 정부의 재정지출(연금지원)이 가중되면서 계층간 갈등과 재정수지 악화 등으로 인해 사회경제적으로도 악영향이 우려 된다. 재차 강조하지만, 출산율 저하 현상을 억제하는 방법은 교육과 주택 문제를 해결하는 데 있으며, 또한 직장근무로 인해 자녀의 양육에 소요되는 시간투입 여력도 필요하지만 결국에는 교육비용의 절감과 주거비용의 하향 안정화에 그 해답이 있는 것이다.

: 소득가설 :

소비를 증가하기 위한 방법은 근본적으로는 소득의 증가에 있다. 실제로 1959~1992년간 미국에서 가계의 가처분소득과 소비지출간에는 비교적 높은 상관관계가 나타났다는 사실도 소득증가가 소비지출에 직접적으로 영향을 미치고 있다는 점을 입증하고 있다. 경제학에서 소비에 관한 이론과 학설에는 '생애주기가설'과 '항상소득가설'이 대표적이다. 생애주기가설을 주장한 프랑코 모딜리아니(케인즈학파)는 생애기간(노동기간+은퇴이후의 기간)의 소비계획과 저축행위를 고려하여 소비지출의 최적방법을 제시했다. 모딜리아니는 은퇴 이후의 기간에 소비하기 위해 노동기간에 저축을 하지만 소비는 생애기간에 걸쳐 거의 일정하다고 가정했다. 생애주기가설을 요약하면, 소비·저축 행위의 중요한 결정요인은 인구의 연령구조에 기인하며, 생애기간의 노동소득 이외에 자산도 소비에 영향을 미친다는 논리다. 소비함수이론에서 프리드먼이 주장한 항상소득가설은 소비지출의 결정이 현재의 일시적인 소득보다는 장기간에 걸쳐 예상되는 평균소득에 의해 이루어진다는 점에서는 생애주기가설과 근본적으로 동일하다. 프리드먼이 주장한 '항상소득'에 대한 정의가 명확하지 않지만, 현재와 미래의 예상소득과 자산을 기준으로 지속적으로 소비할 수 있는 평균소득에 근접하는 개념이다. 일반적으로 개인은 소득의 변화가 지속적인지, 아니면 일시적인지 확실히 알 수 없기 때문에 일시적인 소득증가에 따라 소비하기보다는 지속적인 소득에 근거하여 소비지출을 하는 경향이 있다는 견해다. 따라서 가계의 일시적인 소득은 소비지출에 실질적으로 영향을 주지 않는다고 가정하여 지속적인 소득을 계산할 때, 소득기간에 걸쳐 가중평균한 값(최근 연도의 소득에 대한 가중치를 상대적으로 높게 평가하는 경향)을 적용한다. 또한, '합리적 기대가설'에 의한 접근방법에 따르면, 실제로 소득의 변화에서 장기간에 걸친 지속적인 소득의 비중이 높을수록 한계소비성향이 높아지고, 반대로 단기간의 일시적인 소득의 비중이 높을수록 한계소비성향이 낮아지는 대신, 한계저축성향이 높아진다는 것이다. 부연하면, 프리드먼은 장기소비함수의 선상에서 단기소비함수가 일시적인 소득수준보다는 지속적인 소득수준에서 더 높은 소비성향이 나타난다고 설명했다. 항상소득가설에 비해 생애주기가설은 저축성향과 자산·인구 변수에 더 비중을 둔 반면, 항상소득가설은 현재보다는 미래의 예상소득에 근거한 소비이론이라고 할 수 있다. 따라서 소비지출의 결정에는 노동소득뿐만 아니라 자산도 고려해야 하므로 생애주기가설과 항상소득가설의 견해를 모두 반영하는 것이 타당하다. 결국, 소비의 증가도 (1인당)국민소득의 증가가 선결되어야 하며, 자산 증가도 총체적으로는 스미스가 주창한 국부의 증대에 기인한다는 논리와 연결된다. 성장-소비-물가가 서로 연계되어 하나의 연결고리에서 움직이므로 거시경제지표의 영역에서 어느 하나도 중요하지 않은 변수는 없다고 할 수 있다. 자본시장의 경제위기 사례에서도 경제성장이 낮아지면, 국민소득이 줄고 소비가 위축되는 현상이 일반적이다. 소비가 위축되면, 다시 생산의 감소(재고자산의 증가)로 연결되어 투자가 보류되거나 지연되어 국민소득도 다시 감소한다. 이런 과정에서는 수요 측면에서 '유효수요'가 줄어들면 물가가 하락할 수 있지만, 공급 측면에서 생산체계의 와해 또는 붕괴로 물가가 오히려 상승할 가능성도 있다. 물가의 변동(상승 또는 하락)은 경제의 성장과 위축에 따라 비례하지 않을 수 있지만, 소비의 변동(증가 또는 감소)은 경제성장과 상당한 상관관계가 존재한다는 사실이 입증되고 있다. 따라서 소비의 증가를 통해 경제성장을 유발하고, 또 경제성장을 위해 소비의 증가가 요구되는 것이다. 결국 소득증가에 따른 소비는 개인적 차원에서보다는 경제사회적 관점에서 악덕이 아닌 미덕인 것이다.

: 인플레이션 :

소비여력은 물가의 상승에 반비례하는 경향을 보인다. 즉 소비가 늘어나면 물가는 상승할 수 있으나, 물가가 상승하면 소비는 위축된다. 왜냐하면, 총소득이 일정한 수준에서 물가가 상승하면 실질소득이 감소하기 때문이다. 또한, 소비는 물가의 변동과 직접적인 상관관계를 나타내고 있다. 소득의 증가로 소비가 증가하면 물가는 동반 상승하는 현상을 보이지만, 소득이 증가하더라도 물가가 상승하면 소비가 위축될 가능성이 있기 때문에 물가를 고려하지 않고는 소비를 논할 수 없다. 그러면 물가를 어떻게 정의할 수 있는가? 상품과 서비스의 개별적인 가격과는 다르게, 물가는 상품과 서비스 가격의 총합을 의미한다. 현실적으로 물가는 고정되어 있지 않고 끊임없이 변동하는 성향을 보이고 있다. 경제학에서는 물가의 지속적인 상승을 인플레이션, 반대로 하락하는 현상을 디플레이션이라고 정의한다. 그렇다면, 인플레이션과 디플레이션이 경제활동에 긍정적인가? 아니면 부정적인가? 인플레이션이 발생하는 경우 실질국민소득은 감소하게 되며, 물가의 변동성은 경제활동에는 부정적인 영향을 미치는 경우가 일반적이다. 그러나 물가상승의 수준이 안정적으로 유지된다면, 경제적 부작용을 최대한 억제할 수 있다. 예를 들면, 과거 금본위제를 유지했던 선진경제권에서 물가의 안정으로 인해 영국(1660년대 후반~1차 세계대전)과 미국(1800년대 후반~1차 세계대전)에서는 거시경제가 비교적 안정된 상황이었다. 경제학에서 실질가치는 명목가치를 물가로 할인한 값이다. 명목이자율도 물가상승분을 할인하면 실질이자율이 되는데, 명목(예금)이자율이 소비자물가상승률보다 낮은 수준이 장기간 지속되어 실질(예금)이자율이 심지어 마이너스 상태라면, 예금하려는 성향이 극도로 저하된다. 마찬가지로 명목국민소득이 증가하더라도 과도한 물가상승으로 인해 실질국민소득은 오히려 감소하게 되는 것이다. 부연하면, 실질소득은 사실상 물가상승(인플레이션)에 따른 소득의 감소분을 반영해야 한다. 따라서 경제성장과 더불어 물가의 안정적인 관리가 소비의 증가에도 직접적으로 영향을 미친다는 점에서 물가상승에 대한 관리가 요구되는 이유다. 반면, 디플레이션이 발생하는 경우에는 마찬가지의 논리로 실질국민소득이 상승하기 때문에 긍정적으로 평가해야 하는가? 그렇지 않다. 디플레이션이 발생하는 대부분의 경우에는 경기침체로 인해 경제성장이 악화되어 실질국민소득의 상승분을 반영하기 이전에 명목국민소득이 이미 감소한 상태에 놓여 있다. 오히려 인플레이션보다 디플레이션이 더 나쁜 경제현실을 반영하고 있는 것이다.

스미스(국부론: 329)는 번성하는 사회여건 속에서는 노동의 실질가치가 증가하고 노동생산성 증가로 인해 노동(가치의 근원)의 투입량이 감소함에도 불구하고, 일반적으로 나타나는 물가의 상승(비용)을 국부 증대로 보상하기에 충분하다고 주장했다. 스미스는 경제성장에 따른 수요 증가로 동반되는 물가상승을 분석하면서도 수요견인 인플레이션에 대해서는 크게 우려하지 않은 것으로 추정된다. 스미스(국부론: 414)는 금 · 은(화폐단위)의 증가분(양)이 지폐 증가분(양)과 항상 일치하기 때문에 지폐 증가는 화폐총량을 반드시 증가시키지 않지만, 지폐(양) 증가는 화폐총량의 가치를 하락시키고, 이에 따라 필연적으로 상품의 가격이 상승한다고 주장했다. 부연하면, 스미스는 화폐의 가치가 상품의 가격과는 반대 방향으로 변동한다는 것을 제기한 것이다. 고전학파(스미스)는 '가치'에 대한 의미를 사용가치(특정 물체의 효용 측면) 또는 교환가치(다른 상품을 소유하려는 구매력 측면)로 구분했다. 고전학파의 가치이론은 자유무역과 자본축적의 이점에 대해 논하면서 물리적 산출물(생산)의 증가를 중요시했으나, 물가(상승)에 대한 문제를 크게 인식하지 않았던 것으로 추론된다. 밀(정치경제의 원리:

531)은 '가치의 측정'과 관련하여, 고전학파의 견해를 비교분석했다. 즉 리카도에 따르면, 상품의 가치는 노동의 양에 의해 통제되고, 그 노동의 양은 교환가치를 의미하지는 않으나 생산을 위해 필요한 양이라고 정의했다. 그러나 스미스와 맬서스에 따르면, 노동은 가치의 측정대상이며, 그 노동(추정)의 양은 교환 또는 구매할 수 있는 가치라고 정의했다. 그렇다면, 밀의 독자적인 견해는 무엇인가? 밀(정치경제의 원리: 531~532)이 '상품(소비재) 가치의 일반법칙'과 관련하여 분석한 내용을 요약하면, 독점의 경우 상품의 가치는 그 상품의 양에 대한 자연적 또는 인위적 제한(수요와 공급)에 의해 결정되지만, 동일한 생산비용(수요증가 비례 성향)에서 상품의 양이 무제한 생산될 수 있는 자유경쟁의 경우 그 상품의 (항상)가치는 단기적으로는 수요와 공급의 변동, 장기적으로는 생산비용에 의해 결정된다는 것이다. 또한, 동일한 생산비용이 아닌 상태에서 상품의 양이 무제한 생산될 수 있는 혼합상태(독점 · 자유경쟁)에서의 (항상)가치는 (필요)공급을 확보하기 위해 소요되는 최대 생산비용에 의해 결정된다고 분석했다. 즉, 화폐(자체)는 자유경쟁상태(사회)에서 다른 상품의 가치와 마찬가지로 통제되고, 물가도 상품 가치의 법칙에 따라 변동한다는 것이다. 밀이 제기한 상품의 가치(물가) 변동요인은 그 사회의 산업구조(독점 또는 자유경쟁)와 기간(단기 또는 장기)에 따라 다르게 결정된다는 점에서 흥미롭다. 추가적으로 임금과 물가에 관한 밀(정치경제의 원리: 637~638)의

분석에 따르면, 임금은 자연적으로 또는 습관적으로 노동자에게 필요한, 아니면 동의할 만한 수준의 사물(상품)을 획득하는 양으로 측정되는데, 그 임금은 실질임금과 화폐임금(불변가격 기준)으로 구분될 수 있다는 것이다. 만약 화폐(자체)의 생산비용에서 변화가 없다면, 노동의 화폐가격(임금)은 노동의 생산비용으로 측정한 값과 정확하게 일치한다. 밀(정치경제의 원리: 640, 642)은 특히 화폐임금(노동비용)의 상승은 물가상승의 요인(스미스 주장)이 아니라 오히려 이윤의 하락을 가져온다고 주장하면서 노동비용의 증감과 이윤율의 등락과는 역(-)의 상관관계가 나타난다고 설명했다. 또한, 밀(정치경제의 원리: 670)에 따르면, 물가는 공급자간의 경쟁뿐만 아니라 구매자간의 경쟁에 의해서도 결정되므로 최초로 공급과 수요에 의해 물가가 결정된다고 분석(수요공급의 법칙)한 경제학자라고 할 수 있다. 그리고 밀은 상품에 대한 경쟁 비율이 하락하지 않는 한 일반적으로 물가는 하락하지 않는 경향이 있다고 주장했다. '수요의 일반법칙'과 관련하여, 마샬(경제학원리: 84)은 판매되는 양이 많을수록 그 가격수준에서 구매자를 찾으려는 유인(동기)이 발생하므로 상품의 가격(물가)은 낮아진다고 주장했다. 부연하면, 판매의 양이 많을수록 상품의 가격이 하락하지만, 반대로 판매의 양이 적을수록 상품의 가격이 상승한다는 것이다. 즉, 판매의 양과 상품의 가격(물가)은 반대방향으로 움직인다는 설명이다. 마샬(경제학원리: 103)은 실제로 지불한 가격수준에 비해 지불하려는 가격수준이 과도하더라도 소비자의 만족도를 충족할 수 있다면, 소비자의 잉여만족을 상식에 입각해 경제적으로 측정할 수 있다고 하면서 '소비자잉여'라는 개념을 경제학에서 최초로 제시했다. 부연하면, 마샬은 모든 수요의 최종적인 규제수단(조절장치)은 소비자의 만족(수요) 정도에 있다고 보았다. 특히 마샬(경제학원리: 78)은 한계효용학파(제본스 · 왈라스 · 멩거)의 '한계효용' 개념(한계효용 체감의 법칙)을 정립했다. 즉, 효용은 '욕구' 또는 '결핍'과 상관관계가 있는데, 욕구는 직접적으로 측정될 수 없으나 욕구가 유발하는 외부적 현상에 의해 간접적으로 측정될 수 있으며, 경제학에서는 주로 그 욕구의 만족 또는 충족에 대해 지불하려는 가격으로 측정된다는 것이다. '효용'은 형이상학적인 순환논리의 개념인데, 마샬은 고전학파(스미스)가 고빈하넌 효용의 개념을 종효용(만족도 측정)과 한계효용(가격에 의한 측정)으로 구분하여 설명했다. 마샬(경제학원리: 673~674)에 따르면, 한계효용이론을 제기한 제본스는 "생산비용은 공급을 결정하고, 공급은 최종 효용의 수준(정도)을 결정하며, 그 효용이 가치를 결정한다."는 논지에 대해, 리카도는 "효용은 공급의 양을 결정하고, 공급의 양은 생산비용을 결정하며, 생산비용은 가치를 결정한다."고 논박한 점을 비교분석했다. 먀샬(경제학원리: 270)은 '수요와 공급의 균형에 관한 일반이론'에 관하여, 어떤 지역(시장) 전반에 걸쳐 구매자와 판매자간의 자유로운 상호작용에 의해 동일한 상품의 가격은 쉽게 그리고 빠르게 균등해지는 경향(쿠르노 주장)이 있으며, 이런 가격 균등의 경향은 어떤 상품의 광범위한 거래가 수반되고 친밀한 경영(영업)관계가 있는 조직에서 일반화(제본스 주장)될 수 있다는 것이다. 그러나 한계효용학파는 생산요소(자본)의 공급이 고정되었다고 가정했지만, 변동적인 생산요소를 투입하면서 대가(수익)가 요구되기 때문에 생산요소의 공급가격은 비용이 아니라 노동자와 자본가의 노력과 희생의 대가로 측정되어야 한다는 것이 마샬의 논리다. 특히 마샬(경제학원리: 415)은 '균형의 정태이론'과 관련하여, 공급 가격과 수량과의 관계는 단기와 장기에 따라 근본적으로 다른 특성을 나타낸다고 주장했다. 단기에는 산출물의 급격한 변화에 대한 경영(영업) 내부 또는 외부 조직을 조정하기가 상당히 어렵기 때문에 공급가격은 일반적으로 생산량과 비례한다는 것이다. 즉, 공급가격은 생산량이 증가하면 상승하고, 생산량이 감소하면 하락한다는 것이다. 그러나 장기에는 대규모 생산의 내부 및 외부 경제에 의한 효과(규모의 경제)가 공급 가격과 수량을 변화시키는 시간이 필요하다고 분석했다. 부연하면, 공급의 한계가격은 특정 상품(분류)의 생산에 소요되는 비용이 아니라 생산과 마케팅의 전 과정에서 총 한계적 비용(보험과 관리소득 포함)의 증가분이라는 것이다.

경제학에서 인플레이션의 발생 요인은 수요측면의 소득증가에 의한 경우(수요견인 인플레이션)와 공급측면의 비용상승에 의한 경우(비용상승 인플레이션)로 구별된다. 경제성장의 발전단계에서 수요 증가에 의한 경제성장은 상당기간 물가상승을 동반하지 않을 수 있지만, 경제가 고도성장의 단계로 진입하게 되면 물가도 경제활동에 따른 수요 증가로 물가상승을 수반하는 것이 일반적인 경향이다. 특히 극심한 인플레이션 현상을 '초인플레이션'이라고 부르는데, 일반적으로 물가가 월간 50% 이상 급등하는 경우를 일컫는다. 초인플레이션이 발생하면, 통화당국(중앙은행)은 물가상승을 억제하기 위한 정책에 집중할 수밖에 없다. 국민소득이 증가하더라도 초인플레이션이 지속되면, 실질국민소득의 감소뿐만 아니라 물가급등을 체감하면서 소비가 위축되고 사회불안이 가중된다. 더구나 자재, 원료 등 상품의 생산단계에서 투입되는 공급비용이 상승하게 되는 경우 천연자원의 풍부한 자원부국은 오히려 천연자원의 가격 상승에 따른 매출 증가로 경제상황이 호전되는 현상이 발생한다. 그러나 천연자원이 부족한 자원빈국에서는 상품의 구입비용이 증가하면서 제품 가격이 인상되는 등 연쇄적인 가격 상승의 효과로 물가가 급등하는 경우가 일반적이다. 초인플레이션에 따른 경제적 부담이 사회 전반적으로 또 다른 부작용을 초래하기도 한다. 예를 들면, 제1차 세계대전의 패전국인 독일(바이마르공화국)에서는 전후 막대한 전쟁배상금 지불부담(재정수지 적자 확대)으로 경제상황이 피폐해진 상태였다. 그러나 독일제국은행의 통화 발행에 의존적인 경제정책으로 인해 1923년 소비자물가상승률(연중)은 10년 전인 1913년에 비해 무려 1조 2,600억 배나 상승한 것으로 알려졌다. 경제 역사상 최초로 초인플레이션 현상이 독일에서 나타난 것인데, 초인플레이션을 경험한 독일 정부는 아직도 물가관리에 최대 역점을 두는 경제정책으로 일관하고 있다. 1970년대에는 제1차 오일쇼크로 인해 급격한 인플레이션을 경험하면서 경기침체뿐만 아니라 경제위기도 발생했다. 제2차 세계대전 이후 20년간 배럴당 평균 1.9달러이던 국제유가가 1970년에는 1.4달러 수준이었으나 제4차 중동전쟁 발발로 1974년에는 8.3달러(5배 상승)로 폭등한 것이다. 한편, 인플레이션보다 더 심각한 경제적 타격을 미치는 디플레이션의 발생요인은 이미 언급한대로 경기침체의 결과다. 자본주의 역사상 대표적인 디플레이션 사례는 경제대공황이라고 할 수 있다. 경기침체로 경제 전반에 걸쳐 총수요 부족현상이 과다하면, 물가가 오히려 하락하는 현상이 발생한다. 디플레이션으로 인해 가계의 소비가 일시적으로 증가할지라도 경기침체에 따른 기업의 매출실적이 저조하면서 생산제품의 재고가 증가하게 되고, 물가가 상당히 낮은 수준에서 형성되더라도 수요 부족에 따른 매출 감소로 연결되는 악순환 현상이 지속된다. 경기침체에 따른 디플레이션 현상이 지속되면, 일반적으로 경제상태가 공황국면에 진입되었다고 평가한다. 인플레이션은 디플레이션에 비해 경기순환에 의해 더 영향을 받으므로 물가 관리를 통한 대책으로 인플레이션 수준을 어느 정도 안정시킬 수 있다. 그러나 일반적으로 디플레이션은 경제 구조적인 문제에 기인하기 때문에 물가 관리를 통한 대책만으로 경기회복이 쉽지 않는 경우가 대부분이다. 부연하면, 인플레이션은 경제성장의 발전단계에서 저소득국에서 고소득국으로 진행하는 과정에 있는 국가들이 경험하는 대표적인 경제현상이기 때문에 경기순환을 거치면서 관리될 여지가 많다. 그러나 디플레이션은 저소득국보다는 고소득국에서 발생하는 대표적인 경제적 현상이므로 경제가 성숙단계에 놓여 있는 국가들의 경우 상당히 복잡하고 만성화된 경제사회적인 구조적 특성(요인)으로 인해 물가 관리를 통한 치유가 오히려 어려운 실정이다.

: 물가론 :

그러면, 물가의 상승수준을 어떻게 측정할 수 있는가? 일반적으로 물가의 상승수준은 물가의 연중 상승률을 반영하여 특정연도의 물가지수(=100)를 기준으로 물가지수의 변동률을 계산한다. 예를 들면, 비교연도의 물가지수가 105(기준연도=100)라면, 물가상승률은 5%라는 것이다. 그런데, 물가지수는 생산자물가지수(PPI)와 소비자물가지수(CPI)로 구별된다. 생산자물가지수는 생산의 관점에서 상품과 서비스의 공급가격을 가중 평균한 가격지수이고, 소비자물가지수는 소비의 관점에서 물가바스켓에 들어 있는 상품가격과 서비스 요금을 가중 평균한 가격지수다. 경제학에서 비중 있게 다루고 있는 분야는 생산자물가지수보다는 소비자물가지수인데, 소비자물가지수가 최종적인 물가상승의 수준을 대변하고 있기 때문이다. 그러나 생산자물가의 상승은 그 자체로서 그치지 않고 결국에는 소비자물가에도 영향을 미치고 있기 때문에 간과해서는 안 된다. 소비자물가지수의 변동률을 흔히 **소비자물가상승률**이라고 부른다. 통화당국(중앙은행)의 존재 이유는 물가의 안정적인 관리에 있는데, 이를 테면 소비자물가상승률을 관리하기 위해 인플레이션의 목표 관리밴드를 설정해 두고 소비자물가의 급등락에 개입하고 있다. 그런데, 경제현실에서 체감하는 물가 수준과 정부(통계청)가 발표하는 소비자물가상승률과의 괴리가 문제다. 선진국은 후진국에 비해 소비자물가의 상승률이 평균적으로 낮으나, 물가의 수준은 상대적으로 높은 편이다. 우리나라에서도 정부가 발표하는 소비자물가상승률이 생각보다 낮은 수준이지만, 실제로 체감하는 물가는 높다는 인식이 팽배하다. 왜 그럴까? 정부가 발표하는 소비자물가지수에는 물가바스켓에 담겨 있는 상품 · 서비스가 발표시점을 기준으로 시의 적절하게 반영되지 않는 경우, 또 물가 변동성이 큰 상품 · 서비스에 대한 가중치를 연도별로 적절하게 반영하지 못하는 경우 등으로 인해 체감하는 물가 수준과는 격차가 발생하기 때문이다. 그래서 '장바구니 물가'라고 일컬어지는 생활물가지수가 소비자물가지수의 보조지표로 활용되고 있으나 국가간 비교 자료로는 적합하지 않기 때문에 소비자물가상승률이 물가의 상승수준을 파악하는 대표적인 경제지표로 활용되고 있다. 부연하면, 중장기적인 관점에서 물가의 변동추세를 파악하기 위해 일시적인 공급충격으로 가격의 변동성이 상대적으로 큰 식품·에너지를 제외한 물가지수를 '근원물가지수'라고 부르는데, 근원물가지수는 비용상승 인플레이션을 제대로 반영하지 못하기 때문에 총체적인 물가의 상승수준을 대변하기는 어렵다. 체감 물가의 변동성을 충분히 반영하지 못하는 한계에도 불구하고, 소비자물가의 변동추세를 통해 물가 수준을 관리해야 한다. 소비자물가상승률은 연중 소비자물가의 상승률을 합산한 값인데, 어느 정도의 수준이 적정한 것인가? 마이너스(-) 상승, 즉 소비자물가의 하락은 디플레이션을 의미하므로 경기침체가 반영된 결과다. 반면, 플러스(+) 상승에서도 과도한 물가의 급등은 초인플레이션으로 경제위기가 초래될 가능성이 농후한 상태다. 그렇다면, 플러스 상승에서 어느 정도의 인플레이션을 용인해야 하는데, 경제학에서는 인플레이션의 적정 수준과 범위에 대하여 일관되고 확정적인 이론이 정립되어 있지 않다. 다만, 미국 경제학자인 카르멘 라인하르트와 케네스 로고프가 저술한 『이번에는 다르다』(2009)에 의하면, 과거 800년간의 경제위기에 관한 통계를 분석한 결과, 인플레이션에 따른 경제위기의 임계수준을 20%로 설정하고 있다. 즉, 연중 소비자물가상승률이 20%를 초과하면, 인플레이션에 따른 경제위기 발생 가능성이 농후하다고 진단한 것이다. 일단, 소비자물가상승률이 10% 이상이면 경계의 대상이므로 최대 10%를 초과하지 않는 선에서 경제여건이 허용된다면, 0~5% 수준에서 소비자물가상승률의 점진적인 둔화추세(디스인플레이션)를 목표로 안정적으로 관리될 필요가 있다. 말하자면, 물가 관리는 개인이나 기업이 감당하는 범위를 넘어서기 때문에 정부(통화당국)가 최종 관리자로서 직간접적으로 관여해야 한다. 인플레이션 관리 범위와 적정 수준에 대하여 정해진 '규칙'이 없기 때문에 통화당국은 물가 변동성을 최대한 억제하는 데 경제운용의 방점을 두어야 한다. 왜냐하면, 인플레이션을 방치하면 실질가처분소득의 감소로 인해 소비여력이 위축되고, 그 결과 소비증가에 따른 경제성장을 기대하기 어렵기 때문이다.

노동가치설을 주창한 스미스(국부론: 257)는 모든 상품에 대해 지급되는 최종 가격은 노동의 화폐가격(임금)이며, 노동에 대한 보상이 균등하게 잘 이루어지는 국가에서는 노동의 화폐가격이 노동자의 생활수준과 비례한다고 주장했다. 그리고 스미스(국부론: 71, 87)는 물가의 실질가치는 상품을 구매하거나 사용하는 노동의 양으로 측정되지만, 물가는 노동의 가격(임금)뿐만 아니라 지대(토지의 사용대가)와 이윤(자본의 투입대가)을 포함하는 가격을 합산한 것이라고 정의했다. 특히 상품의 양(공급)이 경제활동의 당사자들이 원하는 수준을 충족하지 못하는 경우, 즉 시장의 유효수요에 비해 공급이 부족할 경우에는 즉각적으로 상품의 거래시장에서는 경쟁상태가 시작되고, 자유경쟁시장에서는 그 상품의 시장가격(생산비용 등 반영)이 그 가격 수준에서 기꺼이 지급하려는 자연가격(평균가격) 수준을 상회하게 된다는 것이다. 케인즈의 유효수요에 대한 개념을 스미스가 150년 전에 이미 상품의 거래시장에서 관찰하고 있었다는 점에서 매우 흥미롭다. 그러나 스미스는 수요보다는 공급 측면에서 인플레이션을 고려했고, 물가에 영향을 미치는 생산비용은 임금뿐만 아니라 지대와 이윤을 합산한 것이며, 경제가 성장할수록 노동수요가 증가함에 따라 물가도 상승한다는 논리다. 노동의 관점에서 보면, 스미스는 노동수요의 증가로 임금이 상승하면, 그 임금(생산비용) 상승의 영향으로 물가가 상승하는 연결고리(비용상승 인플레이션)를 제기한 것이다. 그러나 밀(정치경제의 원리: 427)은 '가치의 법칙'과 관련하여, 상품의 가치는 시장에서 수요와 공급이 다시 동일한 수준에 도달할 때까지 등락을 거듭하며, 수요는 기존의 공급 또는 예상되는 공급을 충족하는 상대가격 수준으로 측정된다고 분석했다. 밀(정치경제의 원리: 469)은 '화폐의 가치'와 관련하여, 화폐의 양이 증가하면 물가가 상승하고 반대로 화폐의 양이 감소하면 물가가 하락하는 현상(화폐의 가치와 물가의 반비례 관계)

은 통화이론에서 가장 기본적인 명제라고 했다. 그러나 밀(정치경제의 원리: 634)은 한 국가 내에서 일반적으로 낮은 임금은 낮은 물가를 유발하거나 높은 임금이 높은 물가를 유발하지 않는다고 분석함으로써 물가는 임금의 등락에 영향을 받지 않는다고 주장했다. 밀의 논리는 임금 상승으로 물가가 상승한다는 주장(스미스)과는 대비된다. 부연하면, 물가는 임금의 인상에 의해 상승하지 않고 생산에 필요한 노동 투입량(국부)의 증가에 의해 상승(수요견인 인플레이션)한다는 것이다. 다만, 밀은 임금은 그 국가의 절대적 인구 규모(수준)보다는 인구의 증가에 의해 통제(영향)받는 것으로 가정했다. 말하자면, 리카도의 비교생산비설에 근거한 생산비용에 따른 물가상승보다는 국부의 증대로 물가수준이 상승할 수 있다는 근거를 밀이 제시한 것이다. 밀의 논리에 따르면, 모든 상품(소비재)에 반영되는 (생산)비용은 물가(변동)에는 직접적으로 영향을 미치지 않는다는 것이다. 부연하면, 밀(정치경제의 원리: 640, 642)은 화폐 임금(노동비용)의 상승이 물가상승의 원인이 아니라 오히려 이윤의 하락을 의미하며, 임금 상승과 이윤 증가는 서로 역(-)의 방향성(상관관계)을 나타낸다고 설명했다. 임금의 상승이 생산비용 증가에 따른 이윤의 하락을 유발할 수 있으나, 물가수준의 상승을 초래하지는 않는다는 것이다. 마샬(경제학원리: 479)은 상품의 시장가격은 비교적 단기간에는 판매할 상품에 대한 수요(관계)에 의해 주로 결정되는데, 그 수요는 생산요소가 노동이거나 자본이거나 관계없이 상품의 생산(제조)에 소요되는 수요로부터 유발된다고 주장했다. 그리고 마샬은 임금의 변동은 생산품의 판매가격 변동 이전에 선행하여 움직이지 않고 후행한다고 설명했다. 부연하면, 마샬은 생산에 필요한 수요가 증가할수록 상품의 시장가격은 상승할 여지가 크다고 보았지만, 전반적인 물가수준의 변동(상승)에 관한 견해를 표명하지 않았다. 특히 마샬(경제학원리: 442)은 유해한 여건이 아닌 상태에서 임금의 상승은 미래세대의 물리적, 정신적, 그리고 도덕적 상태를 확실히 향상시키고, 다른 여건이 동일하다면 노동에 의한 소득의 증가는 경제성장률을 제고할 수 있으며, 노동수요 가격의 상승은 노동의 공급을 증가시킨다고 보았다. 말하자면, 마샬의 논리는 노동의 수요증가가 임금을 상승시키고, 그에 따른 노동의 공급증가와 국민소득의 증가로 연결된다는 것이다. 그리고 노동의 수요와 공급을 통제하는 요인에 의해 노동의 수요가격과 공급가격은 동등한 수준으로 근접한다는 견해도 추가했다. 반면, 케인즈(일반이론: 263)는 일반적인 물가수준은 생산요소의 보수(대가) 비율(한계비용 가중평균)과 생산의 범위(고용 규모)에 의해 결정된다고 주장했다. 말하자면, 생산의 투입비용과 총량에 의해 물가수준이 영향을 받는다는 견해다. 부연하면, 케인즈(일반이론: 270)는 일반적인 물가수준은 한계비용에 관여된 생산요소에 대한 보상비율(가중평균값)과 산출물(기술 · 설비 일정)의 규모(범위), 즉 고용규모(단기 수확체감의 법칙 적용)에 의해 결정된다고 분석했다. 신고전학파와는 다르게, 케인즈는 인플레이션에 대한 의미를 화폐적 현상이 아닌 실물적 현상이라는 측면에서 고려한 것이다. 즉, 비탄력적인 상품의 공급(상태)에서 유효수요의 증가는 물가를 상승시키고, 화폐소득의 증가에 따라 인플레이션의 악순환 현상이 고착화된다는 논리다. 또한, 케인즈(일반이론: 291)는 단기간에는 산출물(생산)의 증가와 비례하여 공급가격(비용)이 상승한다고 주장했다. 따라서 산출물(생산)이 증가하는 상황에서는 수확체감의 법칙(물리적 사실) 또는 단위비용(화폐 측정)의 상승경향으로 인해 물가상승이 유발되며, 만약 공급가격이 일정 수준을 유지하는 상황에서는 물가상승 현상은 발생하지 않는다고 설명했다. 케인즈(일반이론: 218)는 또한, 임금(단위)은 자체적으로 고용이 개선되면서 상승하는 경향이 있으며, 산출물의 증대는 단기적으로 비용의 상승 때문에 물가(임금단위 기준)의 상승을 동반한다고 주장했다. 케인즈도 생산과 투자가 증가할수록 생산비용이 상승하여 결국에는 물가수준이 상승할 수밖에 없다는 논리에서 크게 벗어나지 않고 있다. 또한, 케인즈(일반이론: 228)는 (화폐)임금의 하락이 노동자의 구매력을 약화시켜 (총)수요 감소에 영향을 미치는 것으로 분석했다. 그러나 노동(임금)이 아닌 다른 생산요소에 대한 실질수요가 하락하지 않는다면, 그리고 노동에 대한 수요의 탄력성이 (화폐)임금의 변화에 적정(단위=1) 수준 이하로 변하지 않는다면, 물가의 하락에 의해 자극받은 실물경기가 고용규모의 증가로 나타나 노동에 대한 (총)수요는 오히려 증가할 수 있다고 보았다. 케인즈(일반이론: 239)는 특히 독점 또는 물가통제를 제외하고, 물가수준은 단기적으로 고용규모의 변화가 한계생산비용에 영향을 주는 정도에만 반응하지만, 장기적으로는 신규 기술 또는 투자(설비증설 포함)에 따른 생산비용의 변화에 반응한다고 주장했다. 특히 케인즈(일반이론: 252~255)는 유효수요(임금단위 기준 측정)의 변화에 반응하여 물가와 산출물(생산)의 유효수요에 대한 탄력성의 합계는 동일(단위=1)하다고 분석했다. 부연하면, 유효수요는 자체적으로 산출물과 물가에 부분적으로 영향을 미치며, 화폐 기준으로 유효수요의 변화에 대한 물가의 탄력성은 적정(단위=1) 수준에서 산출물(생산)의 탄력성을 제외한 값이라는 것이다. 한편, 프리드먼(자본주의와 자유: 162)은 물가 통제가 법적 또는 자발적 유무에 관계없이 효과적으로 실행되더라도, 결국에는 자유로운 기업시스템(체계)을 와해(파괴)하고 집권적으로 통제되는 시스템으로 대체될 수 있다고 우려했다. 그리고 물가 통제는 심지어 인플레이션을 억제하는데도 효과적이지 않다고 프리드먼은 주장했다. 역사적으로도 물가와 임금 (평균)수준을 결정한 것은 기업가와 노동자의 탐욕이 아니라 그 경제의 화폐(수량)에 달려 있다는 사실을 제기한 것이다.

미국 경제학자(신고전학파)인 어빙 피셔(1867~1947)는 『화폐의 구매력에 관한 연구』(1926)에서 인플레이션이 낮은 수준에서 경제성장을 달성하기 위한 통화 정책적 접근방법을 제시했다. 피셔는 통화의 공급(M^S증가율)과 화폐의 유통속도(V)를 곱한 값은 물가상승(P)과 국내총생산(T)을 곱한 값과 일치한다는 '화폐의 교환방정식'($M^S \times V = P \times T$)에 근거하여 물가안정과 경제성장을 동시에 달성가능하다는 논리를 폈다. 그러나 화폐의 교환방정식은 케임브리지학파가 주장한 '현금잔고수량설'에 근간을 두고 있다. 즉, 화폐시장의 균형조건에서 화폐의 공급(M^S)은 물가수준과 실질국민소득(완전고용 가정)을 곱한 값에 비례한다는 것이다. 특히 현금잔고수량설은 화폐의 공급은 명목소득에서 차지하고 있는 통화(수요)의 보유비율(마샬리언 k)에 비례하여 증가한다는 논리에 기반하고 있다. 이와는 별도로 피셔는 자국의 (예상)실질이자율은 외국의 (예상)실질이자율이 균등해진다는 '실질이자율 균형조건'을 제시했는데, 이는 '구매력평가설'을 바탕으로 한 실질이자율 평형조건(피셔효과)이라고 부른다. 반면, '합리적 기대가설'을 제기한 시카고학파의 로버트 루카스는 "화폐의 기대와 중립성"(1972)에서 장기적으로도 화폐는 중립적인 자본계정(단위)이므로 통화의 공급은 경제성장이나 실업에 대해 실질적인 효과를 나타내지 못한다고 주장했다. 루카스는 통화의 공급이 장기적으로 인플레이션을 유발하지만 단기적으로 산출물 증가(경제성장)와 실업률 하락에 효과적이라는 프리드먼의 견해에 대해서도 비판한 것이다. 프리드먼의 논리는 통화(량) 증가가 인플레이션 상승만큼 명목이자율을 상승시킨다는 것이다. 그러나 물가수준에 대한 고전학파(스미스)와 케임브리지학파(케인즈)의 견해는 대체적으로 물가상승은 임금 상승을 포함한 생산비용의 증가, 생산과 투자 증가에 따른 생산요소의 투입증가에 따른 결과라고 해석된다. 이런 관점에서 보면, 물가상승과 경제성장과의 관계에 관하여 나타난 현상은 경제성장과 물가상승은 서로 비례관계에 있다는 논리가 지배적이었다. 즉, 경제가 성장할수록 물가수준은 비례하여 상승한다는 논리다. 예를 들면, 실업률이 낮으면 (화폐)임금상승률이 높고, 실업률이 높으면 임금상승률이 낮다는 역(-)의 상관관계에 대한 영국 경제학자인 윌리엄 필립스의 실증분석(1861~1957년, 영국경제 사례)으로 제시된 경제모델('필립스곡선')이 대표적인 학설이다. 부연하면, 경제성장이 지속되면 고용이 증가하므로 실업률이 낮아지고, 반대로 경제성장이 정체되면 고용이 증가할 수 없으며 해고 등으로 실직이 늘어나 실업률이 올라간다. 따라서 실업률과 경제성장률은 본질적으로 역(-)의 상관관계이므로 경제가 성장할수록 임금수준(물가)은 상승하지만, 경제상태가 악화되면 임금수준(물가)은 오히려 하락한다는 것이다. 그런데, 1970년대 오일쇼크 이후 스태그플레이션 현상으로 물가상승률과 실업률의 (+)상관관계가 나타나 '필립스곡선'이 경제현실에 부합하지 않게 되자, 경제성장과 물가상승의 (+)상관관계에 관한 기존의 학설에 대하여 의문이 제기되었다. 따라서 물가상승이 지속되는 상태(인플레이션)에서는 기존의 학설이 경제현실을 반영할 여지가 있었으나, '경기침체'와 '물가상승'이 동반되는 스태그플레이션(=스태그네이션+인플레이션) 상황에서는 성장과 물가에 관한 기존의 학설이 경제현실에 적합하지 않은 것이다. 예를 들면, 오일쇼크(1973, 1979)로 인한 물가폭등으로 원유수입국의 채무불이행에 따른 경기침체(실업증가) 현상이 유발되었다. 미국은 인플레이션(1965~1982)을 억제하기 위해 기준이자율(전통적인 통화정책 수단)을 인상하는 조치를 취했다. 오일쇼크에 따른 인플레이션(1980년 3월, 14.8%)을 억제하려고 당시 미 연준 의장이던 폴 볼커(재임기간: 1979~1987)는 기준이자율을 1979년 평균 11.2%에서 1981년 6월 20%, 1981년 12월 21.5%로 급격히 인상했다. 그 결과, 미국 경제는 경기불황(1980~1982)의 영향으로 실업률이 10%를 상회했다. 또한, 2020년에는 코로나바이러스 확산으로 세계 경제가 글로벌 금융위기 수준의 경기침체를 경험했다. 코로나바이러스 확산은 전형적인 외생변수(경제외적인 요인)의 충격으로 바이러스 감염 예방과 치료에 우선하다보니 경제 자체의 내재적인 문제보다 보건과 의료 분야의 사회적인 문제에 치중했다. 따라서 사회격리 및 환자봉쇄 조치 등으로 노동의 이동이 제한(재택근무 증가)되고 사업장소와 산업시설이 폐쇄되는 등 인간의 사회적 관계가 단절될 정도였다. 더구나 산업의 생산설비(공장)에 투입되는 원료와 자재의 원활한 공급이 차질을 빚으면서 공급체계가 와해되는 현상도 나타났다. 그 결과, 각국은 생산에 필요한 원료와 자재를 확보하지 못한 가운데, 원료와 자재의 품귀현상으로 생산원가가 급등하는 비용상승(공급측면) 인플레이션이 발생했다. 이와 더불어 코로나바이러스 확산에 따른 경기부양대책, 양적완화(QE)와 채권매입을 통한 확대 재정 · 통화정책 시행, 그리고 생계비 보조와 피해보상을 위한 각국 정부(재무부 · 중앙은행)의 긴급 지원의 결과, 오히려 금융 · 부동산 시장에 상당한 유동성 자금(현금)이 유입되었다. 그 부작용으로 부동산시장에서는 주택투기에 따른 부동산 과열과 가격급등 현상이 일시적으로 나타나면서 소비는 더욱 더 위축되는 현상이 유발되었다. 말하자면, 코로나바이러스 확산으로 공급체계 와해에 따른 비용상승 인플레이션과 경기부양으로 인한 부동산 가격급등 현상으로 소비가 위축된 가운데, 미국 정부(미 연준)가 인플레이션을 억제하기 위한 기준이자율 인상조치(2022년 3월 0.5%, 12월 4.5% 수준)를 취하면서 다른 나라들도 인플레이션과 자본유출에 대한 대책으로 기준이자율을 인상하는 조치를 잇따르고 있다. 그러나 물가상승을 억제하기 위한 경제대책(긴축 통화정책 시행)이 오히려 경기침체를 유발하는 부작용이 나타나면서 경기불황이 만성화되는 경제 구조적인 문제가 우려된다.

물가상승의 경제적 부작용이 크게 나타나기 때문에 물가상승을 최대한 억제해야 하는데, 유효수요의 증가로 유발되는 수요견인 인플레이션(수요 측면)은 경제가 성장한다는 전제조건에서 그 부작용을 최소화하는 수준에서 관리된다면, 비용상승 인플레이션(공급 측면)에 비해 사회적 손실이 적다. 수요증가에 따른 일시적인 물가급등 현상은 기준이자율 인상 등을 통한 긴축 경제정책으로 조정이 가능하다. 그러나 부동산과 주식 등에 대한 투자자산의 급격한 가격급등으로 금융 또는 자본 시장의 과열로 인한 거품현상이 발생하면, 유동성위기 또는 금융위기가 재현될 우려가 있기 때문에 정부(금융 · 통화 당국)는 선제적으로 관련 대책(조치)을 취해야 한다. 개인 차원에서는 거시경제의 작동시스템을 관리할 수 없기 때문에 거시경제 전반적으로 움직이는 경제체계에 대해서는 정부가 주도적으로 관여할 수밖에 없다. 물가수준이 급등하거나 급락하는 변동성이 큰 경우 경제운용의 측면에서는 상당한 혼란과 위험이 나타나게 된다. 따라서 물가는 안정적인 수준에서 관리되고 통제될 필요가 있는데, 후진국일수록 선진국에 비해 물가수준의 변동성이 크게 나타나는 경향이 있다. 물가의 지나친 상승은 물가위기를 유발하지만, 물가의 지나친 하락은 경기침체로 연계된다. 따라서 물가는 상승하더라도 점진적인 상승 범위 내에서 안정적으로 관리될 필요가 있는 것이다. 수요견인 인플레이션에 비해 사회적 손실이 더 크게 나타나는 비용상승 인플레이션에 대해서는 더욱 더 그 경제적 부작용이 최소화되어야 한다.

: 노동시장의 경직성 :

경제현실에서 물가에 반영되는 비용은 생산요소에 대한 투입비용(생산비용 상승)뿐만 아니라 경제적 거래관계에서 자연스럽게 소요되는 제반 비용(거래비용 상승)도 포함된다. 임금과 원료(에너지) · 자재 조달비용의 상승은 생산비용 인플레이션, 환율과 이자율 상승은 거래비용 인플레이션으로 구별할 수 있다. 그런데, 임금은 하방경직성 경향을 나타내고 있어 수요공급의 법칙에 의해 영향을 크게 받지 않고, 한번 가격이 결정되면 경제여건이 변해도 가격이 쉽게 하락하지 않는다. 경제상황이 악화되어도 임금은 하락하지 않고 최소한 동결되는 이유는 노동조합의 힘에 의한 것이다. 마샬(경제학원리: 473)은 임금 하락에 따른 효과(노동자 입장)와 효율성 저하에 따른 효과(협상자 입장)로 구분하여 임금 협상이 진행되는데, 노동자로서는 임금이 하락하면 노동 효율성이 저하되고 노동의 명목가치를 낮추게 되며, 협상자로서는 명목가치보다 낮은 수준으로 자신의 노동을 제공할 가능성이 높아진다는 것이다. 마샬(경제학원리: 585~586)에 따르면, 노동조합은 사회적 이해관계의 산물이지만, 사회(조직) 구성원의 임금 상승은 그에 상응하는 의무의 이행과 비례해야 한다고 주장했다. 마샬은 특히 어떤 사회에서 조직(계급)의 표준임금을 협상하기 위해서는 노동과 임금의 진정한 표준화를 위한 '공통적인 규칙'을 주요 협상수단으로 설정해야 한다고 강조했다. 그러나 현실적으로 노동자가 개인적으로 직장의 경영진에 대하여 개별적인 임금협상을 하기는 쉽지 않을 뿐더러 협상을 통한 임금 상승을 개진하기는 더욱 어렵다. 노동자 개인을 대변해서 결성된 노동조합은 노동자들의 의견을 반영한 경제사회적 단체이므로 사측에 대항하여 단체의 의견을 제시할 수 있으며, 경영진과 노동자간 의사소통의 창구역할을 할 수 있다. 예를 들면, 부당한 정리해고 등 사측의 불합리한 경영실태에 저항하고 고발할 수 있는 힘은 노동자 개인이 아닌 노동조합의 역할에 달려있다. 그러나 노동조합의 최대 이슈는 단연 임금협상이다. 경제상황이 악화되더라도 노동조합은 매년 최저임금 수준의 상향 등 임금 인상을 요구하면서 임금의 하방경직성 경향이 고착화되어가고 있다. 노동조합의 임금 인상요구는 대체적으로 인플레이션에 따른 실질임금 수준을 보장해야 한다는 논리다. 그런데, 노동조합의 요구대로 임금을 인상하면, 다시 물가상승을 유발하는 연결고리에서 벗어날 수 없다. 소위 '기대인플레이션' 심리에 의해 물가상승의 추세를 진정하기가 쉽지 않다. 기대인플레이션은 물가상승 이전에 또는 물가상승으로 인해 가계의 임금인상 요구, 그리고 기업의 상품과 서비스의 가격 인상 등에 영향을 주면서 물가 상승추세가 지속될 것이라고 기대하는 현상이다. 따라서 물가상승의 연결고리를 단절하려면, 노동조합의 임금인상 요구가 특히 경제상황이 악화되는 경우 경제논리 측면에서는 받아들이기 힘들다. 다만, 최저임금 수준의 열악한 노동여건 속에서 근무하고 있는 노동자의 경우에는 노동조합의 존재이유가 분명히 있으나, 특정 기업에 소속해서 노동자의 불리한 여건에 대하여 요구(시위)하기보다는 산업별 노동조합에 위임하여 노사협상을 처리하는 방안이 합당하다. 특히 불특정 다수 시민을 향한 무분별한 시위는 그 취지에도 적합하지 않고, 잘못하면 특정 집단의 이기주의(요구)로 오해받기 쉽다. 어떤 경우라도 시위는 가급적 자제되어야 하며, 폭력적인 시위와 그 시위에 대한 폭력적인 대응(진압)도 민주적인 행위라고 할 수 없다. 다만, 국민(대중)의 민주적인 의사와 행위를 저해하는 등 필요불가결하고 부득이한 경우에는 민주적인 시위로 보장받아야 한다. 예를 들면, 1789년의 프랑스대혁명을 폭력(사태)이라고 부를 것인가? 아니면, 민주적인 시위라고 할 것인가? 산업별 노동조합의 경우에도 특정 기업의 이해관계를 과도하게 주장하기보다는 노동자 · 기업 · 정부를 대변하는 노사정위원회의 합리적인 의견수렴과 충분한 논의를 통해 추진하는 의사결정 방식이 첨예한 노사대립과 갈등양상을 매듭짓는 방법이 될 수 있다.

자본주의 경제권에서는 노동의 수요와 공급의 법칙에 따라 노동 공급자(노동자)와 노동 수요자(기업)간의 노동계약을 근간으로 고용시장이 형성되고 근로조건도 결정될 필요가 있다. 노동계약에 관한 전반적인 절차와 방법에 관하여 예시하면, 인력채용을 담당하는 기업은 지원자에 대한 일회성 필기시험을 통한 채용보다는 서류와 면접을 통해 지원자 중에서 적절한 인력을 선택할 수 있다. 입사 준비를 위한 일회성 필기시험은 상당한 시간과 노력과 비용을 투입하는 수많은 응시자들을 정신적이고 육체적인 측면에서 괴롭힌다. 그 일회성 시험으로 적절한 인력을 채용할 수 있겠는가? 중세나 근세 이전의 사회에서는 특별한 채용시스템이 구축되지 않았기 때문에 과거시험 등 필기시험에 의존하는 경향을 이해할 수 있는 여지는 있다. 그러나 복잡다단한 현대사회에서 아직도 구태의연한 방법(필기시험)에 의한 채용방법은 적절하지도 않거니와, 사회적 비용과 손실이 이만저만이 아니다. 과거나 현재나 필기시험을 택하는 이유는 부정행위에 의한 채용비리를 방지하고 공정하고 공평한 기회균등의 차원에서 시도된 점을 미루어 짐작할 수 있다. 그러나 필기시험 이외에도 채용비리를 방지하고 공평한 기회를 부여할 수 있는 선진화된 채용절차와 시스템을 도입하면 된다. 예를 들면, 고등교육기관에서 전공과목의 학업성적(학점)에 대한 공정하고 객관적인 평가시스템을 도입하고, 낭비적인 정규시간외 프로그램 참여에 대한 경력(스펙)보다는 심층면접을 통해 충분히 전공지식과 직업적성에 대한 평가도 가능하다. 부연하면, 고등교육기관 진학 이전에는 교양 교육을 통해 충분히 인성을 함양하고, 고등교육기관에서는 교양 교육을 기반으로 취업에 필요한 교육보다는 전공지식에 관한 학업성적이 중요하며, 그 학업성적을 객관적으로 평가하기 어렵다면 입사사정관의 윤리 의식과 전문적인 견해를 전제조건으로 심층면접을 통해 적정 소요인력을 채용할 수 있다. 입사사정관의 인사청탁은 관계된 법으로도 금지되어 있기 때문에 채용비리가 원천적으로 차단되어야 하며, 채용 시기도 일회성의 특정시기가 아닌 연간 수시채용의 방법으로 시행되어야 한다. 어떻게 기업의 인력소요가 특정시기에만 집중될 수 있겠는가? 수시채용의 방법은 연중 필요한 시기에 소요인력을 공개적으로 채용하여 노동수요를 보장하고, 노동 공급자에게는 능력과 적성을 고려하여 자기에게 적합한 직업을 선택하면서 직장에 진입하는 기회를 넓혀 줄 수 있다. 그리고 채용된 노동자는 기업 경영진(인사부)과 합의하여 노동계약을 체결하고 근로조건(급여 · 복지) 등을 결정하면, 구태여 노동조합의 설립 근거나 존재이유도 마땅치 않다. 왜냐하면, 불합리한 비위를 행하는 기업에 대하여 정부(고용노동부)와 사법기구(법원)에 노동자가 직 · 간접적으로 고소 또는 고발하는 제도를 정착하고, 임금인상 등을 포함한 근로조건에 대하여 노동자가 인사 담당자 또는 관리자간의 합의를 통해 노동계약을 체결하는 사회적 관행을 시행하는 경우 노동조합의 역할은 위축될 수밖에 없다. 노동자는 노동계약에 근거하여 기업의 인사담당자에게 임금 인상, 복지 개선 등을 요구할 수 있고, 반대로 기업의 경영진은 노동자에 대하여 임금 조정과 해고 처분 등도 가능하게 함으로써 노동시장의 유연성을 제고할 필요가 있는 것이다. 다만, 기업 구조조정과 개인적 사유로 실직한 경우에도 다른 직장으로 신규 진입(재취업)하려는 노동자에 대한 제한이나 차별이 없어야 한다. 말하자면, 경직된 노동시장을 대체하여 진입장벽을 낮춰 노동시장의 유연성을 올려야 한다. 노동조합의 요구대로 임금 하방경직성이 지속된다면, 경제상황이 악화되어 기업이 부도 또는 파산직전에 몰려도 계속해서 임금인상을 요구할 수 있는가? 기업의 경영여건이 악화되면, 임금인상은커녕 오히려 임금하락으로 생활고에 시달리게 된다. 선진국도 예외 없이 기업의 경영여건이 악화되면 임금하락 또는 해고 등의 구조조정 조치를 취하면서 노동시장도 일시적으로 경색된다. 기업이 존재하지 않으면, 노동자의 직장도 없다. 따라서 합리적이고 유연한 사고를 바탕으로 한 노동계약의 체결과 이행이 경직된 노동시장의 관행을 개혁하는 전제조건이다. 그러나 노동계약 유효기간이 일회성에 그쳐 직장에 다니는 기간 내내 유효하다면, 그 노동계약의 실효성 측면에서는 오히려 의문시된다. 노동계약은 노동자의 계약기간의 업무실적에 대해 기업의 인사 담당자 또는 관리자가 공정하고 객관적인 방법으로 평가하여 노동자가 이의가 없는 상태에서 쌍방의 합의를 전제로 체결되어야 한다. 또한, 노동자의 업무실적이 계약 설정 기준에 비해 초과 달성하면 인센티브를 부여하고, 업무실적이 예상보다 부진하면 패널티를 받을 수 있는 인사 시스템이 실질적으로 작동될 필요가 있다. 노동계약 채결과 이행에 대해서는 개인별로 다양한 접근방법이 요구되지만, 정규직과 비정규직의 구분보다는 직무 난이도(평가)를 기준으로 난이도가 상대적으로 높은 직무를 수행하는 경우와 상대적으로 낮은 직무를 수행하는 경우로 구분하여 근무성과에 대한 평가를 다르게 적용해야 공정한 인사 시스템이라고 할 수 있다. 부연하면, 비용상승 인플레이션은 임금의 하방경직성 경향에 따른 결과이지만, 노동시장의 유연성 제고를 통해 임금상승의 압박을 근본적으로 완화할 수 있는 방안이 될 수 있다.

⁝ 환율과 이자율 ⁝

원료·자재의 비용 상승에 따른 인플레이션을 어떻게 관리해야 하는가? 천연자원이 부족한 국가에서는 원료·자재의 확보와 조달에 대한 문제가 잠재되어 있고, 특히 코로나바이러스 확산에 의한 사회경제적 격리조치로 공급체계가 와해된 상황에서는 그 중요성이 더욱 더 부각되고 있다. 미국이 중국 경제의 성장을 견제하면서 중국산 반도체·배터리의 원자재 또는 핵심부품에 대한 수입을 통제(관리)하면, 반도체·배터리의 완성품을 생산하는 우리나라 기업들의 생산체계가 단절되고 그 대안을 찾기가 현실적으로 쉽지 않다. 따라서 기업에서 완성품을 제조하기 위한 핵심부품이나 중요자원을 원천적으로 확보하거나 개발권 또는 채굴권 보유를 위한 해외자원 개발 또는 투자를 전략적이고 실효적인 방법을 통해 추진해야 한다. 다만, 해외자원개발은 기후변화에 따른 환경파괴의 문제가 우려되므로 환경보존과 자원관리의 측면에서 종합적으로 고려하는 대책수립이 요구된다. 또한, 자원 확보를 위해 특정기업이 감당하기 어려운 투자리스크에 직면하게 되면, 정부(자원개발공사) 또는 개발금융기관(신용보증기관 포함)과 투자리스크를 완화하는 방법 등을 통해 원료·자재 가격의 변동성위험(환율변동위험 등 국가리스크 포함)을 커버함으로써 안정적인 자원조달을 기반으로 원료·자재의 원활한 수입과 완성품의 지속적인 수출도 가능할 수 있다. 그러나 비용상승에 따른 인플레이션에서 최대의 난제는 환율과 이자율이다. 기축통화 중에서는 미 달러가 국제금융시장의 실질적인 결제수단이기 때문에 미국을 제외하고는 사실상 환율의 변동성위험에 노출되지 않은 국가는 없다. 미국은 자국통화로 결제하기 때문에 본질적으로 환율변동위험에 전혀 노출되지 않고, 인플레이션은 기본적으로 상품과 서비스 시장의 수급상황과 시중에 유통되는 화폐의 양에 영향을 받고 있다. 따라서 미국 통화당국(미 연준)은 화폐의 양을 조절하거나 채권 매입 또는 매각, 기준이자율의 인상 또는 인하로 인플레이션에 대응하고 있다. 그러나 유럽연합은 각국의 통화단위가 다르기 때문에 환율변동위험에 노출될 수밖에 없다. 유럽연합은

1970년대 이후 환율 불안정으로 인해 유럽통화체제(EMS)의 위기를 겪으면서 1989년 단일통화의 도입을 위한 경제 · 화폐동맹(EMU)을 추진했고, 그 결실이 1991년 12월에 체결된 마스트리히트조약이다. 유럽연합은 마스트리히트조약에서 단일통화(유로)를 법정통화로 도입하기 위한 유로존 필요조건을 설정했는데, 유로존 가입국은 단일통화로 결제하기 때문에 미 달러에 대한 유로 환율의 변동성위험이 염려될 수 있어도 자국의 통화가 사장되기 때문에 유로존 역내 환율변동위험은 사실상 사라진 것이다. 따라서 유럽연합(유로존)에서는 유럽중앙은행(독일 프랑크푸르트 소재)이 통화정책을 담당하고, 회원국 정부(재무부)가 재정정책을 담당하는 이원화되고 분리된 경제정책을 통해 인플레이션을 관리하고 있다. 우리나라는 1997년 외환 · 금융위기 이전에는 고정환율제도(1945~1964), 단일변동환율제도(1964~1980), 복수통화바스켓제도(1980~1990), 시장평균환율제도(1990~1997)를 운용하다가 1997년 12월부터 자유변동환율제도를 채택한 이후 원 환율은 외환시장에서 매일 변동하고 있다. 세계 전역에 운용되고 있는 환율제도는 후진국형의 고정환율제도(환율조정 · 달러연동)와 선진국형의 변동환율제도(관리 · 자유)로 분류될 수 있는데, 우리나라는 변동환율제도를 채택하고 있다. 고정환율제도는 환율이 변동하지 않은 상태에서 자국의 인플레이션 관리(수입물가 통제)가 용이하지만, 자국 통화의 고평가로 수출상품의 가격경쟁력이 저하되는 부작용이 유발된다.

왜냐하면, 고정환율제도에서는 경상수지 불균형이 자국내 통화공급에 미치는 영향을 차단(통화량의 일정수준 유지)하기 때문에 물가상승이 동반되지 않는 경향이 있지만, 경제력에 비해 고평가된 통화가치로 인해 실질실효환율(REER)이 상승하기 때문이다. 예를 들면, 1997년 외환위기에 직면했던 동남아 지역의 국가, 2010년 재정위기를 경험한 남유럽 지역의 국가 등은 고정환율제도(단일통화 도입 포함)에 따른 경상수지 불균형 현상으로 나타난 결과였다. 반면, 변동환율제도는 외환시장에서 환율의 변동성이 증대(수입물가 부담)되지만 환율상승(통화가치 하락)으로 오히려 수출상품의 가격경쟁력이 제고될 수 있다. 그러나 국제 경제·금융이론에 정통한 폴 크루그먼과 모리스 옵스펠드가 분석한 환율제도 채택의 딜레마는 환율의 안정, 통화정책의 주권 및 자본이동의 자유에 관한 3자 택일의 문제에 직면하게 된다는 것이다. 부연하면, 환율의 안정과 통화정책의 주권을 위해서는 고정환율제도, 통화정책의 주권과 자본이동의 자유를 위해서는 변동환율제도, 환율의 안정과 자본이동의 자유를 위해서는 통화위원회제도(중간환율제도)가 적합한데, 현실적으로 각국의 정부(통화당국)는 이중 하나의 환율제도를 채택하여 운용해야 하기 때문이다. 그런데, 미 달러 기준으로 원 환율의 지나친 상승은 통화(원화) 가치의 하락을 의미하고, 우리나라가 미 달러로 결제하는 상품(원료·자재 포함)의 수입금액(가격)이 환율 상승분만큼 증가하기 때문에 그 수입상품이 국내에서 생산되거나 소비되면서 다시 가격 상승효과를 나타내면서 경상수지 불균형(적자)보다는 직접적으로 인플레이션 현상이 유발된다는 것이다.

환율과 이자율의 물가에 미치는 영향에 관하여, 밀(정치경제의 원리: 591)은 통화가치의 하락 요인을 분석하면서 명목환율은 화폐의 가치하락에 의해 변동하며, 실질환율은 국제지급(상태)의 변화에 따른 것이라고 설명했다. 밀(정치경제의 원리: 599~600)은 이자율은 유통화폐의 가치 또는 화폐의 양에 대한 필연적 인과관계가 없다고 하면서 유통화폐의 (항상)양은 이자율이 아니라 물가(변동)에만 영향을 미친다고 주장했다. 부연하면, 화폐의 양(통화량)이 물가(인플레이션)에만 영향을 미친다는 견해는 통화주의자(프리드먼)의 주장과 일맥상통한 것으로 추론되는데, 따라서 통화주의자가 밀의 견해를 추종한 것으로 보인다. 또한, 이자율이 화폐의 가치 또는 양에 미치는 관계가 없고 오히려 화폐의 가치(하락)가 이자율 변동에 우선한다고 밀은 주장했으며, 그리고 통화의 가치하락이 상품을 구매하는 (화폐)구매력을 실질적으로 약화시킨다고 분석했다. 또한, 밀(정치경제의 원리: 601)은 이자율이 대출(차입)의 방식으로 수요 또는 공급되는 실질자본의 (상대적)양에 의해 기본적으로, 그리고 지속적으로 영향을 받는다고 설명했다. 그러나 이자율은 유통 화폐의 증가 또는 감소로 유발되는 다양한 유형의 일시적 변동성에 의해서 영향을 받을 수 있다고 부연했다. 마샬(경제학원리: 493)은 대출(차입) 지원조건에서 화폐의 구매력 변화(영향)는 단기 대출시장에서 가장 분명하게 나타나며, 차입자(채무자)는 자본의 사용에서 유발되는 기대(예상) 혜택을 지불하려는 수준에서 (실질)이자율이 결정(측정)된다고 설명했다. 다만, 화폐는 차입(대출)과 회수(상환)의 시기와 관계없이 동일한 구매력을 보유하고 있다고 가정하고 있다. 그리고 마샬(경제학원리: 566~567)은 1인당 자본의 증가는 자본의 한계효용을 감소시키는 경향이 있으며, 따라서 신규 투자에 대한 이자율은 일정하지 않지만 하락하는 경향이 있다고 분석했다. 예를 들면, 영국에서 중세사회에서는 이자율이 10% 수준이었지만, 1700년대 초반에는 3% 수준으로 하락했다는 것이다. 그러나 마샬은 밀과 마찬가지로 이자율의 물가에 대한 또는 물가의 이자율에 대한 인과관계를 분석하지 않았다. 반면, 케인즈(일반이론: 292)는 이자율 하락 또는 거래규모의 증가에 따른 유동성선호의 증가를 만족하는 조건에서는 개인들은 낮은 이자율 수준에서 대출(차입)하기보다는 오히려 화폐 보유를 선호하는 경향이 있다는 것이다. 케인즈가 제기한 이런 경향은 '자본적 소비', 예를 들면 과도한 소비성향에 의한 투자 감소(역(-)의 순투자)를 의미하는 경기호황에서 특징적으로 나타날 수 있는 현상이라는 것이다. 케인즈(일반이론: 305)에 따르면, 영국 철학자인 존 로크(1632~1704)가 영국 경제학자인 윌리엄 페티(1623~1687)와의 논쟁(1962)에서 화폐의 양(수량)과 이자율간의 관계를 추상적 조건(기준)에서 경제학 역사상 최초로 규명(표현)했는데, 로크는 토지에 대한 최대 지대(율)를 고정하는 방법이 비현실적이라는 근거로 페티가 제기한 (최대)이자율 적용에 반대했다. 로크에 따르면, 연간 소득이 이자율에 의한 수익을 창출(발생)할 수 있기 때문에 화폐의 자연적 가치는 영국의 무역거래(총량)와 비례하여 영국에 유통되는 화폐(총량)에 의해 결정된다는 것이다. 이는 로크가 주장한 '이중수량이론'인데, 이자율은 무역총액(가치)에 대한 화폐(수량)의 비율(유통속도 허용)에 의해 결정되지만, 화폐의 교환가치는 시장에서 상품의 총량에 대한 화폐(수량)의 비율에 의해 결정된다는 논리다. '화폐와 이자율 이론'(일반이론: 316~317)에 대하여 특별히 기여한 게젤(독일계 아르헨티나 통상업자)은 이자율과 자본의 한계효율을 구별하고, 실실 사본의 승가율에 대한 제한(이자율)을 설정해야 한다고 주장했다. 왜냐하면, 이자율은 순전히 화폐적 현상이고, 화폐의 특성은 화폐의 소유로 인한 부의 축적수단에 불과하기 때문이라는 것이다. 프리드먼이 말한 "인플레이션은 언제 어디서나 화폐적 현상이다."이라는 명언도 게젤의 분석에서 발로한 것으로 추정되는 구절이다. 또한, 케인즈도 『일반이론』에서 고전학파와 신고전학파와 마찬가지로, 이자율과 물가간의 직접적인 영향관계를 논하지 않았다. 다만, 유동성선호이론의 체계 내에서 화폐의 보유성향과 가치를 분석하면서 이자율이 무역거래로 유입되는 유통화폐의 수량(비율)에 의해 영향 받는다는 견해(로크)에 케인즈가 동조한 것으로 추론된다. 특히 케인즈(일반이론: 149)는 유동성선호이론을 제기하면서 그 유동성선호는 '거래적 동기', '예비적 동기', 그리고 '투기적 동기'에 의해 결정된다고 분석했다. 즉, 거래적 동기는 소득과 경영(영업) 동기로서 현재의 거래(교환)를 위한 현금(화폐)의 필요에 따른 것이고, 예비적 동기는 (총)자원의 특정 부분(비율)에 상당하는 미래의 현금에 대한 증권(보유) 욕구에 따른 것이며, 투기적 동기는 미래 시장에 대한 정보를 기반으로 이윤 확보를 목적으로 하는 것이라고 케인즈는 설명했다. 따라서 케인즈(일반이론: 176~178)는 유동성 함수가 소득과 이자율 변동에 반응하는 관계식이며, 따라서 화폐(보유) 수요는 유동성 함수의 형태를 결정하는 요인들에 의해 화폐(보유)의 수요가 변화한다는 것이다. 부연하면, 화폐시장의 균형(수준)에서 거래적, 예비적, 그리고 투기적 동기에 의해 이자율이 하락하거나 소득이 증가하면 화폐의 수요가 증가한다는 것이다. 케인즈는 거래적 또는 예비적 동기에 영향을 미치는 화폐의 소득에 대한 유통속도는 거의 일정한 수준이며, 투기적 동기에 영향을 미치는 이자율의 하락으로 인해 시장이자율 하락, 유동성리스크 증가, 현재의 소득 감소(자본계정의 손실리스크를 보상하기 위한 보험료 지급) 현상이 유발될 수 있다고 설명했다. 프리드먼(자본주의와 자유: 83)은 자유시장(경제)의 해결방안으로 '자유변동환율'에 관하여, 기본적인 경제정책과 조건(여건)이 안정적이라면 환율은 자유롭게 변동하고 사실상 매우 안정적인 수준에서 형성되지만, 환율 불안정성은 그 사회(경제)의 기저에 형성되어 있는 경제구조가 불안정(초인플레이션 현상 등)하다는 징후라고 분석했다. 프리드먼은 경제기초여건이 양호할수록 환율이 안정적인 수준에서 관리되며, 환율의 안정성을 경제 구조적 측면에서 분석했다는 점에서 그 의의가 있다. 또한 '금본위제'와 '상품본위제'를 비교한 프리드먼(자본주의와 자유: 49~52)에 따르면, 어떤 사회에서 유통되는 화폐(양)은 (화폐)상품을 생산하는 비용에 달려 있고, 화폐(양)의 변화는 상품 생산의 기술적 조건과 화폐에 대한 수요의 변화에 의해 결정되는 (함수)관계가 금본위제의 자동적 논리라는 것이다. 그러나 프리드먼이 설명한 금본위제는 영국 철학자인 데이비드 흄(1711~1776)이 제기한 통화-가격-무역-국제수지 과정에서 금본위제의 국세수지 불균형 현상의 자동조정기능에 의한 메커니즘(1752)을 근간으로 하고 있다. 부연하면, 국제수지 적자(흑자)로 금의 유출(유입)이 나타나면, 통화(량) 감소(증대)로 물가 하락(상승)에 의한 수출가격의 경쟁력 제고(저하)로 국제수지가 개선(악화)됨에 따라 금의 유출(유입)이 정지되면서 국제수지 균형이 회복되는 자동조정과정이 흄의 논리다.

그러면, 환율상승(통화가치 하락 또는 통화약세)이 경제에 긍정적인가? 아니면, 환율하락(통화가치 상승 또는 통화강세)이 경제에 긍정적인가?

일단, 환율하락이 경제에는 긍정적인 영향을 미칠 수 있다고 할 수 있다. 왜냐하면, 환율은 주가지수와 더불어 경제기초여건을 대변하는 평가지표로 활용되어 경제상황의 변화(호전 또는 악화)를 민감하게 또는 즉시 반영하고 있는데, 경제기초여건이 호전되면 환율이 하락하고, 악화되면 환율이 상승하는 경향이 있기 때문이다. 예를 들면, 경제위기 상황에서는 환율이 갑자기 상승하면서 그 상승속도가 빠르고 상승폭도 상당히 커져 통화약세에 따른 외환위기 가능성에 노출되기 쉽다. 우리나라에서도 미 연준의 기준이자율 인상이 본격화되면서 원 환율의 상승(통화가치 하락) 현상이 나타났는데, 이는 우리나라의 경제기초여건이 견고하지 않다는 사실을 입증한 것이다. 외환·금융위기(1997~1998) 당시 우리나라의 원 환율(미 달러 기준)은 800원 수준에서 1,600원 수준으로 최소 2배 이상으로 급격히 상승하면서 수입상품에 대한 대금결제의 상환부담이 증대됨에 따라 외환위기가 촉발되었다. 또한, 2022년에는 미 연준의 기준이자율 인상이 본격화되면서 원 환율은 1,200원 수준에서 1,450원을 상회할 정도로 상승했고, 수입상품(자재·원료 포함)의 미 달러 결제가격이 상승함에 따라 인플레이션(수입물가 상승) 현상이 나타났다. 2020년의 코로나 팬데믹 현상이 발생하기 훨씬 이전부터 미 연준 의장이던 앨런 그리스펀(재임기간: 1987~2005)은 기준이자율을 낮은 수준으로 유지하는 확대통화정책을 시행했고, 더구나 양적완화를 통한 유동성 지원으로 유동자금은 넘쳐나고 있었다. 그 결과, 경기호전보다는 부동산과 주식 시장에 투기자금이 몰리면서 가격거품(버블) 현상이 나타나 글로벌 금융위기(2008~2009) 등이 유발되었다. 코로나바이러스 확산 이전에도 유동자금이 풍부한 상태에서 코로나바이러스 확산에 따른 사회경제적 위기 상황을 극복하기 위해 각국 정부는 사상 유례를 찾아보기 어려울 정도로 긴급 자금(피해보상 차원)의 지원과 비전통적인 양적완화 조치를 지속했다. 화폐시장에서는 이미 통화증가에 따른 인플레이션 발생에 대한 우려가 잠재해 있는데다 2022년부터 미 연준의 기준이자율 인상조치로 인해 환율상승에 따른 인플레이션이 가중된 상태다. 우리나라에서도 통화증가(화폐가치 하락)에 따른 인플레이션과 환율상승(수입물가 상승)에 따른 인플레이션이 겹치면서 소비자물가상승률은 상승추세에 있다. 이에 따른 긴급대책으로 중앙은행의 기준이자율 인상과 양적긴축(QT) 조치로의 전환에 따른 후유증으로 인해 경기침체가 우려된다. 부연하면, 환율상승에 따른 수입물가 상승이 환율하락에 따른 수출가격 상승을 상회하는 경우 경상수지(무역수지)가 악화되는 결과가 초래된다. 반대로 환율하락에 따른 수출가격 상승이 환율상승에 따른 수입물가 상승을 상회하면 경상수지(무역수지)는 개선되는 효과가 나타난다. 우리나라는 원료·자재의 수입의존도가 비교적 높기 때문에 환율상승에 따른 수입물가 상승(수입 증가)이 수출가격 하락으로 인한 수출상품의 가격경쟁력 상승(수출 증가) 효과를 상쇄하는 것으로 분석된다. '중력모형'에 따르면, 수출 증가는 환율상승에 따른 결과라기보다는 실증적으로 수입상대국의 수입수요 증가에 의한 수출유발 효과에 기인한다는 분석이다. 따라서 수출기업의 환율상승에 대한 요구는 실질적으로 수출 증가에 긍정적인 영향을 미치기보다는 오히려 수입물가 상승에 따른 인플레이션이 발생할 수 있고, 미국 등지로부터 환율조작국으로 지정되면 수출증가의 기대효과가 반감될 수 있다. 따라서 환율상승보다는 환율하락이 실증적으로 용인될 수 있는데, 환율하락(통화강세)에 따른 수입물가 하락으로 인플레이션이 유발될 가능성이 억제되고, 외환시장에서 환율안정을 통해 외환위기 등 경제위기 가능성도 방지되면서 경제체질을 개선되는 데 오히려 기여할 수 있다.

미 연준의 기준이자율 조정정책은 역사적으로도 그 파장이 컸다. 예를 들면, 경제대공황 발생 이전인 1928년 상반기에 미 연준이 기준이자율을 3.5%에서 5.0% 수준으로 급격히 인상한 결과, 극심한 경기침체를 유발했다. 프리드먼도 미 연준의 긴축통화정책의 오류가 경제대공황을 더욱 더 심화시켰다고 주장한 바 있다. 1930년 10~12월에는 미국에서 은행위기가 발생하여 미국 은행들의 파산사태가 불거졌으나, 미 연준은 적극적인 공개시장정책을 시행하지 않으면서 경제위기가 장기화되고 거시경제상황이 더욱 침체되었다는 것이 프리드먼의 견해다. 실제로 미 연준의 통화정책은 1932년 4~7월을 제외하고, 1929년 말부터 1933년 초까지 주식시장의 과열에 대한 우려 때문에 긴축기조를 유지했다. 프리드먼(자본주의와 자유: 47, 62)에 따르면, 경제대공황은 민간경제의 내재적인 불안정보다는 정부(미 연준)의 잘못된 통화정책의 운용과 관리의 결과라는 것이다. 따라서 프리드먼은 공개적으로 실행될 수 있는 효과적인 통화정책의 행위에 관하여, 통화당국(미 연준 의장)의 정치적이고 정책적인 판단보다는 통화정책을 통제할 수 있는 '규칙'을 입법화해 정부 시스템(법 · 제도)으로 규율해야 한다고 강조했다. 그 정부 시스템은 화폐축적(통화공급=M^S)에 관하여 통화당국(미 연준)의 임의적인 재량권을 제한하는 규칙의 채택으로 가능하다는 것이다. 그리고 프리드먼(자본주의와 자유: 65)은 화폐축적의 행위에 관한 소건에서 통화당국이 특정화된 화폐축적의 증가율(통화증가율)을 달성하기 위한 지침으로서도 그 입법화된 규칙을 설정하는 것이 바람직하다고 언급했다.

글로벌 금융위기 이전에는 미 연준이 2001년에 기준이자율을 6%에서 1%로 급격히 인하한 이후 2008년 12월에는 아예 0%로 추가 인하했다. 당시 미 연준 의장이던 앨런 그린스펀과 벤 버냉키(재임기간: 2006~2014)는 확대통화정책을 선호했다. 그 결과, 자산거품이 형성되면서 2007년 서브프라임 모기지 부실사태가 발생했고, 영국과 아일랜드 등 유럽에도 전이되어 글로벌 금융위기로 번졌다. 과거 신흥경제권에서 발생한 경제위기 사례를 살펴보면, 1980년대 초 중남미 외채위기는 당시 미 연준 의장이던 폴 볼커의 긴축통화정책(기준이자율의 급격한 인상) 선회(조치)로 인해 중남미 지역에서 자본유출이 심화된 데 따른 것이다. 1990년대 말 동남아 외환위기도 1994년 중국 정부의 통화(위안)의 평가절하에 따른 동남아 국가들의 수출상품의 가격경쟁력 약화와 더불어 미 연준의 기준이자율 인상조치의 영향을 받았다는 분석이다. 1998~2006년(9년간), 유럽 체제전환국(17개국)을 대상으로 국가리스크 평가등급에 대한 중점 평가요소를 살펴보면, 단기이자율(대출금리)이 국가리스크 평가수준에 대하여 통계적 유의성이 있는 변수로 선정되었다. 부연하면, 단기이자율이 높을수록 국가리스크는 더 악화되고 경제위기 가능성이 더 높아진다고 해석할 수 있다. 단기이자율은 금융시장에서 수급의 원리에 의해 자금의 공급에 비해 자금의 차입수요가 더 많을 경우에는 상승하는 경향이 있다. 국제금융시장에서 경제기초여건이 악화되거나 자금 조달능력이 저하된 국가(정부)에서는 정부채권수익률이 높은 수준에서 형성되는 사례가 일반적이다. 우리나라도 1997년 외환·금융위기 당시 단기이자율이 급등했던 경험을 고려하면, 단기이자율의 국가리스크 평가수준에 미치는 영향을 고려하지 않을 수 없다. 따라서 이자율의 급격한 변동이 경제상황을 악화시켜 경제위기도 초래할 가능성이 높기 때문에 안정적인 이자율 수준을 유지할 필요가 있다. 그럼에도 불구하고, 1997년 외환·금융위기 당시 국제통화기금은 우리나라에 대해 긴급 차관을 지원하는 조건으로 기준이자율 인상을 요구했다. 국제통화기금의 차관 지원국에 대한 통상적인 지원조건으로 기준이자율 인상을 요구하고 있는데, 이는 잘못된 경제처방이다. 경제위기에 따른 유동성 부족으로 거시경제상황이 악화된 상황에서 기준이자율 인상이 환율이나 물가 안정에는 기여할 수 있으나, 금융시장에서는 자금 경색 등으로 유동성이 더욱 더 악화되면서 실물경기 회복에는 더 많은 시간이 소요되는 경향이 있기 때문이다. 다행히도 우리나라는 물가 안정과 환율상승으로 수출실적이 호전되면서 국제통화기금에 대한 차관(원리금) 상환과 경제위기 극복 시간을 예상보다 앞당겼지만 내수 의존적인 또는 수입대체 지향의 국가에서는 경제위기 극복시간이 더 소요되었을 것으로 추정된다. 일반적으로 후진국에서 선진국으로 경제단계가 발전할수록 자본축적으로 인해 자금시장의 수요보다는 공급이 절대적으로 풍부해지면서 이자율 수준은 낮아지는 경향을 보인다. 그러나 선진국도 인플레이션을 억제하기 위해 기준이자율을 인상하는 조치를 취하면서 그 파장이 경제기초여건이 약한 국가들에게 전이되면서 경제상황이 악화되는 사례가 역사적으로 빈번하게 발생했다. 따라서 이자율 인상조치는 가급적 억제될 필요가 있으며, 인상되더라도 점진적으로 제반 거시경제상황을 고려하여 운용되어야 한다. 이자율의 긴급 인상은 경제적인 부작용을 초래할 가능성이 크며, 반대로 지나치게 낮은 이자율 수준(유동성 함정)도 또 다른 부작용을 잠재할 가능성이 크다. 너무 낮은 수준의 이자율이 지속되면, 통화 당국의 역할도 크게 축소될뿐더러 부동산과 주식 시장에서 가격거품과 자원 배분의 불균형 현상이 나타난다. 경제체력에 적합한 수준의 기준이자율 조정 정책이 요구되는데, 투자과열 현상이 잠재해 있다면 기준이자율을 선제적으로 인상해야 하고, 반대로 경기침체가 우려된다면 기준이자율을 다시 점진적으로 인하하는 정책이 적합하다. 예를 들면, 코로나바이러스 확산으로 경기침체가 우려되었던 2020년에는 보편적 복지논리에 근거한 무분별한 현금 지원보다는 기준이자율을 인하하는 정책이 필요했다. 그러나 피해보상 차원에서 긴급 자금지원으로 인해 물가상승에 따른 인플레이션이 우려된 2021년에는 기준이자율을 선제적으로 인상하는 정책이 적절했다. 스태그플레이션이 우려된 2022년에는 미 연준이 기준이자율을 인상하더라도 취약한 산업과 기업 또는 긴급 지원이 요구되는 분야에 대하여 선별적인 재정지원 등을 통한 경기부양대책이 필요했다. 거시경제정책은 필요한 시기와 여건에 부합하도록 적합하게 시행되어야 그 정책적 효과가 제대로 작동될 수 있다.

3

투자

투자란 화폐를 보유하지 않고 자본을 투입하는 경제행위다. 즉, 투자는 화폐를 실물자산이나 금융자산으로 전환하여 자본의 수익(이윤 또는 이자)을 거두는 경제활동이다. 경제성장과 관련하여, 내수(국내수요) 분야의 '유효수요'를 창출하기 위한 필요조건은 소비, 투자와 재정지출의 증가라고 할 수 있다. 거시경제의 '유효수요이론'(케인즈)에서는 내수(무역 제외) 분야에서 투자는 소비와 더불어 중요한 경제변수다. 특히 기업의 경제활동이 투영된 투자는 경제성장의 필요조건이며, 역동적인 패턴을 통해 경제성장에 대한 기여도를 제고할 수 있다. 일반적으로 투자의 경제성장 기여도를 측정하기 위해 총투자율을 고려하고 있다. 총투자율은 국내총생산에서 총투자가 차지하는 비중으로 계산되며, 총투자는 총고정자본 형성과 재고투자 증감분을 합산한 값이다. 따라서 총투자율은 자본축적과 국내 생산성 수준을 가늠하는 경제지표로 활용되고 있다. 1998~2006년(9년간), 중동부유럽 체제전환국(17개국)을 대상으로 국가리스크 평가등급에 대한 중점 평가요소를 살펴보면, 1인당 경제성장률보다 총투자율이 통계적 유의수준과 회귀계수(가중치)가 더 높은 것으로 분석되었다. 이는 공산주의 경제체제에서 자본주의 경제체제로 전환되는 과정에 있는 국가에서는 총투자율의 국가리스크(국제신인도) 평가수준에 대한 영향력이 중요하다는 사실을 입증하고 있는 것이다. 부연하면, 체제전환경제에 관한 기본적인 경제통계는 유럽개발은행(EBRD)의 체제전환지수를 기초로 하고 있으며, 유럽개발은행은 자본주의 체제전환의 정도(단계)에 따라 대상국가의 체제전환수준을 4단계로 분류하고 있다. 특히 중동부유럽의 총투자율의 상승 현상은 유럽연합이 중동부유럽 경제권을 편입하고 확대하는 과정에서 서유럽 기업들이 중동부유럽 지역에 대한 투자를 증가한 데 따른 것으로 분석된다. 또한, 국가나 사회의 관점에서 산업구조의 재편 또는 조정, 산업의 고도화 추진 등으로 산업발전을 통한 경제체질 개선이 기업 투자의 역량과 수준에 의해 얼마든지 가능하다. 개인(가계)의 관점에서도 취업을 하려면 기업에 입사해야 하는데, 기업 투자가 확대되지 않을 경우 일자리(고용) 창출 또는 증대가 현실적으로 불가능하다. 국가 단위의 경제성장뿐만 아니라 개인 차원의 소비여력을 증대하기 위해 기업 투자는 기본적이고 중요한 요건이며, 따라서 기업 투자에 대한 관심과 정책적인 배려가 더욱 더 필요한 것이다. 그런데, 기업 투자는 정부 또는 관계당국에서 강제할 수 없다는 점과 투자의 주체인 기업도 투자행위(성공여부)에 대해 100% 확신을 가질 수 없다는 점이 문제다. 기업의 투자행위는 자체(내부)의 경영방침과 투자전략에 따라 이루어지므로 당사자가 아닌 제3자가 개입할 여지가 많지 않으므로 일반적으로 기업의 자율적인 의사결정에 의해 투자가 추진된다. 다만, 기업의 투자행위가 국가 또는 사회에 피해(외부 비경제)를 주거나 위험스러운 영향을 미칠 경우에는 정부나 관계당국에서 개입하여 통제할 필요가 있다. 또한, 기업 투자가 반드시 성공할 것이라는 보장이 없기 때문에 투자기업은 의사결정 단계부터 사업추진이 완료된 이후에도 다양한 상황에 대비해야 하고 사업수행에 따른 제반 리스크를 완화하는 과정에서 자연스럽게 보수적인 투자행위를 하는 경향이 있다. 따라서 한편으로는 자발적으로 투자를 증대할 수 있는 유인(투자인센티브 부여)을 투자기업에게 제공하고, 다른 한편으로는 투자기업이 투자에 따른 각종 리스크를 경감하는 대책을 정부나 관계당국(금융기관)이 수립해서 기업의 투자리스크를 분담할 필요가 있다. 그런데, 투자는 기업의 경영활동이므로 경제학에서보다는 (국제)경영학에서 그 이론과 전략에 관하여 다루고 있다. 특히 국제경영학은 경영관리(조직 · 인사 · 생산 · 재무 · 마케팅)를 기반으로 기업 투자에 따른 경영환경(여건)과 경영전략에 관하여 논하고 있다. 이중 경영환경은 국제무역에 관한 이론과 국가리스크(정치 · 문화적 환경위험 포함), 경영전략은 (다국적)기업(MNCs)의 경영활동과 투자전략에 관하여 각각 논하고 있다. 부연하면, '국제경영'은 국민 개개인과 제도에 영향을 미치는 기업의 경영활동을 포괄하지만, 기업의 국내외 투자행위가 반영되기 때문에 기업 투자에 따른 경제활동의 범위는 다른 경제주체인 개인(가계)과 정부보다도 더 넓은 광범위한 분야에서 적용되고 있다.

: 투자론 :

신고전학파를 정립한 마샬(경제학원리: 500)은 자본의 차입자(채무자)는 상당히 불리한 여건에 놓이는데, 이윤율은 자본을 적용(사용)하는 시장에서의 경쟁에 의해 주로 결정되며, 관리(경영)의 소득(수익)과 관련하여 자본(규모)은 경영성과(악화)와 비례해서 나타난다고 설명했다. 성공적인 경영의 소득(수익)은 자신의 경영능력, 설비와 물적 자본, 그리고 호의(선의) 또는 경영조직(경영가치와의 연관성)에 달려 있다고 분석한 것이다. 마샬(경제학원리: 495)은 자본을 관리하는 경영능력은 자본(자체)과 관리(조직)에 기인하는 것으로 분석했으며, 특히 경영능력과 조직은 서로 영향을 미치면서 생산의 효율성을 제고하는

데 중요한 역할을 하는 구성요소로 간주했다. 부연하면, 자본은 경영성과에 의해 결정되지만, 자본과 관리조직은 다시 경영능력에 영향을 미친다는 것이 마샬의 논리다. 마샬은 (국제)경영학 영역의 조직(관리)과 경영성과에 대한 중요성을 오래전부터 강조한 것으로 추론된다. 투자이론에 관하여, 케인즈(일반이론: 26)는 고용의 증가는 총공급함수와 소비성향 이외에도 투자규모의 함수이며, 따라서 유효수요는 예상 소비지출과 신규 투자계획에 의해 변동될 수 있다고 주장했다. 또한, 케인즈(일반이론: 47~56)는 기업의 매출실적(투자)은 총산출물에서 국내소비를 제외한 값이며, 국민소득에서 국내소비를 제외한 총저축이 최종적으로는 국내투자와 동일하게 된다는 항등식을 설명했다. 케인즈(일반이론: 119~120)는 일반적으로 '자본의 한계효율'과 '시장이자율'이 일치하는 수준에서 유효수요에 대한 투자계획이 발생하며, 자본의 한계효율은 공급가격(비용)과 동일한 자본(자산)의 기대수익을 연간 현재가치로 할인한 값이라는 어빙 피셔의 분석을 기반하고 있다. 어빙 피셔(일반이론: 124)는 『이자율이론』(1930)에서 비용편익의 분석을 바탕으로 자본의 한계효율은 비용과 수익의 현재가치가 동일한 수준에서 기대수익률(비용 고려)에 의해 결정되며, 기대수익률이 시장이자율을 초과하는 경우 신규 투자의 유인이 발생한다고 주장했다. 케인즈(일반이론: 129~142)에 따르면, 자본의 한계효율은 투자의 (예상)수익률과 자본(자산)의 공급가격과의 관계에 의해 결정되며, 투자규모는 시장이자율과 자본의 한계효율과의 관계에 의해 결정된다는 것이다. 부연하면, 자본의 한계효율은 리스크와 불확실성을 고려한 투자의 기대수익에 비례하는데, 즉 자본의 한계효율이 시장이자율과 동일하다는 것은 기대수익률과 시장이자율이 리스크 프리미엄에서 차이가 없다는 것을 의미한다. 그러나 경제여건이 선험적으로 확신 상태가 아닌 불확실한 상태에서는 시장에 대한 실질적인 관찰과 경제상황에 대한 심리에 의해 영향을 받는다고 케인즈는 주장했다. 말하자면, 불확실한 경제여건에서는 대중의 심리적 변동성에 따른 관습적 가치(동물적인 자생적 충동)에 의해 기업 투자가 결정되는 상황도 간과할 수 없다는 견해다. 기업의 투자행위는 순전히 물리적 특성에 기인하기보다는 심리적 특성에 의해서도 영향을 받는다는 설명이다. 그러나 기업의 투자행위가 동물적인 자생적 충동(애니멀 스피리트)에 의해 결정된다고 단언하는 것도 과장된 해석이다. 케인즈가 주장한 내용은 불확실한 경제여건에서 아무 것도 안하는 것보다는 본질적으로 충동적 조치라고 할지라도 경제여건의 개선을 위해 어떤 방식이든지 적절한 대책을 강구해야 한다는 의미로 이해해야 한다. 또한, '이자율이론'에 대한 케인즈(일반이론: 333)에 따르면, 유효저축의 범위는 필연적으로 투자규모에 의해 결정되며, 투자규모는 낮은 이자율에 의해 촉진된다고 주장했다. 완전고용을 달성하기 위해서는 자본의 한계효율에 비해 상대적으로 낮은 이자율을 유지(또는 인하)하는 것이 최적의 방법이라는 것이다. 또한, 케인즈(일반이론: 281~282)는 자본의 한계효율이 자본재의 보유(풍부 또는 희소) 정도와 자본재의 생산비용뿐만 아니라 자본재의 미래수익에 대한 기대에 의해 결정된다고 했다. 특히 경제위기가 발생하는 현상은 시장이자율의 상승 때문이 아니라 자본의 한계효율의 급락에 기인한다는 견해다. 부연하면, 경제위기는 자본의 한계효율이 급격히 하락하면서 동반하여 나타나는데, 미래에 대한 불확실성과 부정적인 전망으로 인해 자연적으로 유동성이 악화되면서 유발된 현상이라는 것이다. 결국 자본의 한계효율의 급락에 따른 경제위기로 인해 오히려 시장이자율(유동성선호 포기의 대가)이 상승하면, 투자의 심각한 위축현상이 초래된다는 것이다. 즉, 경제위기는 유동성위기에서 출발한다는 것이다. 한편, 케인즈(일반이론: 291~291)는 물가상승이 근본적으로 투자 증가에 기인하지 않고, 단기적으로는 대체적으로 공급가격이 산출물(생산) 증가에 비례하여 상승한다고 주장했다. 왜냐하면, 생산이 증가하는 경우 수확체감의 법칙 또는 단위비용(화폐기준)의 상승 경향이 나타나기 때문이다. 만약 공급가격이 일정하다면, 물가상승이 나타나지 않고 저축 증가는 투자의 증가를 동반하는 현상이 나타날 수 있다. 그리고 케인즈(일반이론: 266)가 역설한 유효수요의 규모(정량효과)는 유동성선호함수 이외에도 자본의 한계효율과 투자승수에 의해 최종적으로 결정된다고 설명했다. 케인즈(일반이론: 299)는 총투자의 규모가 이윤의 동기에 의해 결정되는 여건에서는 국내투자에 대한 기회는 장기적으로 국내 시장이자율에 의해 통제되지만, 외국인투자 규모는 필연적으로 무역수지의 개선규모(정도)에 의해 결정된다고 주장했다. 말하자면, 케인즈는 국제수지의 불균형 현상을 경상수지(무역수지)와 자본수지간의 관계로 설명한 것으로 추론된다. 아무튼 고전학파부터 신고전학파, 케임브리지학파와 시카고학파에 이르는 경제대가들의 철학과 사상을 훑어보아도 투자이론에 관하여, 케인즈를 제외하고는 특별한 관심을 보이지 않았다. 케인즈의 투자이론을 요약하면, 투자 증가를 위해 자본의 한계효율과 시장이자율을 고려해야 하지만, 자본의 한계효율에 대한 변동성은 투자보다는 경제위기의 발생요인을 진단하는 데 적합하고, 기업의 투자증대에 필요한 전제조건은 낮은 수준의 시장이자율이라는 것이다. 시장이자율이 높은 경우 기업의 투자유인이 감소하므로 시장이자율을 인하하는 통화정책이 기업의 투자증가, 그리고 경제성장에서 유효수요 창출에 기여할 수 있다는 것이 케인즈 『일반이론』의 핵심원리라고 할 수 있다. 경제학에서는 케인즈의 투자이론을 바탕으로 만약 명목이자율이 상승하더라도 기대인플레이션의 상승으로 실질이자율이 하락하면, 투자의 기회비용이 하락하면서 투자가 증가함에 따라 총수요가 증가한다는 경제이론(먼델-토빈효과) 등이 제기되었다. 한편, 기업의 투자활동을 결정하는 비용편익분석(CBA)에 의하면, 예상되는 미래 편익(수익)과 비용을 현재가치(NPV)로 할인하여 계산한 값을 기준으로 편익이 비용보다 적어도 크다면 사업타당성 측면에서 투자하는 것이 유리하다는 논리다. 비용편익분석에서는 할인율에 이자율이 반영되므로 케인즈가 주장한 시장이자율의 투자에 미치는 요인이 실제 적용되고 있는 것이다.

그러나 케인즈의 투자이론도 기업의 투자 방법이나 분야 등에 관한 설명이 거의 없다는 점에서는 많은 아쉬움을 남기고 있다. 경제대가들의 철학이나 사상을 토대로 경제성장에 필요한 투자 방법론 측면에서는 고려할 여지가 크기 않기 때문에 투자에 관한 담론은 실증분석의 관점에서 접근할 필요가 있다. 더구나 케인즈의 논리대로 시장이자율을 인하하는 통화정책만으로 투자를 증대할 수 있는가? 미국뿐만 아니라 유럽연합에서도 2000년대 들어 기준이자율을 지속적으로 인하하는 통화정책을 추진했지만 투자 증가의 경제성장 기여도는 크지 않는 것으로 드러났다. 닷컴버블 붕괴(2000~2002) 이후 유럽중앙은행(ECB)은 기준이자율을 4.75% 수준에서 인하하기 시작하여 글로벌 금융위기 당시의 4.25%를 제외하고는 2004년 2%, 2010년 1%(남유럽 재정위기 당시 1.5%)에서 2014년 이후에는 아예 0% 수준으로 유지했다. 2022년 미 연준의 기준이자율이 인상기조로 전환되면서 유럽중앙은행은 마지못해 2022년 7월에는 0.5% 수준으로 소폭 인상한 정도다. 그런데, 유럽연합 경제권에서는 인플레이션을 억제하지도 못한 상황에서 이자율 인하에 따른 투자증대의 효과가 나타나지 않은 것이다. 특히 유럽연합 경제권에서 경제성장이 부진한 요인은 전반적으로 산업의 성장동력이 미흡하고 그에 따른 성장기업의 투자가 동반되지 않았기 때문인 것으로 분석된다. 유럽연합(EU 집행위원회)에 따르면, 2009~2018년(10년간) 유로존의 총투자증가율(5년간 평균)은 2009~2013년에는 -3.2%, 2014~2018년에는 +3.4%로 그 변동성이 컸으며, 총투자의 증가는 안정적인 추세를 나타내지 못한 것으로 분석된다. 2021년 기준으로 유로존(19개국)에서는 코로나 팬데믹 확산이 진정되면서 사회경제적 봉쇄조치 완화에 따른 보복소비(펜트업)가 늘면서 (가계)소비의 경제성장에 대한 기여도(GDP 기준)는 51.1% 수준이었지만, 투자의 경제성장에 대한 기여도는 22.9%에 불과한 저조한 상태에 그쳤다.

: 외국인직접투자론 :

국제수지계정에서는 자본 · 금융계정을 구성하는 대표적인 경제변수로서 외국인투자가 포함된다. 국제통화기금에서 추계하고 있는 국제수지(BoP)에 따르면, 경상수지는 상품수지, 서비스수지, (본원)소득수지 및 이전소득수지(경상이전거래)로 구분되며, 경상수지에 대응하는 자본 · 금융계정에는 자본수지와 금융계정을 포괄하고 있다. 자본수지에는 고정자산 취득, 유 · 무형 자산거래가 반영되지만, 금융계정에는 직접투자, 증권투자, 파생금융상품과 준비자산이 포함된다. 그러나 해외직접투자에 의한 현지법인의 투자에 대한 배당과 이자는 경상수지의 본원소득수지에 귀속된다. 그런데, 투자는 투자의 주체(속인주의)를 기준으로 국내기업에 의한 투자(내국민투자)와 국외기업에 의한 투자(외국인투자)로 구분되고, 투자의 지역(속지주의)을 기준으로 국내투자와 해외투자로 구분된다. 즉, 국내투자는 내외국인을 구분하지 않고 국내에서 이루어진 투자를 합산한 값이며, 해외투자는 우리나라 국민의 외국에 대한 투자라고 할 수 있다. 또한, 투자는 투자의 방법에 의해 직접투자와 간접투자(포트폴리오투자)로 분류할 수 있다. 직접투자는 기업에 대한 경영을 목적(경영권 수반)으로 기업 지분(주식) 등 실물자산에 투자하여 그 기업의 주주가 되는 경제활동이며, 간접투자는 경영보다는 투자차익을 목적으로 금융자산에 투자하는 증권(주식 · 채권) 투자의 형식을 취한다. 직접투자는 또한, 신규법인(그린필드)에 대한 지분투자, 기존법인(브라운필드)에 대한 설비증설 등을 위한 증액투자, 투자법인의 인수 · 합병(M&A) 등의 형태로 추진된다. 그리고 직접투자가 해외에서 이루어지면 해외직접투자(ODI), 국내에서 이루어지면 외국인직접투자(FDI)라고 지칭하지만, 해외직접투자와 외국인직접투자를 통칭할 경우에는 외국인직접투자로 부른다. 따라서 국내 기업이 해외에 직접투자를 하게 되면 '외국인직접투자 유출'(아웃워드, 아웃바운드 및 아웃플로우), 국외 기업이 국내에 직접투자를 하게 되면 '외국인직접투자 유입'(인워드, 인바운드 및 인플로우)이라고 한다. 그리고 외국인직접투자도 저량(스톡)이 아닌 유량(플로우) 개념이므로 회계연도가 지나면 아무도 남지 않지만, 투자누계 기준으로는 법인에 투자된 자본으로 남는 경우 투자총액(누적)과 투자잔액(아웃스탠딩)으로 계산한다. 국제연합무역개발협의회(UNCTAD)에 따르면, 세계 전역에서 외국인직접투자(또는 해외직접투자)가 활발하게 이루어지기 시작한 시기는 1980년대 이후였는데, 직접투자와 더불어 간접투자도 그 시기를 기점으로 증가했다고 추론된다. 예를 들면, 우리나라에서도 1980년대 이후 증권회사, 투자신탁회사, 종합금융회사, 단기금융회사 등 투자금융기관들이 본격적으로 설립되면서 자본시장이 활성화되었다. 종합주가지수도 1980년을 기점(1980=100)으로 산출되기 시작한 점 등을 고려하면 1980년대 이후 우리나라에도 자본 유출입 규모가 증대되면서 자본시장의 변동성이 커지기 시작한 것이다. 1990년대 이후에는 다국적기업의 해외진출이 증가하고 1995년에는 세계무역기구(WTO)가 출범하면서 세계 전체의 무역규모도 급증하기 시작했다. 1947년 제네바(제네바라운드)에서 23개국(창립멤버)이 합의하고 체결한 '관세와 무역에 관한 일반협정'(GATT) 체제가 세계무역기구로 대체되었고, 세계무역기구는 2022년 말 기준으로 160여개 회원국이 세계 전체 무역규모의 98%를 담당하는 초대형 국제경제기구로 발돋움했다. 1990년대부터 국제적으로 해외직접투자 실적도 꿈틀거리면서 증가하더니 2000년을 전후해 외국인직접투자 유입규모가 세계 전체적으로 연간 1조 5천억 달러 수준에 근접하기에 이르렀고, 일시적으로 소강국면(유입규모 감소추세)을 보이다가 2010년에는 그 규모가 2조 달러에 달한 것으로 추정된다. 해외직접투자 국가를 소득그룹별로 분류하면, 선진경제권에서 후진국으로 투자가 이루어지는 형태를 대부분 취하지만, 해외직접투자 대상지역인 후진국 중에서는 경제개발 또는 체제전환 단계에 있는 국가(또는 지역)에 대한 투자가 압도적인 비중을 차지하고 있다. 대표적 사례가 세계 최대 투자국인 미국이 고도 경제성장을 시현한 중국에 대한 투자가 집중되는 현상이 벌어진 것이다. 이런 현상으로 인해 중국이 '세계의 공장'으로 불리게 된 가장 큰 이유이기도 하다. 아무튼 경제의 지속적인 성장을 위해서는 국내외 기업을 막론하고 그 투자의 규모를 늘려야 한다. 투자의 적정규모를 산정하기는 어려워도 경제성장에 대한 기여도를 제고하는 수준에서는 투자 활성화가 필요하다. 투자의 주체는 개인(가계)보다는 기업이 주도하기 때문에 기업의 투자활동이 경제성장에 기여할 수 있는 여건을 조성해야 한다. 반대로 해석하면, 기업의 투자활동이 위축되면 경기가 침체되고 고용 감소 또는 해고 등으로 가계의 소득수준도 저하된다. 궁극적으로 기업의 투자활동이 위축될 경우 경제성장에는 부정적인 효과가 나타난다는 점은 분명한 사실이다. 따라서 우리나라 경제의 지속적인 성장에서 가장 시급하고 중요한 전제조건은 기업의 투자증가다. 기업들이 투자를 보류하거나 유동자산을 사내유보로 한정하면, 경제가 제대로 작동되기 어렵다. 그러면, 왜 기업은 투자를 보류하거나 지연하는 것인가? 그 이유는 경제여건의 불확실성이 증가하거나 경기침체가 지속되어 기업들은 투자수익이 발생할 가능성이 낮거나 저조할 것으로 예상하기 때문이다. 따라서 기업의 투자가 증가하려면, (거시)경제여건의 불확실성이 개선되거나 경제상황이 호전되어야 한다. 그래야만 기업도 안정적인 수익을 기대하면서 투자활동에 나설 수 있을 것이다. 예를 들면, 코로나바이러스의 확산으로 2020년부터 세계 전역에 걸쳐 경제사회적 봉쇄조치가 취해지면서 역외투자보다는 역내투자, 투자회귀 및 투자 축소 또는 철수 등 투자패턴의 급격한 변화가 나타나기 시작했다. 코로나바이러스 확산으로 인해 글로벌 가치사슬(GVC)로 연계된 다국적기업을 중심으로 생산공장의 가동 중단 또는 영업정지, 코로나바이러스 감염 확산을 억제하기 위한 노동의 이동제한(외국인 입국 제한 · 금지, 국경 및 감염지역 봉쇄), 재택근무 및 자가격리 등 사회적 격리로 인한 소비 부진 등으로 세계 전역에 걸쳐 공급(생산 · 제조)과 수요(판매 · 유통)가 급격히 위축되었다. 이에 따라 투자패턴은 역외투자 형태보다 역내투자 또는 투자회귀 · 철수 현상이 두드러진 것이다. 국제연합무역개발협의회(2021)

에 따르면, 코로나바이러스 확산에 따른 역외투자가 급격히 위축됨에 따라 세계 전역의 외국인직접투자 유입실적은 2019년 1조 5,302억 달러에서 2020년에는 9,989억 달러로 35%나 감소했으며, 특히 유럽지역에서는 3,626억 달러에서 725억 달러로 무려 80%나 감소한 것으로 나타났다. 코로나바이러스 확산으로 글로벌 가치사슬에 의한 생산·투자의 연결고리가 단절되면서 다국적기업들의 투자행위가 보다 안정적이고 지속적인 경영실적을 지향하는 방향으로 전환되고 있는 것이다. 글로벌 가치사슬은 기업의 경영활동에서 원료·자재의 확보(구매행위), 조직·인사(관리행위), 연구·기술개발(지원행위), 생산·물류(투자행위), 판매·서비스(마케팅행위)의 전후방 경제적 행위(과정)와 연계되어 있다. 따라서 그 단계적인 전 과정에서 어느 하나라도 단절되거나 차질이 발생하면, 기업의 정상적인 경영활동이 이루어지기 어렵고, 기업 투자가 위축될 수밖에 없다. 말하자면, 글로벌 가치사슬의 문제를 단지 생산의 측면에서만 고려해야 하는 사항이 아니라는 것이다. 그리고 다국적기업도 투자기업의 투자유형에 따라 본국 중심적인 경영방식, 글로벌 지향적인 경영방식 등 조직·인사관리, 의사결정과 경영성과 등에 관하여 다양한 형태를 취하기 때문에 일률적으로 평가할 수 없다. 예를 들면, 일반적으로 본국 중심적인 기업은 의사결정권이 본사에 집중되어 있는 경향으로 인해 본국의 조직에 비해 자회사의 조직이 단순하게 형성되는 경향을 나타낸다. 반면, 글로벌 지향적인 기업은 본사와 지사간의 협조체제로 운영되기 때문에 현지의 경영성과에 부합하는 기준을 적용하는 등 조직구조도 복잡하게 얽혀 있는 특성을 나타내고 있다. 그러나 코로나바이러스 발생 이전에도 투자패턴의 변화양상이 미-중 또는 미-EU 무역갈등(분쟁)으로 나타나기 시작했지만, 코로나바이러스가 진정되고 사회경제적 활동이 재개된 이후 역외투자에서 역내투자에 대한 투자 집중현상 등 투자패턴의 변화가 지속적으로 나타날 것인지에 대해서는 관찰할 필요가 있다.

외국인직접투자의 이론과 관련하여, 외국인직접투자(또는 해외직접투자)의 결정요인(동기유형)을 국제무역에 관한 시장분석의 관점 및 기업행태 · 투자전략의 관점에서 재분류할 수 있다. 국제무역에 관한 시장분석의 관점에서 논의된 이론들을 요약하면, 국제금융시장에서 이자율의 차이 때문에 낮은 시장이자율의 국가에서 높은 시장이자율의 국가로 자본이 이동하고 결국에는 자본의 한계생산성이 균일한 상태로 접근한다는 국제자본이동론(맥도갤 1960), 국제자본시장의 외환변동위험에 따른 환율(통화프리미엄)과 자본화율 격차로 인해 제품생산의 특허를 해외투자에 적용하는데 있어 생산시설의 해외 이전으로 관세장벽에 대한 회피가 가능하고 외환변동위험을 사전에 방지할 수 있다는 통화지역이론(알리버 1970, 무역전환효과), 현지생산 조건의 생산비용(절대적 비교)을 기준으로 시장 생산요소 가격의 비교우위로 인해 현지생산이 선호된다는 생산요소의 상대가치론(허쉬 1976), 무역촉진의 결과로 국가간의 투자가 비교열위의 산업에서 비교우위의 산업으로 전이되어 그 투자가 가속화된다는 무역보완론(고지마 1978), 해외투자기업의 시장 개척, 원재료 절감, 생산성 향상, 기술 및 경영의 노하우 이전 등을 위한 시장선점론(아이트만·스톤힐 1989) 등이 대표적이다. 말하자면, 시장분석의 관점에서는 외국인직접투자(또는 해외직접투자) 결정요인에는 이자율, 환율 및 생산비용 등이 중요하다는 것이다. 특히 국제자본이동론은 외환시장의 균형조건에서 제기되고 있는 이자율 평형조건과 연계되어 있는데, 국제금융시장에서 이자율은 (예상)환율상승률과 시장이자율의 차이가 반영된다는 논리다. 예를 들면, 미국의 기준이자율 인상으로 우리나라의 기준이자율과 차이가 발생하면 자본은 이자율이 높은 시장(지역)으로 이동하고, 만약에 그 이자율의 갭이 발생하여 우리나라의 원 환율이 상승하면, 환율상승에 따른 자본유출을 억제하기 위해 우리나라도 기준이자율을 인상하지 않을 수 없는 상태가 되므로 결국에는 이자율의 갭이 축소되어 균형상태에 이르게 된다는 것이다. 또한, 기업행태·투자전략의 관점에서는 자본시장의 기능적 통합과정(무역·시장)을 분석하면서 기업의 사업영역 확대로 인해 다국적기업으로 성장이 가능하다는 기업성장론(킨들버거 1963), 제품 생산의 단계(혁신, 성장 및 연구개발)에 입각해 성숙단계에서 국내생산의 감소를 해외투자의 수요증가로 대체 가능하다는 제품수명주기이론(버논 1966, 동태적 관점), 투자의 대상국과 기업 간 관계 분석에서 투자대상국의 문화 및 지리적 거리의 불리한 점을 극복하기 위한 마케팅의 강화, 현지시장에서 설비 · 부품 · 원자재 구매 및 조세 부담을 해결하기 위해 협상능력 제고 등이 요구된다는 기업전략이론(킨들버거 1972), 광범위한 지적 체계를 보유한 다국적기업의 경우 국제무역을 통한 기술이전으로 해외영업이 가능하다는 내부화이론(버클리 · 카슨 1976), 기업 특유의 우위요소(소유권 이점)를 보유한 전형적인 독과점형태 기업이 시장통제 및 이윤극대화를 위해 불완전시장을 통제할 목적으로 투자를 결정하는 독과점적 우위론(하이머 1976, 산업조직이론 관점), 해외의 생산구조(효율성 · 지분 · 주권) 및 정책대응 차원에서 다국적기업 특유의 우위요소가 독점적 지위, 내부화 및 (현지화)생산입지의 3대 우위론에 기인한다는 절충적 체계론(더닝 1981) 등 모두 열거할 수 없을 정도로 다양한 이론과 학설이 제기되어 왔다. 기업행태 · 투자전략의 관점에서 제기된 이론 중에서 가장 포괄적인 내용을 설명한 절충적 체계론을 부연하면, 독점적 지위 측면의 우위요소는 기업의 기술혁신, 제품차별화 수준, 투입요소의 생산성 및 시장확보에 대한 접근성 등에 관한 것이고, 내부화에 의한 우위요소는 기업내부의 조직관리 및 통제, 본지사간의 수평적 또는 수직적 통합 형태, 계약 또는 협정 등의 방법에 의한 내부화 확보 등에 관한 것이며, 생산입지의 우위요소는 기업간 경쟁 정도, 해외진출에 대한 경영전략 및 경험, 현지 투자대상국의 사회문화적 차이, 경영활동에 관한 태도 등에 관한 것으로 요약된다. 말하자면, 절충적 체계론은 전통적인 생산입지 우위론을 기반으로 독과점적 우위론과 내부화 이론을 결합한 학설이며, 기업행태 · 투자전략의 관점에서는 생산변동, 기술이전, 특유의 우위요소 등의 요인이 외국인직접투자 결정에 중요하게 영향을 미친다는 것이다. 외국인직접투자(또는 해외직접투자)의 결정요인에 관한 선행연구의 사례를 요약하면, 시장분석의 관점에서는 이자율(자본의 한계생산성) 격차, 간접투자 대체(현지 자본시장의 금융조달 문제), 통화(환율) 격차, 생산요소 가격의 비교열위, 관세장벽(수출 대체), 무역(수출) 보완(무역 촉진, 현지 생산비용 저하, 현지생산의 한계이익 비교우위) 등에 기인하며, 기업행태 · 투자전략 관점에서는 사업(영역) 확대, 시장 선점, 독과점적 우위(이윤 극대화), 제품 생산의 주기, 외부환경(조직행동), 기업특유의 우위요소 등의 요인에 의해 외국인직접투자가 실행된다고 할 수 있다. 그러나 외국인직접투자에 관한 이론적 분석뿐만 아니라 외국인직접투자를 위한 기업경영여건에 관한 실증분석도 고려할 필요가 있다. 외국인직접투자 유입요인에 관한 연구사례를 살펴보면, 경제협력개발기구 연구자료(2019)에서도 1997~2016년(20년간) 60개국(선진경제권 및 신흥투자시장)에서 외국인직접투자 규제(외국인 지분투자, 투자승인 조건, 노동자 고용, 외환송금 등의 제한)의 자유화를 통한 제도개혁이 외국인직접투자 유입실적을 평균적으로 증대시키는 것으로 분석했다. 유럽연합(EU 집행위원회, 2019)은 제1차(2011~2015년) 한-EU 자유무역협정(FTA) 이행상황 평가에서 양자간 자유무역협정 발효 이전(2006~2010년)과 이후(2011~2015년)의 투자실적(누계기준)을 비교분석했다. 그 결과, 우리나라의 유럽연합에 대한 투자(연평균)는 7%에서 19% 증가했으며, 유럽연합의 우리나라에 대한 투자(연평균)는 5%에서 8% 증가한 것으로 나타났다. 또한, 외국인직접투자에 관한 이론적 연구의 대가인 존 더닝(2005)은 1998~2007년(10년간) 동유럽 체제전환국(10개국)의 제도적 인프라스트럭처(기업 설립 · 운영에 관한 규칙 및 기준, 민영화 · 무역(국제협정 포함) · 조세 · 산업 · 경쟁정책 등)가 1인당 외국인직접투자 유입을 통한 1인당 국민소득(GDP 기준) 증대 및 기업투자환경 개선의 요인이라고 분석했다. 스티븐 코브린(2005)은 1992~2001년(10년간) 116개국(개발도상국)을 대상으로 분석한 결과, 시장규모(GDP · 인구), 무역 개방(무역의존도), 인적자원(교육수준) 등의 여건이 외국인직접투자 유입정책의 자유화(규제완화)에 대해 유의미한 변화를 초래했다고 주장했다. 즉, 투자유치국의 제도적 환경(정책 · 제도)은 계량화가 곤란하고 다른 국가들과 비교도 용이하지 않지만, 외국인기업의 투자결정에 중요한 영향을 미친다는 것이다.

한편, 투자주체에 따른 구분에서 국내기업에 의한 투자는 기업의 투자에 관한 경영전략과 투자계획에 의해 실행되므로 당사자가 아닌 제3자의 입장에서 관여할 성격이 아니다. 다만, 경제성장의 관점에서 기업에 대한 투자유인을 제공함으로써 투자를 통한 경제성장의 활력을 제고하는 방안이 강구될 필요가 있다. 다른 한편으로, 외국기업의 국내투자는 외국인직접투자와 외국인간접투자로 다시 구분할 수 있다. 이중 외국인간접투자는 증권(주식 · 채권)과 외환 시장에 투자하는 형태가 일반적이며, 외국인직접투자는 우리나라에 기업을 설립하거나 기존 기업에 대한 지분투자(인수 또는 합병) 형태로 투자하는 방법이다. 외국인투자 중 간접투자는 일반적으로 단기자본의 유입에 의한 시세차익의 목적으로 투자되는 경향이 있으므로 직접투자에 비해 경제성장에 대한 기여도를 비교할 수 없다. 외국인간접투자(단기자본)의 지나친 유출입 현상으로 인해 자본수지가 악화되면서 경제위기가 발생(IMF차관 요청)하는 사례가 빈번하므로 단기자본의 변동상황(유출입)에 대한 지속적인 모니터링이 필요하다. 반면, 외국인직접투자는 우리나라의 경제성장(국내총생산)에 직접적인 영향을 미치므로 적극적인 유치가 필요하다. 왜냐하면, 국내 기업의 투자부진으로 고용증가가 어려운 현실 속에서 외국기업에 의한 고용 창출(노동수요 증가)을 기대할 수 있고, 우리나라 경제성장의 둔화요인이 되고 있는 소비활동 정체, 재정지출 한계, 수출실적 부진 등의 경기 순환적인 침체나 경제

구조적인 문제를 보완할 수 있으며, 외국기업의 국내 진출에 따른 우리나라 산업의 대외경쟁력 제고 등으로 경제체질을 개선할 수 있기 때문이다. 외국인직접투자 유출입 통계의 경우 투자유치국 정부(외국인투자 유치기관 또는 중앙은행)에서 발표하는 자료보다는 각국의 통계자료를 보정하여 발표한 국제연합무역개발협의회 또는 경제협력개발기구 자료를 기준으로 국가간 통계자료의 비교가 가능하다. 왜냐하면, 외국인직접투자 유입과 유출에 관한 통계는 작성 기관과 방법에 따라 너무 차이나기 때문이다. 예를 들면, 우리나라의 해외직접투자(ODI) 유출실적 통계는 증권투자(지분), 대부투자(채무상품), 영업비용 투자(지점 · 사무소) 및 역외금융을 포괄한 총투자금액을 기준으로 하지만, 우리나라에 대한 외국인직접투자(FDI) 유입실적 통계는 송금신고액을 반영한 총투자금액을 기준으로 작성되고 있다. 그리고 국제연합무역개발협의회의 외국인직접투자 통계는 지분투자, 채무상품 및 수익재투자를 포괄한 총투자금액에서 투자회수액을 차감한 순투자금액(자본수지 반영)을 기준으로 작성된다. 그런데, 우리나라에 대한 외국인직접투자(유입금액 기준)는 2020년 기준 92억 달러로 국내총생산의 0.6% 수준에 불과한 상태이므로 외국인직접투자의 경제성장에 대한 기여도를 지속적으로 제고할 필요가 있다. 한-EU 자유무역협정 발효 이후 양자간 투자통계의 추이를 관찰해보면, 2011~2015년에는 양자간 자유무역협정 효과가 충분히 반영되었으나 2016~2020

년에는 그 효과가 크지 않았던 것으로 추정된다. 그렇다고 하더라도, 2011~2020년(10년) 기간에 걸쳐 한-EU 투자유출실적이 특정 국가 또는 산업에 집중되는 경향에 대해서는 재고할 필요가 있다. 우리나라의 유럽연합 경제권에 대한 투자유출실적(ODI)은 룩셈부르크, 영국, 네덜란드, 아일랜드, 프랑스, 독일 등의 국가에 대하여 금융 · 보험, 부동산, 광업, 자동차 등의 산업에 집중되었다. 반면, 우리나라에 대한 유럽연합 경제권의 투자유입실적(FDI)은 몰타, 네덜란드, 영국, 룩셈부르크, 독일, 프랑스 등의 국가에서 금융 · 보험, 화학제품, 도소매(유통), 운송용 기계, 비금속 광물제품, 전기 · 전자 등의 산업에 집중된 것으로 나타났다. 부연하면, 유럽연합 경제권뿐만 아니라 투자한 국가와 산업에 대한 리스크의 관리 차원에서 투자리스크 분산 등을 통해 투자대상 국가와 산업의 다변화가 필요하다.

: 외국인투자 유입증대의 요건 :

그렇다면, 외국인투자 유입의 증대요인은 무엇인가? 일반적으로 신흥경제권(신흥투자시장) 분류기준은 국제통화기금(IMF), 모건스탠리(MSCI), 파이낸셜타임즈(FTSE) 및 스탠더드앤드푸어스(S&P)의 발표자료에 따른다. 외국인직접투자 유입실적(비중)을 추가적으로 고려하여, 2008~2017년(20년간) 신흥유럽 5개국(체코 · 헝가리 · 폴란드 · 러시아 · 터키)을 대상으로 외국인직접투자 유입의 실적(패널데이터)과 투자요인을 비교하면, 글로벌 금융위기 이후 신흥유럽 지역에서는 국가리스크 평가등급(OECD 기준)이 외국인직접투자 유입실적에 유의적인 변수로 분석된다. 이는 지속적인 외국인직접투자 유입의 필요조건은 그 국가의 경제기초여건과 외채상환능력의 개선이라는 점을 입증하고 있다. 부연하면, 우리나라에서 외국인투자 유치를 확대하기 위해서는 대외신인도(국가리스크 평가등급)가 제고되어야 한다는 사실을 의미한다. 또한, 외국인직접투자에 영향을 미칠 수 있는 요인을 거시경제변수, 경영관리비용 및 기업투자환경 분야로 구분하여 살펴볼 필요가 있다. 글로벌 금융위기 이후 국가리스크 또는 정부채권위험(OECD · S&P · Moody's 평가등급), 국민소득(1인당 GDP), 무역의존도, 경제개방도(수입실적), 재정건전성(재정수지/GDP 비중), 대외거래 건전성 및 대외지급능력(경상수지/GDP 비중), 대출이자율, 법인세율과 환율변동(상승)이 (1인당) 외국인직접투자 유입실적에 대하여 상관관계가 있는 변수로 선정되었다. 특히 경제협력개발기구의 국가리스크 평가등급은 거시경제변수(1인당 GDP, 경제성장률, 재정수지/GDP, 경상수지/GDP, 무역의존도 등) 뿐만 아니라 정치경제적 상황에 관한 총체적인 변동내역을 반영하고 있으므로 외국인직접투자 유입실적과 국가리스크 평가등급(OECD 기준)은 상호 영향을 주고받는 관계인 것으로 추론할 수 있다. 한편, 경영관리비용과 관련하여, 현지시장에서의 자금조달, 환율변동에 따른 외환손실위험, 과다한 조세납부 등에 따른 실효세율의 증가, 현지 물가상승에 따른 생산과 판매의 비용증가 등에 관한 사전조사가 요구된다. 이런 유형의 위험은 현지 시장위험이라고 할 수 있으며, 외환 · 세무 · 물가 관리 등의 문제가 현지법인의 경영상 주요 관건이라고 할 수 있다. 따라서 경영관리비용에서는 자본조달비용(대출이자율), 노동고용비용(최저임금), 물가수준(소비자물가상승률), 조세부담(법인세율), 외환손실위험(환율변동)에 관하여 고려해야 한다. 예를 들면, 현지 법인은 이윤의 본사에 대한 송금, 주주에 대한 배당 등을 현지 통화가 아닌 국제결제통화(미 달러 환산)로 대체해야 하기 때문에 환율변동에 따른 외환손실위험이 발생하기 마련이다. 이런 외환손실위험의 정도는 환율변동위험 헤지 등을 통한 위험관리대책이 요구된다. 기업투자환경과 관련하여, 투자기업이 실질적으로 고려해야 하는 사항은 해외투자위험, 현지사업의 수월성과 경영관리상의 문제, 소송 또는 분쟁처리 등에 관한 제도적 여건이다. 실질적으로 외국인직접투자(또는 해외직접투자)를 위한 기업의 의사결정, 해외직접투자 법인의 설립 · 운용 · 철수에 이르는 기간에 발생하는 각종 위험 등으로 인해 해외직접투자 과정에서 다양한 위험요인들이 존재한다. 특히, 외국인투자여건을 평가하는 최대 위험요인은 정치적 위험 중에는 전쟁이고, 경제적 위험 중에는 현지정부의 외국인기업 투자금액의 수용 또는 몰수인데, 현지정부의 외환에 대한 통제, 제도적 결함 등의 규제도 중요한 고려사항이다. 정치적 위험의 최대 요인인 전쟁이 발발하면, 기업의 투자자산은 폐허상태에서 완전히 매몰하게 된다. 예를 들면, 2001년 9·11 테러에 대한 보복으로 미국이 2003년 3월 이라크를 공격했던 미국-이라크전쟁, 2014년 러시아의 크림반도 강제합병 이후 2022년 2월 러시아가 우크라이나아를 침공한 러시아-우크라이나 전쟁 등 전쟁이 발생한 지역에서 기업이 안전하게 경영활동을 할 수 있는가? 또한, 경제적 위험의 최대 요인인 현지정부의 투자자산 몰수 또는 수용조치(자원국유화 등)가 취해지면, 기업의 투자자산은 인위적으로 탈취당하는 사태가 발생한다. 기업투자환경에서 국가리스크 평가등급을 반영하는 이유는 투자대상국의 투자환경을 대변해주는 '대리변수'이기 때문이다. 국가리스크에 대해서는 다양한 개념적 정의가 있으나, 해외투자와 관련해서는 다국적기업의 해외진출에 따라 직면하는 위험(투자환경위험)을 의미하며, 그 국가리스크를 기업의 관점에서는 경영위험과 재무위험으로 다시 분류할 수 있다. 이중 경영위험에는 시장위험과 정책위험(조세·금융·무역에 관한 정책과 정부규제 등), 재무위험에는 이익송금위험과 외환통제위험 등이 반영된다.

다국적 회계법인 등은 세계은행의 기업경영여건(Doing Business) 평가 방법론을 기업투자환경의 대표적인 평가지표로 활용하고 있다. 세계은행은 2004년부터 매년 190개국을 대상으로 사업의 생장소멸단계의 관점에서 외국인투자기업의 사업개시(회사설립을 위한 사업등록), 사업허가(건축), 고용(노동) 및 전기공급, 재산등록, 신용획득(금융), 투자자보호, 조세납부, 대외무역(관세), 계약실행(절차), 사업폐쇄(파산해결)의 10개 분야에 대해 평가하고 있다. 다국적 회계법인(KPMG 및 PwC 기준)은 회계(재무상태), 조세, 노동 및 금융 분야에 대해 집중적으로 평가하며, 세계 180여개 국가에 대하여 경제투자정보를 실시간으로 제공하고 있는 이코노미스트(EIU)는 조직, 인적자원(노동), 투자인센티브, 조세, 경쟁정책, 외환통제 및 지적재산권 등의 분야에 관하여 중점적으로 분석하고 있다. 세계은행의 기업경영여건(DB) 분석은 다국적 회계법인의 재무·회계 컨설팅 또는 이코노미스트의 경제투자정보보다는 그 분석대상이 광범위하고 국가별 평가순위도 공개하고 있어 기업경영여건 평가에 일반적으로 활용되고 있다. 기업경영여건 평가분야별 세부내역에서는 중점 분석지표에 대한 산출근거가 상당히 구체적으로 제시되고 있으나, 각각의 산출근거에 대한 국가별 비교분석은 쉽지 않다. 또 미묘한 세부내역의 변동요인으로 인해 외국인투자환경의 변화내역에 대한 실질적인 반영도 어렵기 때문에, 기업경영여건 분석내역을 기반으로 한 국가간 기업경영여건의 비교방법에는 한계가 존재한다. 따라서 투자대상국의 외국인직접투자 유입에 실질적으로 중대한 영향을 미칠 수 있는 기업경영여건을 투자기업의 사업단계(분야)별로 점검할 필요가 있다. 즉, 현지법인의 기업경영의 관점에서는 사업등록, 노동여건, 조세부과 및 외환통제 분야의 제도변화(정책지표 포함)에 대해 집중적으로 고려하는 접근방법이 현실적으로 더 합리적이라고 할 수 있다. 실제로 투자기업은 지분 소유구조(거버넌스) 등을 통해 현지법인의 경영 · 관리에 영향을 미치기 때문에 외국인직접투자 유입을 분석하기 위해 기업경영여건은 중요한 분석대상이다. 다국적 회계법인 등에서도 공통적으로 중요시하는 투자기업의 사업단계별 고려사항은 사업등록(절차단계 · 소요시간), 노동여건(단위노동비용, 최저임금과 임금인상률 · 실업률), 조세부과(법인세율 · 부가가치세율) 및 외환통제(환율변동 · 기준이자율) 등의 분야로 압축할 수 있다. 따라서 외국기업의 국내투자를 유인하기 위해서는 사업등록의 절차단계와 소요시간을 단축하고, 임금 · 법인세율 · 부가가치세율 · 이자율 · 환율의 급격한 인상 또는 상승을 억제하는 등의 투자유인 대책과 기업 우호적인 (시장)여건조성이 필요하다. 브렉시트(영국의 EU 탈퇴) 협상 이후 2016~2018년 신흥유럽 주요국(체코 · 헝가리 · 폴란드 · 러시아 · 터키)의 외국인투자환경(기업경영여건) 변동내역을 관찰하면, 현지법인 설립과정에서 나타난 사업등록, 노동여건, 조세부과 및 외환통제의 모든 분야에서 제도적 (규제)완화와 더불어 기업 우호적인 (시장)여건조성에 따라 외국인투자여건은 변동(개선 또는 악화)될 수 있다는 사실을 발견할 수 있다. 부연하면, 외국인직접투자 유입실적은 사업등록의 소요기간 단축, 법인세율 및 기준이자율 인하 등 현지법인 설립과 운영에서 기업 우호적인 기업경영여건(제도변화)과 외국인투자정책의 영향을 받고 있다는 것이다. 반면, 사업등록의 소요시간 증가, 최저임금(단위노동비용 포함)의 급격한 인상, 법인세율 및 기준이자율 인상 등으로 외국인투자여건이 악화되면, 외국인직접투자 유입실적도 부진한 결과를 초래했다. 예를 들면, 2022년 12월 기준 표준 법인세율(트레이딩이코노믹스 발표기준)을 주요 국가별로 비교하면, G20 국가 중 법인세율이 높은 국가 순으로는 인도 35%, 브라질 34%, 일본 30.6%, 독일 30%, 프랑스 26.5%, 중국 · 스페인 25%, 이탈리아 24%, 튀르키예 23%, 미국 21%, 러시아 20%, 영국 19% 등이고, 유럽연합(유로존)은 평균 21.3%(23%)로 나타났다. 법인세율만을 기준으로 외국인투자여건을 비교할 수 없으나, (실효)법인세율이 높을수록 현지법인의 경영관리에 소요되는 자금부담에는 적지 않은 영향을 미치는 것은 분명한 사실이다. 그리고 외국인직접투자 유입통계에 관한 분석에서 나타난 기업투자환경의 최대 고려조건은 리스크 변동수준이다.

한편, 투자 대상국(호스트 컨트리)과 진출국(홈 컨트리)을 기준으로 외국인직접투자와 반대 방향으로 추진되는 해외직접투자(ODI)는 일반적으로 우리 기업이 해외에 법인을 설립하기 위해 지분을 투자하거나, 설립된 법인에 대한 자본과 설비를 추가로 투자하거나, 법인의 인수 또는 합병의 형식으로 추진된다. 말하자면, 우리 기업의 해외영업을 위한 법인과 지사를 설립하고 운영하는 형태이므로 해외진출이라는 점을 제외하면, 국내에서의 영업방식과 크게 차이나지 않는다. 우리나라는 1970년대 수출실적이 급격히 신장되고, 1980년대 후반에는 경상수지도 흑자기조로 전환되면서 1990년대 이후에는 해외직접투자를 통한 해외진출과 후진국에 대한 차관제공도 가능해졌다. 따라서 해외직접투자 진출을 확대하기 위한 해외진출정보, 해외투자금융과 차관지원 등에 대한 지원체계를 구축하고 전담 정부기관을 발족하면서 해외거점을 중심으로 해외 지사(법인) 또는 사무소를 운영하고 있다. 그런데, 해외직접투자가 수출증대에 기여하는지에 대하여 논란의 여지가 있으나, 국내기업의 해외직접투자가 현지법인에 소요되는 설비 또는 자재의 공급을 통한 본지사간 거래방식(수직적 통합형태)에 의한 투자가 이루어지는 경우가 흔하게 발생한다. 이런 경우 해외직접투자는 통계적으로는 수출과 투자에 모두 반영되지만, 실질적으로는 국내기업이 아닌 외국기업에 대한 수출 또는 투자라고 할 수 없다. 따라서 해외직접투자가 실질적으로 외국기업에 대해 수출과 투자의 형식으로 이루어진다면 수출증대의 효과가 있다고 할 수 있으나, 국내기업의 본지사간 거래를 실질적인 수출 또는 투자라고 분류하기는 사실상 의문이 제기되고 있다. 따라서 국내기업의 본지사간 거래를 통한 해외직접투자는 투자라기보다는 현지에 진출한 지사에 대한 자금지원과 설비 · 자재 공급의 형태에 불과한 것이다.

재차 강조하지만, 우리나라의 지속적인 경제성장 요인으로 국내총생산의 수요측면에서는 기업의 투자증대가 요구되고 있으므로 국내기업의 투자활동뿐만 아니라 외국기업의 투자유입도 중요하다. 부연하면, 외국인직접투자는 산업간 '파급효과' 및 '전후방 연관효과'를 통해 노하우 및 기술이전이 가능하므로 경제성장의 유의적인 기여요인이 될 수 있다. 외국인직접투자의 경제적 효과분석에서도 외국인직접투자가 생산증대 및 고용유발 효과뿐만 아니라 생산성 향상효과에 대한 유의적인 영향을 미친다는 점도 고려할 필요가 있다. 외국인직접투자 지분의 산업내 또는 산업간 전후방 연관효과가 발생할 수 있다는 것이다. 국제수지 관리의 관점에서 보면, 외국인직접투자의 유입증대를 통해 경상수지의 악화(적자 상태)를 자본수지의 개선(흑자상태)으로 보전할 수 있다. 다만, 외국인직접투자는 이익의 중심이 홈 컨트리(해외 본사)에 존재하기 때문에 구조조정(해고), 투자철수 등으로 경영활동의 불안성이 우려되더라도, 정부(관계당국)와 외국기업간의 투자계약에 대한 이행을 보장할 수 있는 투자의 제도적 장치와 기업경영여건이 조성되어야 한다. 실제로 외국인투자기업의 우리나라에 대한 투자결정에서 중요하게 요구하고 있는 사항을 포괄적인 관점에서 살펴보면, 우리나라의 기업경영여건의 개선이다. 예를 들면, 외국인 소유지분의 허용수준, 외국인투자의 승인 절차 및 회사설립 등 외국인투자 규제완화 및 자유화 수준 등이 그것이다. 따라서 외국기업의 투자증대를 위해서는 규제보다는 인센티브 부여 등 투자유치를 위한 시의 적절한 대책이 필요하다.

: 해외직접투자의 방법 :

국내기업이 해외직접투자를 하게 되는 경우 어떤 절차와 방법, 그리고 추가적인 고려사항이 요구되는가? 국내에 투자되는 외국인직접투자의 유입과는 상반된 방향으로 외국에 투자하는 해외직접투자(투자유출)가 경제성장에 어떤 영향을 미칠지에 대한 논란의 여지는 있다. 그러나 해외직접투자도 수출에 대하여 보완적인 역할(무역보완론)을 한다는 경험적 관찰을 고려하면, 해외직접투자가 수출 증가에 영향을 미치기 때문에 경제성장에도 긍정적인 요인으로 작용할 수 있다. 이런 관점에서 외국인직접투자와 더불어 해외직접투자에 관하여 추가적으로 살펴볼 필요가 있는 것이다. 특히 외국인직접투자를 유치하는 요인과 방법의 관점에서도 해외직접투자의 경험과 지식을 고려할 가치가 있다. 어떤 국가라도 외국인투자(간접투자 포함) 유치기관을 운용하고 있는데, 일반적으로 외국인투자 유치기관은 그 국가의 외국인투자 유치(촉진)

법에 의해 지정되어 있으며, 국가마다 상이하지만 대부분 경제 또는 산업 담당부처에서 관할하고 있다. 해외직접투자를 추진하려는 기업은 국내에 주재하고 있는 주한외국대사관(상무관)을 접촉하여 투자대상국의 외국인투자 유치기관에 대한 연락정보(담당자)를 입수할 것을 권고한다. 그리고 현지 투자대상국에 대한 기본적이고 중요한 투자정보를 얻어내기 위하여 다방면으로 노력해야 한다. 부연하면, 투자대상국의 국가현황을 기본적으로 살펴보고, 정치사회동향, 경제투자현황 등에 관하여 면밀한 해외시장조사를 실시해야 한다. 중요한 절차 중에는 현지출장 등을 통해 투자대상국 정부 또는 관계기관의 외국인투자 담당자와 투자에 관한 중요한 의문사항에 관하여 질의 또는 면담 시간을 가져야 한다. 더욱 더 중요한 사항은 투자대상국의 산업 현황과 전망에 관한 중요한 정보를 입수하고, 투자진출을 위한 사업타당성 분석을 실시할 필요가 있다. 투자대상국은 국내 여건과는 상이한 투자환경에 처해 있으므로 현지 시장상황에 관한 정확한 정보수집과 투자전략이 요구된다. 해외직접투자의 정보수집에 관한 정보의 계층체계(하이어라키)를 '3분의 1 경험법칙'의 관점에서 살펴보면, 인터넷, 언론 등으로 대중에 이미 알려진 내용(3계층)은 정보라기보다는 인터넷(ChatGPT 포함) 등에 접속하여 검색하면 누구나 알게 되므로 특정 분야에 대한 참고자료에 불과하다. 그러나 투자정보에 관한 회원가입(정기구독), 투자정보지(서적) 등으로 비용이 수반되는 내용(2계층)

은 인터넷 등에서 공개된 자료에 비해 질적인 수준에서도 참조할 사항이 많을 수밖에 없다. 해외시장조사를 위해서는 최소한 비용이 수반되는 정보를 기본적으로 입수해야 한다. 그럼에도 불구하고, 성공적인 투자를 실행하기 위해서는 보다 높은 수준의 고급정보(1계층)가 필요한데, 경제학의 영역에서는 경제대가들의 사상과 철학이 해당되겠지만, 현지법인을 설립(인수)하거나 운영하기 위한 고급 실무정보가 필요하다. 이런 고급 실무정보에는 최소한 현지에 진출한 다국적 회계법인 또는 법무법인 등에서 확보하고 있는 고가의 투자정보, 현지 시장과 기업여건 정보에 정통한 전문가그룹의 비밀정보(이너서클) 등이 포함될 수 있다. 투자진출 이전에 가능한 시나리오분석으로 투자 진행상태 또는 투자 이후의 경영성과, 영업전망(현지매출 또는 우회수출) 등에 관하여 치밀하게 살펴볼 필요가 있다. 또한, 투자대상국의 외국인투자 제도 등 정책변화에 대응하기 위해 해외직접투자를 실행하기 이전에 고려해야 할 사항으로는 외국인투자 법규(법 · 시행령)에 대한 충분한 검토와 이해가 요구된다. 예를 들면, 현지법인 설립형태, 회사설립 절차(투자 허가 및 사업개시 인가), 외국인기업에 대한 투자인센티브(산업 · 지역) 등을 살펴보아야 한다. 그리고 외국인투자 정책에 반영되어 있는 외국인투자 제도(무역 · 금융 · 외환 · 조세 · 노동)에서 기업의 투자여건에 관한 세밀한 분석이 필요하다. 부연하면, 외국인투자 제도는 세계은행의 기업경영여건과도 유사하지만, 외국인투자 유치기관이 현지법인의 설립과 운영에 필요한 세부적인 사항에 대하여 제도적으로 규정해 놓은 것이므로 투자기업이 반드시 고려해야 하는 중요 사안이며, 또 위반해서도 안 된다. 더구나 외국인투자 제도는 투자하려는 기업이 어떤 국가에 투자하는 것이 유리한지를 판별하는 주요 단서(근거 또는 사유)이기도 하다. 그리고 중장기적인 관점에서 국내기업의 투자대상국에 대한 지속적인 경제 · 투자 협력이 필요하다면, 투자대상국의 산업현황(산업구조 및 시장상황 등)에 관한 총체적인 조사와 연구가 이루어져야 한다. 예를 들면, 또한, 어떤 국가에 대하여 우리나라가 투자를 확대하거나 경제 · 산업 협력을 강화하려고 하더라도 그 국가가 우리나라와의 협력 가능한 분야가 존재하지 않는다면 실행 불가능하다. 따라서 우리나라의 입장(공급 측면)에서만 관조할 것이 아니라 투자대상국의 입장(수요 측면)에서 경제 · 산업의 협력 방안을 점검해야 할 것이다. 예를 들면, 신흥경제권에서는 일반적으로 경제개발계획 또는 산업육성정책을 추진하고 있는데, 외국인투자 유치기관 또는 관계당국에서 투자우선 순위로 분류하고 있거나 경제 · 산업에 관한 협력협정(자유무역협정 등) 체결 등으로 투자 유망분야로 선정된 경우에는 적극적인 투자진출이 요망된다.

투자진출의 결정단계에서 "왜 그 국가에 대해, 그리고 특정 분야(산업)에 대한 투자진출이 타당한 것인가?"에 관하여 분명한 논리적 접근방법을 끊임없이 자문해 볼 필요가 있다. 다만, 그 투자대상국에 진출한 외국기업의 투자사례 등을 고려하여 경쟁 가능하고 진출 타당성이 큰 분야에 대해 선별적으로 추진하는 것이 바람직하다. 또한, 투자기업이 해외진출을 위해 고려해야 하는 사항은 수없이 많다고 하더라도, 단기보다는 중장기적인 관점에서 해외직접투자를 추진할 필요가 있다. 해외직접투자는 중장기에 걸친 현지경영이므로 투자대상 국가와 산업에 대하여 최적의 선택을 해야 한다. 투자대상 국가의 경우 현지경영을 수행하기 위한 현지 언어와 문화에 대한 이해가 요구되는데, 그러면 어떤 국가가 적합한지에 대한 고민이 필요한 것이다. 재차 강조하지만, 해외직접투자는 수출과는 다르게, 중장기에 걸쳐 사업을 수행하기 때문에 국가적 차원에서도 거점 투자대상 국가를 선정하는 것도 고려할 만하다. 거점 투자대상 국가는 인구 5천만 이상의 지리적 요충지로서 주변국들에 대한 우회수출도 가능하다면, 해외진출의 타당성을 검토해 볼 수 있다. 예를 들면, 국가리스크 평가등급(OECD 기준)이 5등급 이상(6~7등급의 채무불이행 우려국가 제외)인 국가를 살펴보면, 아시아 지역에서는 중국(14억), 인도(13.8억), 인도네시아(2.7억), 일본(1.3억), 필리핀(1.1억), 베트남(1억) 및 태국(7천만), 중동·아프리카 지역에서는 이집트(1억), 튀르키예(8천만) 및 남아프리카공화국(6천만), 유럽 지역에서는 러시아(1.5억), 독일(8천만), 프랑스(7천만), 영국(7천만) 및 이탈리아(6천만), 미주 지역에서는 미국(3.3억), 브라질

(2.1억) 및 멕시코(1.3억) 등이다. 특히 현지진출에 요구되는 현지 언어 등 기업(직원)이 정착하여 사업할 수 있는 문화적인 측면에서 이해공간을 넓힐 필요가 있다. 대륙별로 진출 거점국가, 예를 들면, 아시아 지역의 인도(서남아 문화권), 인도네시아(동남아 해양문화권) 및 베트남(인도차이나 경제권), 중동 · 아프리카 지역의 튀르키예(아랍 · 이슬람 문화권), 유럽 지역의 러시아(동유럽 경제권), 중남미 지역의 멕시코(스페인 언어권) 등지에 대한 투자전략을 체계적으로 수립할 필요가 있다. 국제무역의 비즈니스언어로 영어가 세계 공용어로 활용되고 있지만, 현지 진출을 통해 투자대상국의 문화를 이해하기 위해서는 현지 직원들과의 의사소통이 매우 중요하다. 그렇기 때문에 현지 언어를 구사할 필요가 있는데, 언어는 단기간에 걸쳐 습득하고 활용하기가 사실상 어려우므로 중장기적인 관점에서 언어 습득능력을 제고해야 한다. 그래서 국제지역 연구방법론을 통해 정치경제적 현황에 대한 지식뿐만 아니라 현지 언어와 문화를 이해하는 능력을 배양해야 하는 이유다. 거점 진출이 가능한 국가들만 보더라도 영어 이외에도 러시아어, 스페인어, 인도네시아어, 베트남어, 터키어 등에 대해 유창한 현지 언어를 구사하는 직원을 채용하거나, 아니면 한국어에 능통한 현지인을 고용하는 등의 방법으로 의사소통과 문화적 이해에 대하여 충분히 준비해야 한다.

또 다른 한편으로는, 투자대상국에 대한 진출위험(투자환경위험)을 추가적으로 고려할 필요가 있다. 예를 들면, 투자대상국에 대한 외국인직접투자 실적이 감소(또는 증가)하고 있는데, 국내기업이 그 국가에 대하여 투자실적을 증가(또는 감소)하고 있다면, 투자방향이 적합한지에 대해 검토할 필요가 있는 것이다. 국내기업의 투자실적이 현지 투자대상국에 대한 외국인직접투자 실적추세와 반드시 비례할 필요는 없지만, 현지 투자에 대한 외국기업의 투자가 위축되고 있는 상황에서 국내기업의 과도한 투자는 오히려 투자위험에 노출될 가능성이 있다. 왜냐하면, 외국기업들의 투자 축소 또는 철수 등의 현상에 대한 이유와 근거가 있으므로 간과할 문제가 아니기 때문이다. 그리고 투자대상국에 대한 진출위험에서 고려해야 할 사항은 무엇보다도 경제기초여건(펀더멘털)이다. 경제기초여건에 관하여 여러 번에 걸쳐 강조했지만, 투자진출 전후에 걸쳐 국가리스크(평가등급) 변동상황 또는 단기유동성 위험에 관한 지속적인 모니터링이 필요하다. 투자환경위험은 국가리스크 변동상황(평가수준)과 대체적으로 비례하는 경향이 있지만, 거시경제상황에 관하여 집중적으로 평가하는 국가리스크와는 다르게, 투자환경위험에 대해서는 기업경영여건 등 외국인투자 제도변화와 시장동향에 보다 중점적으로 평가하는 방법론을 취한다. 투자기업은 현지 투자대상국에 일시적으로 체류하지 않고, 중장기에 걸쳐 그 국가에서 사업을 영위하고 수익을 창출하는 경영방식을 취하기 때문에 그 국가의 경제상황, 특히 금융·외환시장 상황을 계속 관찰해야 한다. 예를 들면, 투자대상국이 경제위기에 직면하거나 전쟁이 발생하면, 채무불이행 상태로 인해 투자한 자금을 회수하기도 어려울뿐더러 현지사업에서 철수하게 되는 상황도 발생할 수 있다. 따라서 투자대상국의 외환보유 현황과 환율 · 물가 변동(추이), 외채원리금상환 실적(능력)과 태도, 단기 또는 중장기 금융거래 실적과 채무리스케줄링 경험, 그리고 금융 · 외환 정책과 제도변경(조치) 등에 관한 지속적인 관심이 요구된다.

: 자본소득 증대를 위한 방법 :

투자주체별 투자분류에서 기업만 투자의 주체가 되는 것은 아니다. 가계와 정부도 투자행위를 할 수 있는데, 정부(공기업)는 인프라스트럭처 등 사회간접자본을 포함한 공공사업에 대한 재정지출과 정부채권 발행 등으로 공적자금을 투입(공공투자)할 수 있다. 정부의 공공투자에 대하여 그 투자의 수익과 비용을 분석하는 것은 개별적으로 검토해야 할 사안이므로 정부의 공공투자행위의 당위성에 대하여 논할 필요가 없으며, 기업(사기업)의 투자행위도 기업의 투자전략과 실행계획에 따라 개별적으로 추진되므로 기업투자에 대해서도 그 적정성과 타당성을 논할 필요가 없다. 다만, 정부와 기업의 투자는 총수요관리와 운용의 측면에서 유효수요를 창출하는 중요한 역할을 하기 때문에 경제성장의 필요조건이다. 특히 경제상황이 악화되어 경기침체 국면에 있는 경우에는 기업의 투자부진도 동반되므로 정부의 공공투자가 경기활성화의 대안으로 요구된다. 그리고 기업투자도 국내기업에 의한 투자에 의존하지 말고 외국기업에 의한 투자(외국인직접투자)를 확대하는 대책을 강구해야 한다. 말하자면, 경제 구조적 대전환이 필요한 것이다. 투자 활성화를 위해 가계(개인)도 예외가 될 수 없다. 정부 또는 기업에 비해 개인의 재원조달(자금동원능력)과 투자규모는 비교대상이 아니다. 케인즈학파의 경제이론에서 논하고 있는 유효수요의 창출과정에서 개인은 기업(공기업 · 사기업)에 비해 투자주체가 되지 않지만, 개인도 투자행위를 통해 소득을 올리고 경제성장에도 기여할 수 있다. 개인도 단순히 소비 주체로서만 남아 있을 수만 없는 것이다. 그러면, 개인은 어떻게 투자행위에 참여할 수 있는가? 개인이 투자행위를 통해 소득수준을 제고하는 방법은 그야말로 다양하다. 그러나 급여생활자(샐러리맨)는 원천적으로 투자행위를 통해 부자가 될 가능성은 낮다. 개인은 벌어들인 급여를 저축해서 생활비용으로 지출하기에도 벅찬 현실(교육비 · 주거비 지출 등)에서 소비여력도 충분치 않다. 따라서 개인은 급여의 대부분을 소비행위에 투입하기 때문에 적극적인 투자행위가 사실상 불가능하므로 투자를 단념하는 경우가 일반적이다. 그럼에도 불구하고, 개인도 중장기적인 관점에서 투자행위의 기본자금(밑천)을 가급적 빠른 시간에 마련하면, 그 자금을 바탕으로 투자행위에 나설 수 있다. 초기단계에는 비록 소규모의 적은 액수로 시작하더라도 차츰 투자행위에서 수익을 내기 시작하면, 적지 않은 소득을 기대할 수도 있다.

그러면, 어떤 방법으로 가능한 것인가? 개인의 소득증대 방법은 자본소득에 의한 것이다. 개인별로 직종의 차이로 인해 급여 수준이 월등히 차이나는 경우에는 노동소득에 따른 소득증가도 가능하지만, 현실적으로 전문직 고소득 종사자는 인구의 5%에도 미치지 못한다. 그리고 자영업자의 소득도 노동소득에 분류될 수 있지만, 실제 자영업자의 성공여부는 개인별로 격차가 크고 변동성이 심한 편이어서 오히려 경기침체 상황에서는 영업실적이 저조해 정부로부터 손실보상을 받아야하는 처지에 몰리기도 하므로 자영업을 통한 소득증가는 장담할 수 없다. 따라서 노동소득에 의한 소득증가의 방법이 통상적이라고 할 수 없기 때문에 자본소득에 의한 소득증가를 고려해 볼 필요가 있다. 그 자본소득은 일반적으로 증권과 부동산에 대한 투자로 압축된다. 부동산에 대한 투자는 경기부침에 따라 그 투자시기를 조절한다면, 별다른 노하우가 없어도 투자수익을 거둘 수 있다. 예를 들면, 경제위기 등으로 경기침체가 발생하면, 주택(아파트) 등 부동산에 대한 매입의 적기이고, 반대로 경기과열로 인해 가격거품 현상이 나타나면, 부동산에 대한 매각의 적기로 판단된다. 부동산에 대한 투자방법에 관하여 논하자면, 자금동원능력과 지출계획 등으로 고려하여 무리하지 않는 범위 내에서 부지환경(교통 · 학군 · 상권 등)과 입지여건 등을 검토할 필요가 있다. 그러나 증권(주식 · 채권)에 대한 투자는 치밀한 노하우가 요구된다. 월가에서도 가장 복잡하다고 알려져 있는 파생상품(선물 · 옵션 · 스왑 등)에 대한 투자는 그 투자행위도 다양한 방법으로 진화되어 왔다. 투자대상도 개별상품뿐만 아니라 이자율 · 외환(통화) · 주식과 연계된 지수도 가능하고, 현물 · 선물, 매도 · 매입, 고정 · 변동, 포지션(롱 · 숏) 등과 실물자산 연계상품 등도 끊임없이 개발되어 왔다. 그런 가운데, 파생상품에 연계된 자본시장의 투기행태가 지나치게 과열양상을 보이면서 글로벌 금융위기도 초래되었고, 월가의 대형 금융기관 등도 엄청난 손실을 피하지 못해 파산 또는 부도 사태가 발생하는 등 그 손실규모도 파악하기가 힘들 정도였다. 그러면, 개인은 파생상품에 아예 투자하지 말아야 하는가? 전문적인 투자기업(또는 전문가)이 아니라면 파생상품에 대한 투자를 가급적 자제할 필요가 있다. 왜냐하면, 개인이 속하고 있는 근무환경에서 매시간 가격변동 상황을 주시하기는 현실적으로 어렵고, 실제 파생상품의 가격변동은 단기간에 극심한 등락현상을 보이기 때문에 수익과 손실 구간의 괴리현상으로 엄청난 스트레스를 받는다. 그렇다면, 증권시장에서 투자가능한 대상은 채권과 주식 정도다. 채권은 비교적 중장기적 관점에서 투자 가능한 상품인데, 채권발행 주체(정부 · 기업)에 대한 신용수준 등을 고려해 투자하는 방법이다. 채권가격(정부채 · 회사채)은 일반적으로 채권수익률에 반비례 관계에 있기 때문에 금융시장이 경색되는 경우 채권가격이 급락하는 등 정기예금보다는 비교적 변동성이 크지만, 이자율이 낮은 수준에서는 정기예금의 대안으로 투자 가능하다. 그러나 거래기간(만기)이 단기보다는 중장기로 운용되기 때문에 경제상황의 변화에 노출되어 채권 투자자들의 위험기피 성향으로 인해 통상 안전자산에 집중 투자되는 경향이 있다. 평균적으로 예금이자율보다는 높은 수익이 기대되나, 채권 투자에도 정부재정상황과 기업 영업실적 등을 고려해야 하는 등 비교적 복잡한 투자 결정과정이 요구된다. 채권투자보다 주식투자가 더 복잡하고 어려운 투자 결정과정이 필요하지만, 개인의 소득증가의 방법에서 부동산을 제외하고 주식투자가 중장기적 관점에서 또 다른 투자대안이다. 주식투자의 경우 현물시장뿐만 아니라 선물시장의 개별상품과 주가지수에 연동하여 투자가 가능하다. 그리고 국내 주식시장뿐만 아니라 해외 주식시장에도 투자할 만하며, 주식시장에서 투자종목을 직접 선택하는 대신에 간접투자(투자기관의 운용펀드)의 방식으로 투자도 가능하다. 만약 투자기법이 부족하거나 투자할 시간이 충분하지 않는다면, 각종 펀드 등 대체투자를 통해 중장기적으로 간접투자도 고려할 만하다. 그러면, 주식투자를 위한 최적의 방법은 무엇인가? 주식투자는 단기보다는 중장기적 관점에서 접근할 필요가 있다. 단기거래(매일 또는 매시간)는 전문적인 투자기법을 충분히 보유한 예외적인 경우에 주가차익을 기대할 수 있으나, 잘못하면 주식투자에 따른 손실을 피할 수 없다. 따라서 주식투자의 거래기간을 단기보다는 중장기적 관점에서 설정해야 하며, 투자의 기회비용 관점에서 최소한 예금이자율 이상의 수익이 보장되어야 한다. 예금이나 적금은 투자원금이 보장되고 시장이자율 수준의 이자수익도 발생하지만, 주식투자는 투자원금이 보장되지 않으므로 투자리스크가 상대적 큰 편이다. 그러나 주식투자를 예금이나 적금하듯이 주식매수 이후 중장기간 보유하는 것은 차라리 주식투자 대신, 예금이나 적금으로 자산을 늘리는 방법이 더 낫지 않을까? 또한, 주식투자를 선택하는 경우 '투기'가 아닌 '투자'의 관점에서 접근해야 한다. 그러면, 개인은 주식시장에 어떻게 투자할 것인가? 우선 주식시황을 고려하여 주식투자의 시기를 조율할 필요가 있다. 예를 들면, 주식호황(황소시장)기에는 주식투자의 요령과 기법이 그렇게 중요하지 않다. 왜냐하면, 부실기업의 주식을 제외하고는 웬만한 주식의 가치는 상승할 가능성이 크기 때문에 어느 정도의 노력으로도 주가차익을 기대할 수 있다. 반면, 주식불황(곰시장)기에는 우량기업 주식의 가치도 하락할 가능성이 농후하므로 주식투자보다는 오히려 현금보유 또는 채권투자 등의 방법으로 대체투자를 통해 기대수익률을 제고할 필요가 있다. 따라서 중장기 관점에서 주식투자를 하되, 연중 내내 주식투자를 하는 것보다는 주식시황(호황 또는 불황)을 고려하여 투자시기를 결정하는 방법이 기대수익률을 제고하는 방법이 될 수 있다. 최대 수익률을 제고하는 시기는 경제위기 등의 요인으로 인해 주식불황기에 더 이상 하락하지 않는 가격수준에 근접하면, 주식투자 편입물량(레버리지 추종)을 확대하는 것이다. 그리고 주가차익을 최대치로 올리면서 투자자산을 유지하는 방법은 주식호황기에 더 이상 상승하지 않는 가격수준에 근접하면, 주식투자 보유물량(인버스 추종)을 축소하는 것이다. 개별기업의 주가는 시장(거시경제)의 상황에 역행할 수 없기 때문에, 우량기업의 주가도 주식불황기에는 가격하락을 피할 수 없다. 따라서 주식투자의 시기는 연중 매매 또는 보유하는 거래방식보다는 주식시황을 지속적으로 관찰하면서 그 투자기업의 주식보유 기간을 비교적 단기간에 걸쳐 매매를 하는 것이 합리적이다. 다만, 주식투자의 대상기업을 선별하는 과정은 중장기적 관점에서 접근할 필요가 있다. 그러면, 주식투자의 대상기업에 대한 선별기준을 어떻게 설정해야 하는가? 주식투자를 통한 산업자본의 확보 차원에서 부실기업이나 불성실공시기업 등 불량기업에 대한 투자는 배제하고, 우리나라 경제성장에 기여할 수 있는 우량기업에 대한 투자가 그 대안이다. 우량기업의 선정을 위해 경영현황에 대한 종합적인 판단지표가 필요한데, 모든 재무제표를 고려할 필요는 없다. 재무제표가 기업의 경영성과를 진단하는 대표적인 경영현황의 대리변수이지만, 문제는 재무제표가 전망에 관한 자료를 반영하지 못하고 과거의 실적에 대한 자료이기 때문에 주식투자의 적정시기를 결정하는 과정에서 실질적으로 오류가 발생할 가능성이 있다. 주식시세는 6개월 또는 1년 이상의 기업 전망에 관한 예상 기대수익이 반영되는 경우가 일반적이기 때문에 과거의 수치를 기준으로 주식투자를 했다가는 낭패를 보기 쉽다. 예를 들면, 주식시장에서는 당장의 경영성과가 산출(공개)되지 않더라도 미래의 수익창출이 기대되거나 매출실적(수주잔고)이 예상되는 기업에 대한 주식시세가 선반영되는 사례가 흔하게 발생한다. 따라서 투자기업의 재무제표 전망에 관한 신뢰할 만한 정보를 확보하는 것이 주식투자의 최대 선결조건이다. 재무제표 전망에 관한 정보가 확보되지 않는다면 주식투자를 통한 주가차익보다는 주가손실 가능성이 더 크며, 그리고 기업의 전망에 관한 정보가 확보되지 않는다면 차선의 방법을 고려하지 않을 수 없다. 기업의 경영활동은 거시경제여건의 영향을 받지만, 그 기업의 성장궤도에 관한 보다 거시적이고 분석적인 정보수집에 관심을 기울어야 한다. 말하자면, 기업의 경영전망은 그 기업이 속해있는 산업의 발전과정을 통해 기업의 성장 가능성을 추정해 볼 수 있다. 그래서 산업전망이 중요한 것이다. 예를 들면, 우리나라에서 배터리 산업에 대한 전망은 배터리 셀업체뿐만 아니라 부품업체에 대한 경영실적이 절대적으로 영향을 미친다. 이와 더불어 배터리 산업은 그 배터리 산업뿐만 아니라 배터리가 활용되는 자동차, 휴대폰, 반도체 등 다양한 산업에도 영향을 미치므로 산업의 전후방 연관효과를 고려하지 않을 수 없다. 따라서 배터리 산업에 대한 전망은 그 산업에 속해있는 기업들과 또 다른 산업에 영향을 받는 기업들의 경영실적에도 연계되어 있으므로 종합적인 산업분석을 기반으로 주식투자에 진입해야 한다. 또 고려해야 할 사항으로는 어떤 산업에서 주도적인 역할을 하는 선도기업인지 또는 연계기업인지, 아니면 특정기업에 의존적인 사업구조를 취하고 있는 후발기업인지를 구별해야 한다. 또 성숙단계에 있는 기업의 주식시세는 돌발변수(어닝쇼크 또는 어닝서프라이즈 등)가 없다면 정체수준에서 그 변동성이 적은 편이지만, 초기단계 또는 성장단계에 있는 기업의 주식시세는 급등락 현상을 보이면서 일반적으로 변동성이 큰 편이다. 최대 주식차익을 기대하려면, 성숙단계보다는 초기단계 또는 성장단계에 진입한 기업 중에서 그 기업을 포괄하는 산업에서 후발기업이 아닌 선도기업 또는 연계기업에 속한 기업에 대한 투자가 적합하다. 그 투자대상 기업 가운데, 재무제표에서 어떤 경영실적을 나타내고 있는 기업을 최종적으로 선별할 것인가? 신뢰할만한 재무제표를 바탕으로 매출증가율, 영업이익증가율, 주당순이익(EPS), 자기자본이익률(ROE), 부채비율, 유보비율 등 주식시세에 민감한 재무제표에 관한 추세분석이 중요하다. 과거 특정시점의 재무제표가 아닌 그 재무제표의 추세와 전망에 관한 정보가 주식투자의 결정에 유용하다. 부연하면, 매출실적은 산업의 경기전망에 영향을 받고 있으므로 그 기업의 생존과 직결되는 지표이기 때문에 매출증가율은 그 기업의 시장에서의 경쟁력이 반영되어 있으며, 영업이익증가율은 현 수준의 영업이익률보다는 영업활동에 의해 창출한 경영성과에 대한 직접적인 평가지표로 활용된다. 영업이익률은 매출실적이 과다하면 오히려 하락하게 되므로 영업이익률 수준에 대한 평가는 적정하지 않으며, 우리나라 중소기업에서 영업이익률(마진)이 5% 수준을 초과하는 기업이 흔하지 않으므로 투자대상 기업을 선별하기가 더 어렵게 된다. 말하자면, 영업이익률이 10% 이상이면, 우량기업으로 간주하는 적정기준은 없다. 또한, 주당순이익은 현 주세시세의 흐름과 거의 일치하는 수준을 반영하는데, 성숙단계에 있는 기업에 비해 초기단계 또는 성장단계에 있는 기업이 상대적으로 낮은 수준이므로 주식시세도 낮은 상황이므로 주가 상승여력은 오히려 더 커지게 된다. 물론, 당기순손실(적자) 상태에 있는 기업에 대한 투자는 신중해야 하며, 영업이익과 당기순이익이 적자에서 흑자로 전환된 기업의 주식시세는 상당한 탄력을 받으며 급등할 가능성이 크다. 개인도 레버리지(부채)를 올려 총자산이 증가해도 부채 증가분을 차감한 순자산이 더 중요한 신용평가의 기준이 되는 것처럼, 기업도 영업이익이 아무리 증가해도 영업(외)비용을 차감한 당기순이익이 기업평가의 기준이 된다. 그리고 자기자본이익률은 기업의 투자자본에 비해 이익창출능력을 평가하는 지표로서 투자수익률과 비례하는 경향이 있으며, 부채비율과 유보비율은 차입금상환능력과 유동자산동원능력을 판단하는 지표로서 금융경색(자금시장), 산업성장(사업확장) 등의 특별한 경제상황 변동기간에 그 기업의 대처능력을 가늠할 수 있으므로 기본적인 고려사항이다. 개인적인 관점에서 주요 재무제표에 대한 추세분석(가중치 적용)을 종합적으로 판단하여 주식투자를 결정하는 방법이 적합하며, 따라서 주식투자도 기업에 대한 기초적 요건(펀더멘털) 분석이 가장 중요한 요소라고 할 수 있다. 그런데, 시장에서 관심을 받지 못하는 기업 주식에 대한 투자는 그 투자의 시기를 조율할 필요가 있다. '투자승수효과'(케인즈)와 관련하여, 단기적으로는 금융자산(주식투기)의 가치가 기초적 요건보다 투자로 인해 기대되는 평균적 견해, 말하자면 '미인 경연대회'(뷰티 컨테스트) 방식과 유사하게 결정된다는 점을 간과해서는 안된다. 말하자면, 개인의 분석과 견해가 시장의 방향성과 대중심리를 이길 수 없다는 것이다.

한편, 개인이 증권(채권 또는 주식) 투자 이외에 자본수익을 증대하는 또 다른 방법은 없는가? 4차 산업혁명이 진행되고 있는 가운데, 경제생활에서 나타난 두드러진 변화는 디지털 산업의 비약적인 성장이다. 예를 들면, 애플(스티브 잡스)이 '스마트폰'(아이폰)을 2007년 출시하면서 휴대폰(모바일)과 컴퓨터 산업은 융합형태의 과학기술 분야에서 괄목할 만한 발전을 이루었다. 나카모토 사토시가 중앙처리장치(서버형태)가 아닌 분산형 데이터 저장기술인 '블록체인'을 2007년에 고안했고, 2009년에는 블록체인 기술을 기반으로 비트코인(암호화 화폐자산)이 개발되었다. 더구나 블록체인 기술을 기반으로 디지털 자산의 소유권을 명시한 '대체불가능자산'(NFT)은 거래내역을 블록체인(명부)에 영구적으로 기록함으로써 고유성과 독자성(복제 또는 대체 불가)을 보장받는 일종의 가상자산의 진품증명서로서 등장했다. 말하자면, 대체불가능자산 시장에서는 모든 작품과 행위가 거래 가능하다. 또한, 닐 스티븐슨(미국 SF작가)의 소설작품 『스노 크래시』(1992)에서 최초로 언급된 '메타버스'(가상세계) 기술이 코로나 팬데믹으로 인해 비대면 온라인 영역에서 확대되었고, 5세대 이동통신(5G) 상용화와 더불어 가상현실(VR)과 증강현실(AR) 등의 기법이 경제 · 산업계에 확대되고 있는 추세다. 개인은 특히 대체불가능자산에 대한 투자를 중장기적인 관점에서 고민해 볼 필요가 있다. 시간이 흐르면, 희소한 자원의 가치가 중장기적으로는 상승하는 경향이 있기 때문에 자신의 고유한 특성과 기술을 반영한 (예술)작품 또는 (고유)행위를 디지털 시장에서 등록하면, 언젠가는 그 가치를 인정받을 수 있다. 케인즈의 『일반이론』 출간작업(원고교열)에 참여한 영국 경제학자인 조앤 로빈슨(1903~1983)은 『경제철학』(1964)에서 "자본은 생산적인 데 기인한 것이 아니라 자본의 희소성 때문에 수익(이윤)을 창출한다."는 케인즈의 견해를 언급했는데, 자본(자원)의 가치는 희소성으로 인해 시장에서 그 가격이 급등할 수 있다는 논리다. 주식시장에서도 발행된 상장주식의 유통물량이 적으면, 주가급등의 요인이 되기도 한다. 다만, 과도한 투기행위는 마지막 순간에 심리적 요인 등에 의해 참여한 투자자에게는 투자손실이 발생할 가능성이 크다. 자본시장에서 투기행위의 마지막 단계에서는 상상할 수 없을 정도로 지나치게 높은 가격이 형성되고, 마침내 가격은 그 무게를 견디지 못하고 무너지게 되는 속성을 간과해서는 안 된다. 자본시장의 경제위기 사례에서도 희소한 거래물량으로 인해 가격이 급등한 네덜란드의 튤립 투기사건(1636~1637)은 너무나도 유명한 일화다. 네덜란드의 튤립 투기사건은 세계 최초의 선물거래로 알려지고 있는데, 튤립(구근)에 대한 프리미엄거래가 수요에 비해 공급물량이 턱 없이 부족하면서 당시 최고가였던 셈페르 아우구스투스의 구근 가격은 무려 8만 7천 유로(1억 5천만원 상당)에 달할 정도였다. 당시 튤립 구근의 가격상승률이 1,000% 이상 상회한 구근들도 등장했는데, 1637년 2월의 경매시장에서 튤립 구근이 더 이상 거래되지 않게 되자, 튤립 구근의 거래가격이 폭락하고 개인 파산자가 속출하는 사태가 발생했다. 네덜란드의 튤립 투기사건은 케인즈가 주장한 비합리적 투기거품의 전형적인 사례이며, 경제상황의 불확실하고 제한된 정보로 인해 대중의 심리적 동조화 현상이 나타나기 쉽고, 그 결과 금융위기 초래할 수 있다고 케인즈는 지적한 바 있다. 특히 자본시장 투기행태와 관련하여, 미국 경제학자인 찰스 킨들버거(1910~2003)는 『열광, 공포 그리고 붕괴: 금융위기의 역사』(1996)에서 금융시장과 상품의 불안정성(가격 급등락 현상) 문제를 지적했는데, 투자자들이 가격이 오를 것이라는 기대로 인해 자산 또는 상품의 가격이 급등하는 경우를 '투기적 거품'이라고 규정했다. 자본시장에서 투기행위를 근절할 수 없지만, 개인의 자본소득을 증대하는 방법론에서는 과도한 투기행위에 동참하는 행위는 최대한 억제하고, 자기 자신만의 고유 가치를 인정받을 수 있는 특유의 상품 개발과 상품화 과정을 통한 자산투자, 합리적이고 이성적인 분석방법론에 의한 증권투자 등에 대해서는 오히려 권고할만한 일이 아닌가?

4

무역

무역은 국내에서 상품과 서비스를 사고파는 일반적인 상거래와는 다르게, 국가간의 교역이라고 정의된다. 그래서 무역은 통상적으로 국제무역을 의미하기 때문에, 국내에서 통제 불가능한 사건이 빈번히 발생한다. 무역은 관세장벽 또는 비관세장벽에 의해 수출입거래가 제한되는 상황에 처하기도 하고, 국가간 무역분쟁으로 무역거래가 중단되기도 한다. 따라서 국가와 사회 전반적으로 무역이 경제에 미치는 영향이 너무나 크기 때문에 무역에 관한 종합적이고 체계적인 관리가 필요하다.

: 무역론 :

스미스(국부론: 565~566)는 정치경제(사회 · 산업)의 최대 목적(양대 원리)은 중상주의 논지와 마찬가지로, 국내소비를 위해 외국상품의 수입을 최대한 축소하는 것과 국내산업의 생산품 수출을 최대한 증가시키는 것이라고 설명했다. 따라서 국가를 부유하게 하는 최대 요인은 수입에 대한 제한과 수출의 촉진이라는 것이다. 스미스(국부론: 545)는 조세(수입관세) 부과에 따른 외국상품의 가격상승(교환가치)은 국내소비의 감소에 영향을 미치지만, 무역수지 적자를 증가하지 않고 오히려 축소함으로써 무역수지가 개선(금 · 은의 유출 억제)되는 경향이 있다고 주장했다. 그러나 스미스(국부론: 561~562)는 금과 은의 유입이 대외무역으로 유발되는 유일한 혜택이 아니며, 노동의 생산품에 대한 광범위한 시장이 국내소비를 상회할 정도로 개방된다면, 노동의 생산능력을 향상시키고 연간 생산량이 최대한 증대되면서 그 사회의 실질 수익과 재산이 증가된다는 견해를 표명했다. 스미스는 중상주의 논지를 일관되게 옹호했다기보다는 오히려 자유무역주의에 대해 반대하지는 않은 것으로 분석된다. 말하자면, 스미스의 국제무역에 대한 관점은 보호무역주의 및 자유무역주의에 대한 논지가 공존하고 있으므로 어느 한쪽의 논지에 치우쳐있지 않고 국부를 증대시키기 위해 국내산업의 생산증가에 중점을 두고 있다고 할 수 있다. 그래서 스미스(국부론: 809)는 '주권의 관심'은 그 국가의 생산과 소비를 위해 시장을 최대한 개방하는 것인데, 예컨대, 국내 수입자의 경쟁을 증가시키기 위한 무역의 완전 자유화 허용, 외국에 대한 상품의 수출과 수입(교환 가능)에 대한 제한 폐지, 독점과 국내생산의 운송(물류)에 대한 제한 철폐 등을 제안했다. 그러나 밀(정치경제의 원리: 544)은 '국제가치의 법칙'과 관련하여, 외국상품(소비재)의 국제적인 가치는 외국과 교환되는 국내생산량, 즉 국제교환조건에 달려있다고 주장했다. 밀(정치경제의 원리: 552)이 주장하는 국제수요조건(함수관계)은 화폐가치에 영향을 주고, 국가간 생산의 교환가치는 수출(물량)이 정확하게 수입(물량)과 일치하는 수준이며, 따라서 국제가치의 법칙은 상품 가치의 일반법칙(수요공급의 방정식)이 확장된 개념이라고 설명했다. 또한, 밀(정치경제의 원리: 562)은 외국과의 생산물(상품) 교환조건(국제가치의 법칙)이 상품의 외국수요(물량 · 확대가능성)뿐만 아니라 국내소비를 위한 상품(소비재)의 생산에 소요되는 자본에 달려있다고 주장했다. 밀(정치경제의 원리: 564~565)은 수입비용은 국제가치의 법칙에 따른 상품(소비재)의 양뿐만 아니라 노동(효율성 측정)과 자본(상대 비교)의 생산비용의 함수라고 설명했다. 특히 밀(정치경제의 원리: 538)은 리카도가 제기한 비교생산비설과 마찬가지로, 국제가치의 교환을 결정하는 것은 생산비용의 절대적 차이(스미스 주장)가 아니라 상대적 비용의 차이라고 설명했다. 국제무역에 대한 경제정책의 관점에서 비교해보면,

중상주의학파는 무역이 국내에서 생산과 고용(직업)을 유발하므로 수입보다는 수출촉진을 선호한다는 논리다. 그러나 비교우위를 논리적 근거로 하는 고전학파에서는 무역수지 적자에도 불구하고 수입가격(비용)이 낮을수록 수입이 증가함으로써 무역에 따른 경제적 이득이 발생할 수 있다는 견해다. 부연하면, 수입증가가 국제수지 불균형에는 부정적인 요인이 되지만 수입을 통하여 소비자의 상품 선택의 범위가 넓어진다는 것이다.

한편, 고전학파인 데이비드 리카도가 『정치경제와 조세의 원리에 대하여』(1817)에서 가정한 전제조건은 노동의 완전고용이다. 국제무역의 비교우위론을 주장한 리카도에 따르면, 상품의 가격(가치)은 국가간 기회비용(생산가능곡선의 기울기)의 차이에서 비롯된 노동생산성(단위노동투입량)의 차이에 의해 결정된다는 것이다. 생산가능곡선은 상품 생산이 가능한 최대 영역(경계선)이며, 생산가능곡선의 기울기(한계전환율=MRT)는 특정 상품을 생산하기 위해 다른 상품을 포기해야 하는 기회비용을 의미한다. 리카도의 비교우위론은 규모에 대한 보수(수익) 불변(CRS), 즉 생산량이 변화하더라도 평균비용(등량곡선의 생산요소 투입비율)이 일정한 생산함수, 그리고 상품의 가치는 노동투입량에 의해 결정된다는 공급조건을 가정했다. 등량곡선은 동일한 상품(양)을 생산할 수 있는 생산요소의 투입량의 집합(결합비율)이며,

등량곡선(접선)의 기울기(한계기술적대체율=MRTS)는 특정 생산요소의 투입(양)으로 대체되어야 하는 다른 생산요소 투입(양)의 감소분으로 측정되는데, 생산요소의 한계생산성에 대한 비율로 측정된다. 부연하면, 외부규모의 경제(생산량 증가에 의한 평균비용 하락의 경제효과)를 주장한 스미스의 절대우위론과 비교하여 리카도는 상대우위론을 제기한 것이다. 고전학파는 산업간 무역패턴(공급측면)에 근거하여 국가간 상대가격이 낮은 상품의 생산에서 대체관계를 설명한 이론이다. 스톡홀롬학파인 엘리 헥셔(1879~1952)와 베르틸 오린(1899~1979)이 주장한 헥셔-오린정리는 요소부존도(생산가능곡선의 형태) 및 요소집약도(상품 생산에 투입된 생산요소의 결합비율) 차이에 근거한 이론이다. 헥셔-오린정리에 의하면, 생산요소의 비교우위 국가에서 생산요소(노동 또는 자본) 집약적인 산업에 대한 상품의 생산과 수출의 특화가 유리하다는 것이다. 요소집약도는 상품 생산에 투입된 생산요소의 결합비율을 의미한다. 즉, 노동집약도는 자본에 대한 노동의 비율, 자본집약도는 노동에 대한 자본의 비율로 각각 측정되는데, 요소부존도의 차이로 인해 노동이 풍부한 국가에서는 노동집약적인 상품, 반대로 자본이 풍부한 국가에서는 자본집약적인 상품에 특화하는 것이 무역에 따른 이득을 극대화할 수 있다는 논리다. 구체적으로 예를 들면, 자본 집약적인 산업에 특화하여 생산된 특정 상품의 상대가격이 하락하면, 국제무역에서 그 상품의 수출가격이 상대적으로 비교우위에 있으므로 무역에 따른 이득이 발생하게 된다는 것이다. 그런데, 미국 경제학자인 워실리 레온티에프가 미국 무역실적(1947년 통계자료)을 조사해 보았더니, 자본집약적인 미국에서 노동집약적인 산업의 상품을 수출하고 자본 집약적인 산업의 상품을 오히려 수입하는 현상이 나타났다는 것이다. 소위 '레온티에프 역설'이라는 반론인데, 헥셔-오린정리도 국제무역의 실증분석에서 국가별 산업구조 등에 의해 적합하지 않을 수 있다는 반증을 보여주고 있다. 이런 현상이 나타나는 것은 헥셔-오린정리는 상품과 생산요소의 완전 경쟁시장, 무역장벽 철폐(관세 · 운송비용), 산업간 생산요소의 자유 이동, 규모에 대한 보수(수익) 불변의 생산함수(대체탄력성 일정) 등 비현실적인 가정을 전제조건으로 설정했기 때문이다. 그러나 자유무역을 전제조건으로 헥셔-오린정리를 실증분석한 스톨퍼-새뮤엘슨정리에 따르면, 노동집약적인 상품의 상대가격이 상승하면 노동의 실질보수가 상승하고 자본의 실질보수가 감소한다는 것이다. 말하자면, 스톨퍼-새뮤엘슨정리는 상품의 상대가격의 변화가 생산요소 가격의 변화를 유발함으로써 국제무역에서 소득재분배 효과가 나타난다는 설명이다. 그러나 립진스키정리에 따르면, 소규모 개방경제에서 특정 생산요소의 부존량이 증가하면 그 생산요소에 집약적인 상품의 절대적인 생산량이 증가하지만 다른 생산요소에 집약적인 상품의 절대적인 생산량은 감소한다는 것이다. 부연하면, 립진스키정리는 생산요소의 부존량 변화가 상품의 생산에도 미치는 영향을 분석한 것인데, 헥셔-오린정리와 마찬가지로 규모에 대한 보수 불변의 생산함수를 가정했기 때문에 실제 무역거래에서의 부합(적용) 가능성에는 한계가 존재한다. 그런데, 리카도의 비교우위론이나 헥셔-오린정리는 공급측면에서 산업간 무역패턴을 설명한 대표적인 국제무역 이론이지만, 수요측면에서 산업내 무역패턴을 설명한 국제무역이론은 그루벨-로이드지수가 대표적이다. 그루벨-로이드지수는 무역총액(SITC 통계기준)에서 특정산업의 산업내 무역액의 비율을 의미하는데, 무역총액에서 산업간 무역이 차지하는 비율을 차감한 값으로 측정된다. 그루벨-로이드지수는 0~100의 값으로 측정되며, 소득수준과는 (+)상관관계, 무역장벽과는 (-)상관관계를 나타내면서 국민소득이 증가할수록 산업내 무역이 증가하고, 무역상벽(보호무역주의)이 강화될수록 산업내 무역이 감소할 수 있다는 논리적 근거를 제시하고 있다. 존 리처드 힉스(1904~1989)와 앨빈 한센(1887~1975)이 케인즈의 유효수요이론을 기반으로 개방거시경제(생산물시장 · 화폐시장)의 균형조건을 제시한 힉스-한센모델(IS-LM 모형)에서는 국민소득(수요측면 또는 지출관점)이 소비, 투자, 재정지출과 순수출을 합산한 값으로 산출된다고 주장했다. 그렇기 때문에 힉스-한센모델은 무역에서 수입(실적)보다는 수출(실적)이 더 많아야 국민소득 증가에 플러스(+)가 된다는 논리다. 즉, 수출증대를 위해서는 해외수요(수입상대국의 소득)가 증가하고 환율상승(실질실효환율 하락)에 따른 수출 가격경쟁력이 제고되는 경우 경상수지가 개선되므로 무역수지의 흑자(해외저축)가 국민소득에 긍정적이라는 견해다. 힉스-한센모델은 실질국민소득과 실질이자율과의 관계식에서 이자율 인하를 통해 투자증가(승수효과)와 유동성선호(증가)로 인해 실질국민소득이 증대된다는 이론으로서 케인즈의 유효수요이론을 입증하는 논리를 폈다. 한편, 캐나다 경제학자인 로버트 먼델(1932~2021)과 영국 경제학자인 마르쿠스 플레밍(1911~1976)이 제기한 먼델-플레밍모델은 힉스-한센모델에서 외환시장의 균형조건을 확장(포함)하여 국제수지의 접근논리를 주장했다. 먼델-플레밍모델은 국가간 완전한 자본이동을 가정하여 환율제도(고정 또는 변동)에 따른 자본수지 변화와 경제정책(재정 또는 금융)의 소득증대 효과를 분석한 것으로 유럽연합의 단일통화(고정환율제도) 도입(EMS, 1979)의 논리적 근거(재정정책의 중요성)가 되었다. 특히 먼델이 주도한 최적통화지역(OCA) 이론은 단일통화 사용에 적절한 규모의 경제지역을 제안한 것으로서 화폐통합의 이득(편익 증가, 거래비용 감소)이 화폐발행의 주권(세뇨리지효과)과 환율정책수단을 포기(상실)하는 비용(실업 · 인플레이션)을 초과하기 때문에 유럽연합의 역내 단일통화 도입(고정환율제도 채택)의 정당성을 부여한 논리다. 그럼에도 불구하고, 유럽연합의 단일통화(유로) 도입은 역내 국가간 산업구조, 생산요소의 생산성 등의 차이에서 나타난 대외경쟁력과 경제력(경제구조)을 충분히 고려하지 못한 것으로 나타났다. 이에 따라, 남유럽 재정위기(2010~2012) 등이 초래되면서 역내 회원국간 결속력이 약화됨에 따라 브렉시트(2016~2020) 등의 사태로 전이되는 부작용을 초래했다는 비판을 받고 있다. 또한, 제임스 앤더슨(1962)과 제프리 버그스트랜드(1979)가 정립한 중력모형은 아이작 뉴턴의 중력법칙(질량 비례, 거리^2 반비례)을 근거로 한 국제무역이론이다. 중력모형에 따르면, 무역의 양(규모)은 무역상대방의 경제규모(GDP)에 비례하고, 물리적인 거리(교역비용)에 반비례한다는 무역규모의 결정요인(소득효과)을 함수관계로 설명하고 있다. 한-EU 자유무역협정 발효(2010년 5월 체결, 2011년 7월 잠정발효, 2015년 12월 공식발효) 이후 2011~2019년 우리나라의 유럽연합 시장에 대한 실증분석 결과, 우리나라의 유럽연합 회원국에 대한 수출증가율은 그 국가의 수입증가율, 실질실효환율 및 상품교역조건과는 직접적인 관계(상관분석)가 없었으나, 유럽연합 회원국의 수입증가율에 대한 경제성장률의 (편)상관계수는 비교적 높게 나타났다. 부연하면, 우리나라의 유럽연합 시장에 대한 수출증대가 유럽연합 회원국의 수입증가에 직접적인 영향은 없더라도, 유럽연합 시장에서 우리나라의 수출대상국의 경제성장에 따른 경제규모(GDP) 및 소득수준(1인당 GDP)의 변화로 우리나라의 수출증대 가능성이 잠재되어 있고, 유럽연합 회원국의 수입증가율이 영향을 받을 수 있다는 점에서 중력모형을 입증하는 설명사례가 될 수 있다. 한편, 마샬-러너조건에서는 수입상품에 대한 국내의 수요탄력성과 수출상품에 대한 외국의 수요탄력성을 합산한 값이 1을 초과해야 한다는 함수관계를 설명하면서 무역수지 개선의 필요조건은 환율상승이라는 것이다. 마샬-러너조건은 수출공급의 탄력성이 무한대라고 가정하고, 수입상품에 비해 수출상품을 더 많이 팔기 위해서는 환율상승을 용인하고 통화당국이 환율상승 지지정책을 취해야 한다는 논리다. 과거 국내 수출기업이 수출지원 조치로 환율상승을 지속적으로 요구했으나, 무역수지 개선에 관한 실증분석에서는 적합하지 않은 요구조건이다. 말하자면, 환율상승이 수출증대를 위한 필요조건이 아니며, 오히려 수출대상국의 수입수요 증대(중력모형)가 더 중요하고 실질적인 필요조건이라고 할 수 있다.

한-EU 자유무역협정의 거시경제효과 분석(EU, 2019)에서 양자간 자유무역협정 발효 이후 2011~2014년 수출총량은 유럽연합 +54%, 한국 +15%로 무역창출효과가 나타났으며, 일반균형효과(CGE 모형, 2015년 물가수준) 분석에서는 유럽연합 +0.03%, 한국 0.31%의 국내총생산 증가분이 발생했다고 추정했다. 따라서 양자간 자유무역협정이 우리나라의 무역(수출총량)과 소득(GDP)의 증가에 기여한 것으로 추론된다. 그런데, 한-EU 자유무역협정 발효 이후 5년 이내 수입관세율이 99% 철폐되는 관세인하계획(합의)에 따라 유럽연합(EU 집행위원회)은 양자간 자유무역협정으로 인한 수입관세 인하효과를 분석한 것이다. 그러나 산업연구원은 『한-EU FTA 원산지 규정으로 인한 한국의 중간재 무역구조 변화 분석』(2020)에서 한-EU 자유무역협정 발효에 따른 우리나라의 유럽연합 경제권에 대한 무역수지 적자의 요인을 분석했다. 산업연구원의 분석에 따르면, 무역수지 적자는 유럽연합의 경기침체 및 한-EU 자유무역협정의 원산지 규정으로 인해 무역창출효과가 아닌 무역전환효과에 기인한 것으로 보았다. 부연하면, 한-EU 자유무역협정 체결로 인해 우리나라의 제조업 생산에 필요한 중간자재(구입)에 부과된 원산지 규정으로 유럽연합 이외 국가에서의 수입이 증가함에 따라 유럽연합 지역에 대한 최종제품의 수출에 적용받는 특혜관세의 혜택이 크지 않으며, 또 한-EU 무역의 수직적 통합수준(생산공정의 수직적 결합도)이 낮고 산업내 무역위주(GVC 통합형태)로 확대되고 있기 때문에 우리나라의 유럽연합 경제권에 대해 무역수지 적자(수출의 상대적 부진 현상)가 나타났다는 것이다. 한-EU 자유무역협정에 관한 실증분석의 사례에서도 나타난 바와 같이, 양자간 자유무역협정의 체결(발효) 효과가 수출(무역수지 포함) 및 소득 증가에 일방적으로 긍정적이거나, 아니면 부정적이지 않다는 점을 시사하고 있다.

: 무역거래의 조건과 방법 :

무역에 관한 기본적이고 중요한 내용은 '무역계약'에 명시되어 있는데, 무역계약은 수출자(공급자)와 수입자(수요자)간 상품 또는 서비스의 매매거래에 관한 당사자간 합의(불요식계약)에 의해 성립된다. 국제적으로는 수출이행에 필요한 계약조건을 합의한 무역계약의 청약(오퍼시트)에 대하여 당사자가 최종적으로 승낙하면 무역계약이 발효되는데, 무역계약의 성립, 이행과 해석에 관한 준거법은 1980년에 제정된 '국제물품 매매계약에 관한 유엔협약'(비엔나협약)에 따른다. 다만, 수출자가 제시한 청약을 접수한 수입자가 청약에 명시된 결제방식에 따라 결제자금(대금)을 송금하거나 신용장(L/C)을 개설하면, 별도의 승낙에 대한 의사표시가 없더라도 수입자가 청약을 승낙한 것으로 간주하여 무역계약이 성립된다. 그리고 무역계약의 8대 조건이라고 불리는 품질조건, 수량조건, 가격조건, 포장조건, 선적조건, 결제조건, 보험조건과 분쟁해결조건이 그 계약조건에 적시되어야 한다. 예를 들면, 가격조건에 대한 무역계약에서는 상품가격 결정에 관한 내용을 거래건별로 변경하는 것은 현실적으로 불가능하므로 당사자간 비용부담(할당)과 책임한계(리스크 이전)에 관한 무역거래 관습의 표준화가 필요하게 되었다. 실제로 무역거래의 규칙이 없어 국가별 해석상의 차이, 국가간 상관습에 대한 인식과 이해 부족 등으로 무역거래에서 다양한 오해와 분쟁이 발생했다. 따라서 국제상업회의소(ICC)는 무역거래의 분쟁요소 해소 및 국제무역의 확대를 위해 (정형)거래조건의 사용과 해석에 관한 국제규칙, 즉 무역계약에 의한 상품의 인도와 관련하여 당사자간의 의무(비용분담과 위험이전)를 규정한 '무역거래 조건의 해석에 관한 국제규칙'(INCOTERMS)을 1936년에 제정했다. 부연하면, 무역거래의 인도조건(해상 또는 내수로 운송)은 수출자(매도자)의 관점에서 당사자간의 비용과 책임 부담의 분기점(인도장소)을 기준으로 본선인도조건(FOB), 운임 · 보험료포함 인도조건(CIF) 등을 분류하여 적용하고 있다. 국제통화기금의 국제수지계정에서 수출통계는 본선인도조건 가격조건, 수입통계는 운임 · 보험료포함 인도조건에 의한 가격조건을 기준으로 국가간 무역실적을 산출하고 조정하기 때문에 무역실적의 해석과 활용에 대한 유의가 필요하다. 국가별로 무역을 관리하는 목적은 국제수지 불균형 상태를 개선하는 것보다는 오히려 국내산업을 보호하고, 원료 · 자재의 원활한 수입을 통해 제품생산이 가능할 수 있도록 하는 데 있다. 그런데, 무역의 관리는 위험물질의 수입을 통제하여 국민의 보건위생과 치안을 유지하는 데도 그 의미가 있다. 예를 들면, 국제사회에서는 대량살상무기(WMD) 확산방지, 유엔안전보장이사회(UN 안보리) 결의 등으로 전략물자에 대한 수출입통제를 시행하고 있고, 우리나라에서도 전략물자 수출입고시와 수출입허가(신고)에 관한 전략물자관리시스템(전략물자관리원)이 국제수출 통제체제의 원칙에 따라 작동되고 있다. 우리나라는 무역의 3대 기본법(대외무역법, 관세법, 외국환거래법)을 근거로 무역관리의 방법에 필요한 사항을 규정하고 있는데, 수입관세 부과 등을 통한 무역장벽 이외에도 수량제한(쿼터할당), 원산지 규정과 환경기준 등에 대한 비관세 무역장벽(NTBs)의 근거와 방법을 규정해 놓고 있다. 국제적으로는 1947년에 출범한 '관세 및 무역에 관한 일반협정'(GATT) 체제에서 관세 인하와 반덤핑 규제가 통상적인 회의의제였으나, 1995년 세계무역기구 체제가 출범한 이후에는 지적재산권(저작권 · 특허권 · 상표권) 보호와 서비스 무역에 관한 자유화가 대세를 이루었다. 부연하면, 관세장벽에서 비관세장벽 철폐를 위한 무역분쟁이 국가간 첨예하게 대립하면서 세계무역기구의 분쟁해결기구(DSB)에 대한 제소와 재판(승소 · 패소) 등의 과정이 국제적인 무역분쟁의 중심적 축을 형성하고 있는 것이다. 세계무역기구의 규정위반 사항에 대해 피해당사자국이 세계무역기구의 분쟁해결기구에 대한 제소(항소) 등으로 무역구제(피해보상)를 받기도 한다. 세계무역기구는 공정무역에 위반되는 각국의 산업정책 지원을 근본적으로 허용하지 않고 있다. 그러나 오래전부터 자국의 수출산업을 육성하기 위해 후진국뿐만 아니라 선진국도 수출보조금 지원을 포함한 산업정책을 지속적으로 시행하고 있다. 예를 들면, 우리나라에서는 1961년부터 경제개발계획(5개년)을 수립하면서 수출진흥법(1962)과 무역거래법(1966)을 제정했고, 수출실적이 본격적으로 증가하기 시작한 1960년대 말 이후에는 '관세와 무역에 관한 일반협정' 체제에도 1967년에 가입했다. 우리나라는 1977년 수출실적 100억 달러를 달성한 이후 수입자유화를 추진했으며, 1980년대 이후에는 경제 개방화정책에 따라 수출 관계법규를 통폐합하여 1987년에는 대외무역법을 제정했다. 1990년대 이후에는 외환거래도 자유화하면서 외환관리법을 외환거래법(1994)으로 전면 개정한 이후 세계무역기구(1995)와 경제협력개발기구(1996)에도 가입하면서 경제개방의 폭과 속도를 확대했다. 우리나라에서는 수출입뿐만 아니라 외국인투자에 대한 관계당국(중앙은행)의 허가(승인)제도에서 투자기업의 외국환은행에 대한 자발적인 신고제도로 변경됨으로써 무역(수출입·투자) 전반에 걸쳐 자유화가 정착되기 시작한 것이다.

역사적으로 무역은 내륙(육로) 교통수단의 한계로 인해 내수로(운하)와 해상을 통한 운송수단이 발달하기 시작했다. 내륙 운송수단도 철도의 개설로 운송기능이 확대되었지만, 국경의 통제 등으로 내륙을 통한 운송방법이 현실적으로 불가능한 경우도 발생하기 때문에, 해운 운송수단이 내륙 운송수단을 대체하는 역할이 더욱 증가한 것이다. 과거 고대문명은 거의 대부분 강과 바다에 인접해 있는 지역을 중심으로 발생했다. 예를 들면, 이집트문명은 나일강, 메소포타미아문명은 티그리스강과 유프라테스강, 인도문명은 인더스강과 갠지즈강, 중국문명은 황하강 등을 중심으로 시작되었다. 영국 역사학자인 아놀드 토인비(1889~1975)의 『역사의 연구』(1961)에 따르면, 미노스문명(시리아·헬라스)은 에게해와 아나톨리아지방, 수메르문명은 티그리스강과 유프라테스강, 바빌로니아·히타이트문명은 이라크·팔레스타인과 튀르키예(동부)지역의 지중해 연안에서 각각 발로했다고 주장했다. 프랑스 경제학자로서 유럽개발은행(총재 역임: 1990~1993)을 설립한 자크 아탈리는 『미래의 물결』(2007)에서 1200년 이후 세계의 거점도시(산업 배후지)는 브뤼게(벨기에)를 시작으로 베네치아(이탈리아), 앤트워프(벨기에), 제노바(이탈리아), 암스테르담(네덜란드), 런던(영국), 보스턴(미국), 뉴욕(미국)을 거쳐 로스앤젤레스(미국)로 이동했다고 분석했는데, 모두 강이나 바다에 인접한 해양도시다. 따라서 역사적으로 오랜 과거부터 무역에서는 상품의 해상운송에 의한 운송방법(수단)이 일반적이었다. 해상운송의 특징은 내륙과 항공 운송수단에 비해 대량운송이 가능하고, 특히 원거리 운송에서 운송기간이 과다하게 소요됨에도 불구하고 운임을 포함한 운송비용이 상대적으로 저렴한데다 원료·자재·곡물의 수입에도 널리 활용되는 이점이 있다. 우리나라는 무역의존도가 비교적 높은 경제구조로 인해 해상운송에 의한 수출입 거래가 경제의 성장에 지대한 역할을 하고 있다. 특히 코로나바이러스 확산으로 인해 글로벌 생산체계가 와해됨에 따라 생산과 무역의 원활한 흐름에 문제가 발생했다. 더구나 해상운송에 의한 컨테이너선박의 세관통과 지연사태와 해상운임의 급격한 상승으로 해운(운임)동맹의 역할이 더욱 중요해졌다. 해운동맹의 역사는 영국의 인도 항로를 연결하는 영국-켈커타동맹(1875)이 그 효시였는데, 2015년 기준으로 4대 해운동맹(2M · CKYHE · G6 · O3)의 시장점유율은 75% 수준을 차지했다. 그러나 해운동맹은 다시 2M(머스크 · MSC), 오션얼라이언스(한진해운 포함), 디얼라이언스(현대상선 포함)로 재편되어 2020년 선복량 기준으로 2M과 오션얼라이언스가 60% 수준에 달하는 양대 해운동맹으로 확대되었다. 그러나 우리나라는 현대상선(2016년 계열분리)이 한진해운(부도사태)을 인수하고 디얼라이언스에 2019년 재가입하는 과정에서 해상 물류대란의 피해를 겨우 면할 수 있었다. 2021년의 물류대란 사태는 해상운송에서 해운동맹의 가입과 역할이 중요하다는 사실을 보여준 사례라고 할 수 있다. 해상운송의 절차를 요약하면, 송하인(수출자)은 선적신청서(S/R), 상업송장(물품명세서 · 대금청구서 성격), 포장명세서와 선적지시서(S/O), 운송인(해운선사)은 선하증권(B/L), 도착통지서(A/N)를 각각 발송하고, 수하인(수입자)은 화물인도지시서(D/O), 선하증권 등 운송서류를 제시하여 화물을 인수함으로써 그 절차가 종료된다. 특히 운송화물의 대표증권인 선하증권은 선주와 화주간의 해상운송계약(체결)에 의하여 해운선사(또는 운송주선인)가 발행하는 화물의 수취증권(위탁영수증 또는 화물인수증)인데, 화물운송의 소요비용과 판매수익 등 책임분담과 분배의 형식을 규정한 유가증권이다. 선하증권의 법적인 특성은 운송화물의 선적을 전제로 발행하는 상법상 요식증권이지만 엄격한 요식행위가 아니므로 선하증권의 본질 또는 강행규정에 반하지 않는다면, 임의적 사항에 대한 기재가 가능하다. 그런데, 해상운송에서는 선주(선박의 소유자)의 선하증권 과다제시로 화주(화물의 소유자)가 선하증권 제시조건을 수용할 수 없는 이해충돌 사태가 빈번하게 발생했다. 예를 들면, 대서양 해상운송에서 영국 선주(선장)의 책임회피 경향에 대한 미국 화주의 반발을 계기로 선주의 면책약관의 한계조항을 규정한 하터법이 미 의회에서 1893년에 제정되었다. 하터법은 선주의 일방적 면책을 금지하기 위하여 선주에 의해 야기된 손해배상의 범위를 제한할 수 없도록 하는 동시에, 선주의 감항능력주의(항해의 안정성 보장)를 최초로 규정한 해상운송에 관한 국제규약이다. 그러나 영국은 국제해사단체를 주관하여 제5차 해상법에 관한 국제회의(국제해양법협회)에서 헤이그규칙을 1921년에 제정하고, 하터법에 대한 선주의 반발을 반영하면서 '선하증권에 관한 통일조약'을 1924년에 수정 · 비준(벨기에 · 헝가리 · 스페인 참여)했다. 한편, 무역거래에 따른 대금결제를 위해 신용장(L/C)에 의한 방식이 일반적으로 활용되고 있다. 신용장방식은 무역거래와 대금결제를 원활화하기 위한 수단으로 매매 당사자간의 신용을 금융기관(은행) 수준으로 전환한 것이다. 국제상업회의소가 1933년에 제정한 '신용장 통일규칙'에서 신용장은 취소불능적인 약정으로서 수출자의 행위는 신용장의 제시조건과 일치해야 하며, 그 제시조건에 대해 신용장 개설은행이 결제하겠다는 금융기관의 지급확약을 의미한다. 자국의 법 중심으로 무역거래의 문제를 해결하려는 경향을 배제하고 국제적으로 통일된 규약의 필요성이 제기됨에 따라 제정된 '신용장 통일규칙'은 신용장의 기본원리와 당사자간의 권리 · 의무를 규정하고 있다. '신용장 통일규칙'은 신용장의 준거법으로서 당사자간의 합의와 별도의 특약을 준용하여 신용장거래에 따르는 분쟁을 해결하기 위해 국제표준은행관행(해설서)을 통해 분쟁서류의 적격여부를 판단하는 심사기준을 마련해 놓고 있다. 신용장은 매매계약이 파기되더라도 완전히 독립적이고 독자적으로 유효한 개설신용장과 수출서류를 근거로 수출이행을 보장하는 법률적 특성으로 인해 수출자는 신용장거래방식을 선호하는 경향이 있다. 표준 신용장은 취소불능신용장, 화환신용장, 일람불신용장, 매입신용장, 상환청구신용장, 그리고 양도가능신용장의 법적 특징(성격)을 보유하고 있다. 부연하면, 신용장 개설은행의 지급확약을 통해 수출대금의 회수불능위험이 제거되고, 신용장의 독립적인 법적 효력으로 매매계약의 불이행위험이 또한 제거되며, 신용장 요구조건이 충족되면 선적완료 이후 수출대금의 원활한 회수가 가능하므로 수출자(수혜자)의 입장에서 유리하다. 또 선하증권과의 상환으로 수입대금 지급이 가능함으로써 상품 인수불능위험이 제거되고, 유효기한, 선적일자와 최종선적 기일이 명시되어 상품 인수시기를 예측할 수 있으며, 수입자의 신용을 신용장 개설은행 수준으로 승격하는 효과로 인해 수입자(개설의뢰인) 입장에서도 선호되는 무역대금 결제방식이다.

: 공적수출신용 지원조건 :

현실적으로 수출기업은 무역거래에 따른 소요자금을 100% 자기자금으로 충당할 수 없다. 따라서 수출기업은 상품을 수출하기 이전에 제품의 생산단계부터 소요되는 자금을 금융기관으로부터 차입하고, 또 수출계약의 체결 이전에 수주단계부터 금융조건을 금융주선기관과의 협력을 통해 수출거래를 이행하게 된다. 수출기업은 국내의 시중은행을 통해 제작자금 이외에도 시설투자자금과 사업운영자금 등의 용도로 자금을 차입할 수 있다. 그러나 사업규모가 크고 자금결제기간이 장기간인 대규모 자본재 또는 장치산업의 설비수출을 위해 소요되는 자금지원을 금융기관 독자적으로 감당하기가 사실상 불가능하다. 예컨대, 사업의 공사시간이 비교적 장기기간에 걸쳐 이루어지는 대형 석유화학설비나 (원자력)발전설비 등의 경우에는 사업의 이행에 따른 각종 리스크가 동반되므로 그 사업의 이행리스크를 완화하거나 커버하는 보증뿐만 아니라 대출을 위해 정부의 금융지원정책이 뒷받침되어야 한다. 우리나라뿐만 아니라 선진경제권에서는 물품, 기계, 설비와 장치 등과 이들을 설치해서 가동할 수 있는 설계, 시공과 기술 등이 결합된 플랜트 수출에서 건설계약 수주자(수출자)의 계약불이행 위험을 담보하고 발주자(수입자)의 손해보상을 위한 이행성보증 또는 계약이행보증, 수주자의 제품 제작단계에 소요되는 자금지원을 위해 발주자로부터 계약금 명목으로 받는 선수금의 미지급에 대한 위험을 커버하는 선수금환급보증 등을 공적수출신용기관(ECA)이 취급하고 있다. 공적수출신용기관은 정부의 수출보조금을 지원하는 국책금융기관이다. 제1차 세계대전 이후 위축된 수출과 고용촉진을 위해 영국이 해외무역부의 부서조직에서 시작하여 1919년 세계 최초로 공적수출신용기관을 설립했다. 이후 벨기에(1921), 미국(1934), 캐나다(1944), 프랑스(1946), 독일(1949), 일본(1950), 브라질(1952), 인도(1957), 한국(1976), 이탈리아(1977), 대만(1979), 러시아·중국(1994) 등 수출지원 산업정책을 시행하는 거의 모든 국가에서 수출입은행 또는 무역보험공사의 형태로 공적수출신용기관이 설립되었다. 공적수출신용기관도 '3분의 1 경험법칙'을 따르듯이, 수출지원을 위한 대출, 보증 및 보험의 형식으로 3분하여 그 역할을 분담하고 있다. 예를 들면, 캐나다수출개발공사(EDC)은 대출 업무, 일본수출투자보험공사(NEXI)는 보험 업무에 집중하고 있는데, 대부분의 공적수출신용기관은 대출·보증 업무 또는 보험·보증 업무를 분할하여 취급하고 있다. 따라서 각국 정부가 수출확대를 위한 대출, 보증과 보험을 경쟁적으로 지원하다보니, 자연스럽게 세계무역기구에서 규정하는 불공정 무역관행이 나타나면서 공적수출신용 지원조건에 대한 합의가 필요하게 된 것이다. 세계무역기구의 보조금 협정과 관련하여, 설립협정(1994)의 부속서(상품무역에 관한 협정)는 다자간 규율(무역제도와 정책의 보조금 해당여부 판단기준)과 상계조치(보조금 지원 수입물품에 의한 피해보상) 운용에 관한 합의사항을 규정하고 있다. 그런데, 세계무역기구는 경제협력개발기구(무역국 수출신용과)에서 규정하는 장기운용 비용과 손실을 보전하는 수준의 수출프리미엄 적용조건과 수출신용 지원의 다자간 합의조건을 수출보조금 지원에서 예외적으로 허용하고 있다. 특히 경제협력개발기구가 1978년에 규정한 공적수출신용(대출, 보증·보험)의 지원조건을 '수출신용협약'이라고 부른다. 각국의 공적수출신용기관이 수출금융을 지원하기 위해 지나치게 낮은 가격이나 장기간에 걸친 상환기간을 적용하는 것을 방지하기 위해 경제협력개발기구 수출신용협약은 공적수출신용 지원조건을 규정하고 있다. 수출신용협약에서는 최저시장가격과 최대상환기간을 설정함으로써 각국의 수출지원에 대한 과당경쟁을 억제하고 국가간 격차가 발생하는 수출신용조건의 수준을 일치(수렴)하는 공정한 경쟁조건을 권고하고 있다. 예를 들면, 직접대출 거래에서 수출계약액의 15%(선박 20%)에 해당하는 최저선수금율 적용, 현지비용은 수출계약액의 30% 이내 지원이 가능하다는 지원적격거래 조건 등이 그것이다. 그리고 최저시장가격의 산정에서는 최저프리미엄(보증료·보험료·대외위험 수수료) 요율(MPR) 결정을 위해 국가리스크 평가에서 산출된 함수관계값을 반영하고, 상환이자율 결정을 위해 정부채권수익률(CIRR, 고정금리) 또는 런던은행간대출이자율(LIBOR, 변동금리)을 선택적으로 적용한다. 또한, 최대상환기간 산정에서는 경제협력개발기구 고소득국에 대해서는 최대 5년(8.5년도 가능), 경제협력개발기구 고소득국이 아닌 국가에 대해서는 최대 10년의 상환기간이 적용된다.

: 수출증대의 방법 :

우리나라의 수출증대를 위해 어떤 접근방법이 필요한가? 우리나라의 지속적인 경제성장을 달성하기 위해 수출실적의 증대는 필요조건이다. 왜냐하면, 우리나라는 수입대체가 아닌 수출지향 경제발전과 산업육성 정책을 추진하면서 수출이 실제로 중요한 경제성장의 요인이 되었으며, 수출의존도가 여전히 높은 비중을 차지하고 있기 때문이다. 2020년 기준, 우리나라의 수출실적은 코로나바이러스 확산의 영향으로 5,125억 달러에 그쳤지만, 국내총생산에서 수출총액이 차지하는 비중인 수출의존도는 31.4%로 여전히 높은 수준이다. 우리나라의 수출총액에서 수출대상 국가별 비중은 중국 25.9%, 미국 14.5%, 베트남 9.5% 등이며, 경제권역별 비중은 동남아국가연합(ASEAN) 17.4%, 북미자유무역협정(NAFTA) 17.1%, 유럽연합(EU) 10.1% 등으로 나타났다. 우리나라의 주요 수출대상 국가(지역)의 지리적 분포 측면에서는 중국과 동남아 지역에 대한 수출의존도가 가장 큰 편이고, 미국과 유럽 지역을 포함하면 4대 지역에 대한 수출실적이 절대적 비중을 차지하고 있다. 그런데, 우리나라 수출시장을 지속적으로 발굴하는 것도 한계에 직면해 있으며, 수출실적이 상대적으로, 그리고 절대적으로 성과가 나고 있는 국가 이외에는 별다른 방안을 찾기가 어렵다. 그럼에도 불구하고, 내수시장이 꾸준히 증대되고 있고 잠재 구매력이 현실적으로 나타나는 국가에 대한 경제협력 또는 투자확대가 필요하다. 그런 국가들을 통칭해서 '신흥시장'이라고 부르는데, 1981년 세계은행 이코노미스트였던 안투안 반 아그마엘이 최초로 언급한 데서 유래되었다. 특히 미국 월가를 대표하는 투자은행인 골드만삭스의 짐 오네일이 2001년 11월, 브릭스(브라질 · 러시아 · 인도 · 중국) 4개국을 대표적인 신흥시장(개발경제권)으로 언급한 이후 국제사회에서는 포스트브릭스(브릭스 이후의 투자유망국가) 차원에서 다양한 용어를 인용하며 국제적으로 자본과 금융의 매력 있는 투자대상국가로 선정했다. 그런데, 우리나라의 수출실적에 상당한 영향을 미치는 대외변수가 너무나 많고,

그 변수의 변동요인도 불안정하게 나타나는 경향이 있다. 우리나라의 수출실적을 언급하면서 국제(대외)경제 환경(여건)변화 속에서도 나름대로 성과를 거두었다는 언급은 이제는 지겨울 정도다. 말하자면, 국제(대외)경제는 본질적으로 불변(상수)이 아닌 변동의 양상(변수)을 계속 나타내므로 변동에 따른 국가별 영향은 본질적으로 다르게 나타나게 마련이다. 최근에 불거진 굵직굵직한 국제경제의 환경변화의 사례를 들자면, 미국(USTR)의 유럽연합 보조금 제소(WTO, 2014), 미국의 중국에 대한 관세부과 행정명령(2018), 유럽연합 경제권의 그린딜정책 발표(2019), 영국의 유럽연합 탈퇴협상(브렉시트, 2016~2020), 코로나바이러스 확산(2020~2021), 미국의 인플레이션감축법(IRA) 발효(2022) 등 모두 열거할 수 없을 정도다. 특히 미-중, 미-EU 무역분쟁에 따른 수입관세 부과, 지적재산권 침해보상 등 무역 제한조치(보호무역주의)가 취해지면서 국제경제 환경은 더욱 위축되었다. 더구나 글로벌 가치사슬 와해에 따른 생산과 투자 위축 등으로 무역활동도 과거와는 매우 다른 양상으로 변화하고 있다. 특히 지구 온난화 등에 따른 기후변화, 화석연료의 무분별한 투입과 배출에 따른 자연(환경)재해 발생 등도 환경규제의 차원에서 무역활동이 더욱 더 제한받고 있다는 사실을 간과할 수 없는 실정이다.

경험적 관찰에 의하면, 경제위기 발생 등으로 경기침체가 지속되는 경우 수입대상 국가(지역)의 국민소득(구매력) 감소에 따른 무역창출(수입수요) 위축과 무역거래 감소(경기순환적 소득효과), 현지생산(법인) 확대 또는 이전에 따른 수입대체 및 무역전환(경제구조적 생산효과), 글로벌 가치사슬 와해로 인한 생산-수출의 연계체제 타격(전후방 산업연관효과) 등으로 수출실적이 부진한 사례가 발생하고 있다. 그러나 국제경제의 환경변화에 따른 경기순환적 생산효과, 경제 구조적 생산효과와 전후방 산업연관효과는 수입대상 국가(지역)에 대한 직간접적인 영향을 미치는 대외변수이므로 우리나라가 통제할 수 있는 영역(범위)이 아니기 때문에 무역거래에서 수출실적을 증대하기가 현실적으로 용이하지 않다. 그렇다면, 어떻게 할 것인가? 우리나라가 통제 가능한 영역(범위) 한도에서 우리 기업의 수출경쟁력을 제고하는 방법이 강구될 필요가 있다. 수출산업의 경쟁력 분석방법에는 현시비교우위지수(RCA), 시장비교우위지수(MCA), 무역특화지수(TSI), 수출경합도지수(ESI) 등이 활용되고 있는데, 실질적으로는 교역상대방에 대한 산업별(또는 품목별) 양자간 수출실적을 다년간 비교한 수치를 기준으로 현 상황을 정확하게 진단할 수 있다. 과거 경제발전의 초기단계에서는 가격경쟁력에 의한 수출증대가 비교적 용이했으나, 경제발전의 성장단계 또는 성숙단계에서는 가격경쟁력에 의한 수출증대 방법이 수확체감의 법칙과 마찬가지로 쉽지 않다. 가격경쟁력을 제고하는 대표적인 방법은 수출단가를 낮춰 이른바 덤핑수출을 하는 것인데, 덤핑수출은 세계무역기구 공정무역에 위배되고, 수출경쟁국으로부터 제소도 받는 사례도 발생하고 있어 금지되는 수출관행이다. 또한, 수출 기업이 요구하는 자국의 통화가치 하락(환율상승)을 용인하는 방법으로 수출 단가를 낮추는 방식도 미국의 환율조작국 지정 등으로 견제를 받고 있다. 따라서 수출경쟁력은 가격인하를 통한 방법이 아니라 품질경쟁력 제고 등의 방법으로 추진되어야 한다, 국제무역의 수출시장에서 품질경쟁력을 제고하려면, 결국 수출기업의 제품이 양적인 측면이 아닌 질적인 측면에서 비교우위가 있어야 하므로 제품의 판매능력(마케팅 전략)도 필요하지만, 근본적으로는 과학과 기술의 발전이 뒷받침되어야 한다. 기초과학을 통한 제품개발과 연구 인프라스트럭처가 확충되어야 하고, 그에 따른 초격차 수준의 기술적 경쟁우위가 현실화되어야 한다. 특히 중요한 수출산업의 핵심 부품 · 소재와 원천 기술을 보유할 수 있는 연구개발(R&D)이 필요하며, 우리나라가 세계적으로 독보적인 특허를 확보하는 등 과학기술 수준의 역량을 제고하는 데 국가 차원에서 관심과 지원이 절실하다. 그래서 정부의 적극적인 지원과 기업의 끊임없는 투자가 요구되는 것이다. 2020년 기준, 우리나라의 주요 수출산업(MTI 4단위 분류기준)에서 반도체와 자동차 수출비중은 전체의 25% 수준을 상회한 것으로 나타났다. 특히 우리나라의 메모리 집적회로에 대한 수출비중은 15% 수준에 달해 단일 수출품목으로는 최고 수준의 지위를 유지하고 있다. 한마디로 우리나라가 반도체 강국이라는 사실을 수출실적이 대변해 주고 있으며, 우리나라가 반도체(메모리) 분야에서는 여전히 세계 최고 수준의 지위를 유지하고 있다는 방증이다. 물론, 경제 구조적 관점에서 단일 품목의 수출비중이 지나치게 높아서 국제경제의 환경변화에 민감하게 반응(변동)할 가능성이 크기 때문에 우려되는 상황이다. 그러나 반도체 수출실적이 급격히 악화되면서 1997년 외환·금융위기가 발생한 역사적 경험을 반추해 보면, 반도체 수출실적이라도 국제경제의 환경변화에도 지탱해주고 있기 때문에 다행스러운 상황이다. 우리나라 수출실적의 증대와 관련하여, 품질경쟁력 이외에 또 다른 수출전략에 대한 접근방법을 고려해 볼 필요가 있다. 경험적인 관찰에 따르면, 수출 시장과 산업은 '관성의 법칙'에 의해 국제경제의 격변 또는 변혁이 아니라면 과거의 수출형태가 지속되는 경향이 있다. 수출시장(국가 또는 지역)도 그 국가 또는 지역이 속해 있는 경제여건의 급격한 부침이 없는 상황에서는 별다른 변동 없이 수입수요의 규모와 증가추세가 지속된다. 수출산업(품목)의 경우도 산업혁명 수준의 변화가 없는 한 수출국가나 수입대상국도 유사한 상품이나 서비스를 거래하는 관습이 작용한다. 부연하면, 어떤 수출대상국에 대한 수출실적이 너무 저조한 상황에서 그 국가에 대한 수출증가 가능성이 잠재되어있다고 하더라도 그 국가에 대한 수출실적을 확대하기가 현실적으로 어려운 사례가 많다. 예를 들면, 주로 공산품의 수출하는 국가와 농산물을 수출하는 국제무역(산업구조)에서 공산품 수출국이 농산물 수출국에 비해 무역수지 흑자를 나타내는 경우가 많다. 농산물 수출국이 무역수지 적자를 개선하기 위해 수출산업의 엄청난 변화가 현실화(전제)되지 않는다면, 그 수출국의 무역수지 적자기조를 개선하는 것은 거의 불가능하다고 할 수 있다. 이런 경우는 농산물 수출국의 산업구조, 특히 경제 구조적인 문제에 따른 무역수지 불균형 현상이 발생한 사례인데, 공산품 수출국이 농산물 수출국에 대한 수출실적이 저조한 상태에서 농산물 수출국에 대한 수출잠재력이 크다고 분석하는 오류는 범하지 말아야 한다. 왜냐하면, 농산물 수출국은 부가가치가 상대적으로 낮은 농산물 수출로 수출실적이 상대적으로 열위상태이고, 공산품 수출국으로부터 수입할 여력도 크지 않기 때문이다. 따라서 우리나라도 수출시장(국가 또는 산업)의 패턴을 분석하여 수출실적이 비교적 양호하거나 수출 증가추세(증가율)가 나타나고 있는 수출 국가 또는 산업에 대한 집중적인 수출전략을 수립하고, 수출추세가 지속적으로 증가하고 있는 수출시장을 발굴 또는 확대하는 전략이 합리적인 수출대책이라고 할 수 있다. 예를 들면, 우리나라의 유럽지역에 대한 수출실적에서 서유럽보다는 중동부유럽 지역에 대한 수출추세가 증가하고 있고, 선박보다는 자동차부품(배터리)에 대한 수출실적이 급증하고 있는 현상을 분석함으로써 우리나라의 수출전략에 대한 방향성을 재설정할 수 있다. 우리나라의 유럽연합 경제권에 대한 수출실적의 통계

현황을 살펴보면, 우리나라가 유럽연합에 대한 수출증대를 위해서는 유럽연합의 경제성장에 따른 구매력 증대로 수입수요 증가가 전제되어야 한다. 부연하면, 우리나라의 유럽연합 경제권에 대한 수출실적이 유럽연합 회원국의 수입실적 증가와 직접적으로 비례하지 않더라도 우리나라가 유럽연합 시장에서 수출을 증대하기 위해서는 유럽연합 회원국의 수입실적에서 우리나라의 수출비중이 제고되어야 한다. 따라서 우리나라의 유럽연합에 대한 수출전략을 제시하면, 우리나라의 유럽연합 수출대상 국가와 산업에 대한 다변화 추진이 필요하다. 2014~2020년 기간, 우리나라의 최대 수출대상국인 독일 수출비중이 평균 15.5%로 압도적인 상태인데, 유럽연합을 탈퇴한 영국(평균 수출비중 12.2%)을 고려하지 않더라도 유럽연합에서 경제성장 및 소득수준 개선이 현저하게 나타나고 있는 국가(중동부유럽 포함)들을 대상으로 수출시장을 발굴할 필요가 있다. 또한, 우리나라의 유럽연합 경제권에 대한 산업별 수출실적도 자동차 산업에 집중되고 있는데, 2014~2020년 누적기준으로 자동차(자동차부품 및 전기자동차 포함) 수출비중은 평균 21.2% 수준에 달한다. 예컨대, 유럽연합 경제권에 대하여 우리나라의 최대 수출산업인 반도체, 수출 증가추세가 확연하게 나타나고 있는 자동차부품(배터리) 등의 산업에 대한 수출확대가 더욱 필요한 이유다. 특히 우리나라의 유럽연합의 단일공동시장 진출확대 등의 관점에서 유럽연합의 무역패턴(구조)을 지속적으로 점검해야 한다. 2019년 기준 유럽연합 역내 무역의존도가 평균 57.3%(역내 수출: 56.4%, 역내 수입: 58.2%)에 달한다는 점은 고민해야 할 과제다. 유럽연합은 역내 단일공동시장(SIM)을 통해 회원국간 무역증진을 확대해 왔으며, 역내 무역의존도가 여전히 높은 수준이기 때문에 역외국인 우리나라가 유럽연합 경제권에 대한 수출확대가 쉽지 않은 상태다. 유럽연합은 1986년에 단일유럽협약(SEA)을 체결하여 유럽경제공동체(EEC)에서 유럽공동체(EC)로 진전되었고, 세계 최초로 생산물(상품·서비스)과 생산요소(노동·자본)의 자유이동이 가능한 단일공동시장을 창설한 것이다. 그러나 유럽연합은 2000년대 중반 이후 자유무역협정 증진을 통해 역외국과의 경제협력 확대를 겨냥한 통상정책을 추진하고 있는 점은 다행스럽다. 이에 대응하여, 우리나라는 한-EU 자유무역협정의 활용률을 제고하고 있고, 한-영 자유무역협정 발효(브렉시트 시행즉시) 등으로 유럽연합뿐만 아니라 영국에 대한 수출확대 가능성도 열려 있다. 그리고 우리나라의 유럽연합에 대한 수출확대를 위해 유럽연합의 무역여건(정책) 변화에 적절히 대응하는 전략이 요구된다. 유럽연합(EU 집행위원회)는 2020~2024년 기간 자유무역협정 체결 이외에도 환경(기후변화) 등의 분야에서 지속가능 성장을 위한 통상정책을 추진하고 있다. 유럽연합은 2019년 12월, 그린딜정책을 발표하여 2030년 온실가스 배출기준을 1990년 기준으로 50% 이상 감축하고 2050년 탄소중립의 목표를 설정했으며, 2020

년 1월에는 그린딜산업에 대해 2020~2030년, 1조 유로이상 투자계획(EGDIP)을 발표하면서 기후변화에 대처하고 저탄소경제 분야에 대한 투자를 확대하는 정책을 수립했다. 유럽연합 산업정책의 최우선 과제(2020~2024 전략적 추진계획)는 기후변화에 대처하기 위한 파리기후변화협정(유엔기후변화협약 당사국총회, 2015년 체결) 시행과 2050년까지 온실가스 (순)배출량을 제로 수준으로 끌어올리는 목표로 추진하는 그린딜정책이다. 또한, 유럽연합의 환경규제(자동차 배출가스 규제 등) 강화를 위한 탄소국경조정제도(CBA) 시행 등 유럽연합 경제권의 통상환경정책 등에 대응하기 위해 우리나라의 유럽연합 경제권에 대한 수출산업의 패러다임 전환이 요구되고 있다.

⁝ 경제위기 ⁝

경제위기는 경제성장의 과정에서 나타나는 대표적인 경제사회적 징후다. 그런데, 경제위기는 경제성장의 수요측면에서 성장에 기여하는 소비와 투자보다는 무역에 따른 연계효과로 인해 유발되는 경향이 있다. 왜냐하면, 국내보다는 대외적인 경제교류 또는 외부충격으로 경제위기가 전이되는 경우가 흔하기 때문이다. 과거 자본시장의 경제위기 사례를 살펴보면, 특히 글로벌 경제위기는 '전염효과'에 의해 지역적으로 확산되는 양상을 보였다. 예를 들면, 1997년 동남아 외환·금융위기는 러시아 재정위기(1998) 및 브라질 외환위기(1999)를 유발했으며, 2007년 미국 서브라임모기지 사태는 유럽 금융위기(2008), 남유럽 재정위기(2010~2012)에 적지 않은 영향을 미쳤다는 점 등을 미루어보아 경제위기의 국가간 전염효과를 어렵지 않게 발견할 수 있다.

경제위기와 관련하여, 밀(정치경제의 원리: 525)에 따르면, '상업적 위기'는 일반적으로 투기적 구매(수요)에 의한 과잉생산의 결과라고 분석했다. 밀이 관찰한 상업적 위기의 사례(1825)에서 물가의 투기적 상승이 신용의 위축을 가져오고, 결국에는 신용 붕괴에 따른 화폐의 가치급락(환율상승) 또는 극심한 공포(패닉) 현상이 유발되며, 상업적 위기는 신용 회복에 의해 치유된다고 설명했다. 밀의 견해를 요약하면, 경제위기의 요인은 투기에 따른 과잉생산과 신용 위축(붕괴)이라고 본 것이다. 반면, 마샬(경제학원리: 407)은 정부의 경제정책에서 상당히 많은 실패와 부당성이 통계측정의 결핍에 기인한다고 분석했다. 케인즈(일반이론: 281~282)에 따르면, 자본의 한계효율은 자본재의 풍부(또는 빈약) 여부(정도)와 생산비용, 또한 미래수익에 대한 기대에 의해 결정되는데, 전형적인 경제위기의 요인은 이자율 상승이 아니라 자본의 한계효율의 갑작스러운 하락이라고 주장했다. 자본의 한계효율의 급락에 따른 미래에 대한 불확실성과 실망이 자연스럽게 유동성선호의 감소를 급격하게 촉진하면서 결과적으로 이자율 상승을 유발한다는 것이다. 즉, 자본의 한계효율의 급락은 이자율 상승과 연계되는 경향을 나타내며 투자의 감소를 심각하게 악화시켜 경제위기를 유발할 수 있다는 논리다.

2020년부터 코로나바이러스의 확산(세계보건기구, 2020년 3월 11일 팬데믹 공식선언)으로 인한 사회경제적 봉쇄조치로 세계 경제는 글로벌 금융위기 이후 최대 경제위기에 직면했다. 그런데, 코로나위기는 경제성장의 내생변수가 아닌 경제외적인 요인(코로나바이러스), 즉 외생변수에 의해 발생된 역사적으로도 매우 드문 경제위기의 사례라고 할 수 있다. 코로나위기의 경제적 영향분석 결과, 코로나위기로 생산차질 및 공급비용(에너지 · 원자재 가격) 상승에 따른 인플레이션 압박이 경제성장의 하방요인으로 작용했으며, 무역파트너의 수입수요 위축으로 무역관계를 통한 생산과 투자의 감소가 나타났다. 또 코로나위기의 경제성장 및 소득수준에 미친 영향분석에서는 선진경제권보다 신흥경제권에 대한 (1인당)경제성장률 하락이 대체적으로 악화된 수준이었으며, 코로나 충격으로 인한 산업별 영향분석에서도 서비스분야 등 대면접촉이 많은 산업에 대한 파급효과가 상대적으로 더 심각한 것으로 추정된다. 만약 각국 정부의 긴급 경제지원 등 정책적 대응이 없었다면, 코로나위기가 경제사회적 봉쇄조치로 인해 소득불평등 상태를 더 악화한 것으로 추정된다. 또한, 노동시장에서는 수요와 공급 제약, 생산요소의 이동제한과 경직적인 가격 형성 등으로 불완전 고용상태가 악화되고 실업문제가 야기된 것으로 분석된다. 특히 코로나 재확산과 변이출현으로 공급(생산)과 최종수요(소비)에 대한 외부충격이 가해지면서 투입-산출 네트워크의 와해 및 무역연계에도 부정적인 영향을 미친 것으로 분석된다. 코로나위기의 경제적 영향분석을 통해 나타난 시사점을 도출하면, 거시경제 상황변화에 대한 즉각적이고 실효적인 대응방안이 필요하다는 점이다. 코로나 감염 등 경제외적 변수, 러시아-우크라이나 전쟁 등 예기치 않은 '불가항력'으로 경제적 불확실성이 증가하고 있는 상황에서는 아무런 조치를 하지 않는 것보다는 즉각적인 조치(동물적인 자생적 충동)를 통해 경기침체 국면을 극복하는 대책이 필요한 것이다. 예를 들면, 2020년에 시작된 코로나위기는 경제적 요인은 아니었지만 세계 전역에 걸친 확산으로 글로벌 경제위기를 초래한 사례이므로 경제위기 대책의 성과 여부에 따라 경제위기의 확산을 억제하고 피해를 최소화할 수 있다. 스페인 독감(1918-20), 사스(2002-03), 에비앙플루(2003-09), 돼지독감(2009-10), 메르스(2012), 에볼라(2014-16) 등 과거 전염성 발생사례를 관찰하면, 향후에도 전염병 확산, 기후변화에 따른 자연재해 등의 경제외적 변수가 출현할 가능성이 잠재되어 있다. 따라서 어떤 형태의 경제위기(전염병 확산을 억제하기 위한 보건관리 강화조치에 따른 경제안정 위협요인 등) 극복의 요건은 거시경제에 관한 적합한 대책수립과 효과적인 정책의 시행이다. 특히 코로나위기에 대한 국내 연구문헌이 미흡한 실정이기 때문에 경제외적 요인에 따른 경제위기의 진단과 예측이 더욱 어렵게 되고, 그 결과 효율적인 경제사회적 대책 수립이 쉽지 않다. 또 다른 관점에서 보면, 효과적인 경제정책 시행에 연계되는 경제분석의 정합성 제고가 요구된다. 코로나위기 이전의 경제 저성장 국면에서는 유럽연합 경제권도 디플레이션을 우려할 정도로 물가 관리가 주요 경제정책의 우선순위가 아니었다. 그러나 2022년에는 코로나위기 및 러시아-우크라이나 전쟁으로 인해 에너지·원자재 가격급등 현상은 스태그플레이션을 야기할 정도로 글로벌 경제의 최대 이슈로 부상했다. 그런데도 불구하고, 유럽연합(EU 집행위원회)은 2021년 11월에 발표한 EU 경제전망에서 2022년에는 노동시장 여건개선, 금융시장 호조, 경기회복기금(NGEU/RRF)의 지원효과 등으로 유럽연합의 경제상황이 코로나위기에서 회복하여 경기확장 국면으로 진입할 것이라고 전망했다. 더구나 유럽연합 회원국의 평균 인플레이션이 2021년 4분기를 고점으로 2022년에는 물가 상승추세가 점진적으로 둔화할 것으로 유럽연합은 분석한 것이다. 그러나 불과 3개월밖에 지나지 않은 상태에서 러시아-우크라이나 전쟁의 발발로 에너지·원자재 및 농산물 가격의 추가적인 급등(공급요인)에 따른 스태그플레이션을 예측하지 못했다는 점을 비판하지 않을 수 없다. 말하자면, 경제분석도 예측의 정합성을 제고하는 차원에서 경제정책의 효과와 연계되어야 그 타당성을 인정받을 수 있으며, 특히 경험적인 관찰에 의하면, 경제예측의 정확성에 비례하여 경제분석의 객관성이 제고될 수 있다. 한편, 코로나위기의 경제적 영향분석에서 나타난 바와 같이, 무역의존도가 높은 우리나라는 수출·투자에 대한 진출 타당성과 성장-물가-무역-투자의 연결고리에 따른 경제적 영향을 분석하고, 경제적 위험에 대한 리스크관리 대책이 더욱 요구된다. 특히 물가 상승추세가 경제성장과 소득불평등 상태를 악화할 것으로 예상되는 가운데, 지속적인 경제성장과 거시경제의 안정적인 관리의 관점에서 가계소비와 재정지출의 한계를 보완하고 수출과 투자의 확대를 위한 전략수립이 요구되는 것이다. 따라서 국가 차원에서 수출과 투자가 연계되는 전략적 추진(중점진출 국가·산업의 재조정 등), 무역에 따른 리스크 관리 등 수출 및 투자의 체계적인 진출 전략이 필요하다고 할 수 있다.

⁝ 국가리스크 평가 ⁝

국제무역을 실행하기 위한 선결조건에서는 해외시장조사가 우선되어야 한다. 왜냐하면, 수입자(발주자)가 해외에 있기 때문에 수입자에 대한 신용조사가 필수적이기 때문이다. '수입자 신용조사'는 계약이행가능성(수입자의 영업태도 등), 거래능력(영업실적 등), 대금지불능력(재무상태 · 연체경험 등), 수입국의 정치적 위험과 수입국 통화의 환율변동위험 등 신용조사 요건에 관하여 종합적으로 이루어져야 한다. 국제적인 신용조사전문기관으로는 던앤드브래드스트리트(D&B)가 대표적이며, 수입자 거래은행에 대한 신용조회는 뱅커스 알마낙(BA)의 금융기관 정보(디렉토리) 등을 통해 수입자 신용조사가 가능하다.

그런데, 수입자 신용조사의 요건에서는 국가리스크에 관한 평가가 국제무역의 필수적이고 우선적인 고려사항이다. 왜냐하면, 수출대금결제가 국내가 아닌 해외에 소재한 수입자가 최종적으로 수입대금의 지급을 부담하고, 그 수입자가 속해 있는 국가의 종합적인 리스크가 국제무역의 계약체결(사전행위)과 대금결제(사후관리) 관점에서 매우 중요하기 때문이다. 공적수출신용기관은 수출 또는 해외투자 기업에 대한 공적수출신용을 지원하면서 그 상환재원의 기반이 해외에 존재하기 때문에 거래상대국에 대한 국가리스크 평가는 중요한 의미가 있다. 왜냐하면, 신용공여의 최종 수혜자가 외국의 정부 또는 기업이므로 수출신용을 제공하는 공적수출신용기관의 해외채권이 국내가 아닌 해외에 존재하며, 그 상환기간도 장기간에 걸쳐 행해지는 특성에 기인하기 때문이다. 특히 경제위기를 예측하고 대응하기 위해 국가리스크 평가는 더욱 더 중요한 의미를 함유하고 있다. 국가리스크는 개인이 통제하기 어려운 국가 전반적인 위험수준이므로 경제적 위험뿐만 아니라 정치적 위험이 반영된다. 흔히 국가리스크는 외채상환의 '능력'과 '태도'를 평가하는데, 외채상환이 불가능한 상태를 '채무불이행'(디폴트)이라고 부른다. 그러나 국가리스크 평가는 개별 연구문헌보다는 전문평가기관에서 일반적으로 수행하고 있기 때문에 국가리스크에 대한 논의(이론 또는 학설)가 활발하지 않은 편이다. 예를 들면, 스탠더드앤드푸어스(S&P)와 무디스(Moody's)가 대표적인 국가리스크 평가기관으로 불리고 있지만, 적절하지 않은 분류다. 왜냐하면, 스탠더드앤드푸어스와 무디스의 자체적인 평가방법론에서도 국가리스크 평가가 아닌 정부채권에 대한 평가(자본시장)라고 명시하고 있고, 경제협력개발기구의 국가(주권)리스크 평가방법론에서도 스탠더드앤드푸어스와 무디스의 외화표시(미 달러) 장기 정부채권리스크를 국가리스크와 별도로 구분하여 취급하고 있기 때문이다. 미국 뉴욕에 소재한 스탠더드앤드푸어스(1860년 설립)는 앙리 푸어가 미국의 철도와 운하에 관한 역사서를 편찬하여 투자자의 알 권리가 필요하다며 금융투자정보를 제공하기 위해 설립되었다. 스탠더드앤드푸어스는 1927년부터 채권발행 정부에 대한 신용평가 업무를 공식적으로 시작했고, 1941년 스탠더드(통계회사)와 푸어스(출판사)가 합병하여 현재의 스탠더드앤드푸어스로 출범했으며, 1966년에는 다국적 정보서비스 회사인 맥그로힐(1888년 설립)에 의해 인수되었다. 스탠더드앤드푸어스는 채권발행 정부의 채무상환 능력과 의지를 중점적으로 평가한다. 반면, 던앤드브래드스트리트의 자회사로 출범한 미국 뉴욕 소재의 무디스(1841년 설립)는 통계학자인 존 무디의 산업증권에 관한 매뉴얼이 발간(1900)되면서 유명해지기 시작했다. 무디스는 1914년 무디스투자서비스를 발족한 이후 채무불이행 가능성과 금융손실을 평가하는 데 주력하고 있다. 일반적으로 무역거래에서 수출 이행기간에 발생하는 제반 리스크를 모두 분석할 수 없다. 그러나 수입국에 대한 리스크 평가가 무역거래와 수출금융 지원의 우선적인 필요조건이다. 국제적으로 대표적인 국가리스크 평가기관은 단연 경제협력개발기구라고 할 수 있다. 경제협력개발기구는 공적수출신용기관의 수출금융 지원조건에서 '공적수출신용에 관한 프리미엄 적용지침'(1997)에 관한 합의로 최저프리미엄요율을 결정하기 위해 국가리스크를 평가하고, 그 결과를 발표하고 있다. 경제협력개발기구의 국가리스크 평가방법론은 대외비로 관리되고 있지만, 공개 가능한 영역에서 스탠더드앤드푸어스와 무디스와 비교하면, 경제협력개발기구 수출신용협약 참가국의 정부대표단(공적수출신용기관의 대리참가)이 국가리스크 평가전문가회의(CREM)에 참가해 결정한다. 경제협력개발기구는 평가대상국의 거시경제상황(경제 구조적 취약성, 성장 잠재력과 경제정책 성과), 외채상황과 채무지불경험(공적수출신용기관에 대한 연체 · 리스케줄링 실적)에 대하여 평가한다. 스탠더드앤드푸어스와 무디스 등 단일 평가기관의 주관적인 평가방법과는 다르게, 경제협력개발기구 수출신용협약 참가국이 만장일치의 객관적인 방법으로 국가리스크 평가등급(0~7단계)을 결정하는 것이다. 경제협력개발기구가 규정하고 있는 국가리스크 평가요소에는 지불유예(모라토리엄), 송금 중단 및 지연(정치경제적 사건 발생), 외환위기(법적 규제에 따른 외채상환부담 악화), 외채지급중지(정부의 조치 및 결정), 자연재해(불가항력) 등을 고려하되, 평가대상국의 외채상환능력(중장기 연불수출금융 상환 가능성)을 중점적으로 평가하고 있다. 그런데, 대표적인 국가리스크 평가기관이라고 불리는 경제협력개발기구도 평가모델의 적정성 측면에서는 내재적인 문제점을 노출하고 있다. 왜냐하면, 국가리스크 평가모델(CRAM)로 산출되는 평가등급과 국가리스크 평가전문가회의에서 결정되는 최종 평가등급간의 괴리가 비교적 크게 나타나고 있다. 부연하면, 국가리스크 평가모델(정량 평가방식)을 기준으로 최종 평가등급(정성 평가방식)에 대한 적정성은 50% 수준에 불과하다. 즉, 평가대상국에 대한 최종 평가등급과 평가모델에 의한 평가등급이 50%나 차이나는 것이다. 예컨대, 특정 국가의 평가등급이 평가모델에서는 2등급이 산출되었지만 평가회의에서 2단계 하락해 최종 평가등급이 4등급으로 결정되는 등 등급조정이 50% 수준에 달한다는 것이다. 특히 국가리스크 평가등급의 상향조정을 1단계로 제한하는 것은 평가대상국 정부대표단의 정치적 개입을 방지하기 위한 조치다. 따라서 경제협력개발기구의 정량 평가방식에 의한 평가방법론(모델)에 대하여 의문이 제기되고 있는 상태다. 예를 들면, 이란과 러시아에 대한 국가리스크 평가모델에 의한 평가등급은 2등급 수준으로 산출되지만, 평가전문가회의에 의한 토론과 조정을 통해 결정되는 최종 평가등급은 6~7등급으로 하향조정된 사례가 빈번하게 발생하고 있다. 아무튼 2등급에서 무려 4~5단계의 등급조정은 과다하며, 이는 경제협력개발기구의 국가리스크 평가모델이 국가리스크 수준을 적정하게 반영하지 못하고 있다는 방증이다.

경제협력개발기구 이외에도 국가리스크를 전담하는 평가기관, 예를 들면 특히 정치적 위험을 중점적으로 평가하고 있는 피알에스그룹의 국제국가리스크가이드(ICRG) 등이 있다. 국가리스크에 관하여 지속적으로 연구자료를 쏟아내는 국제금융기구와는 별도로 개별적인 연구문헌을 살펴보면, 국가리스크에 관하여 우리나라에서는 그 관심과 연구실적이 상당히 미흡한 상태이지만 선진경제권에서는 엄청난 연구저작물을 축적해 오고 있다. 대표적인 외국 연구문헌을 요약하면, 제프리 삭스(1996)는 신흥시장(20개국)의 '외환위기' 발생요인은 경상수지 적자누적, 과도한 자본유입, 확대재정정책 등에 기인하기보다는 통화 고평가(실질실효환율 기준), 대출(여신/GDP) 붐, 보유외환(외환보유액/M2) 부족으로 거시경제의 기초여건이 취약한 국가에서 나타난다고 분석했다. 배리 아이켄그린과 아소카 모디(1998)는 1991~1996년 신흥시장(37개국) 정부유통채권(1,489건)의 경우 높은 신용수준의 국가는 낮은 차입비용(10년 만기 미재무부증권 기준 스프레드)으로 채권발행 가능성(확률)도 높으며, 정부채권 신용평가기관의 평가등급뿐만 아니라 채무재조정 협약체결(여부), 총외채잔액/GNP 비중, 외채원리금상환비율(DSR) 등 경제기초여건이 정부채권의 차입비용에 영향을 미치는 것으로 분석했다. 특히 아이켄그린은 통화가치 하락을 예상하는 투기행위로 인해 외환위기(보유외환 급감)가 발생하면서 경제위기의 전염효과가 나타날 수 있다고 분석했다. 돈 부시(2001)는 1980~2000년 신흥시장의 경제위기 사례에서 실질실효환율 고평가(2~3년간 25% 이상), 경상수지 적자(GDP의 4% 초과), 부실여신(금융기관) 증가, 재정수지 적자 악화, (단기)공적채무 증가, 기업채무 누적(채무/지분, 단기외채/외환보유액 기준) 등 대차대조표의 자금상환 불일치에 따른 경제 구조적 취약성에 대해 분석했다. 누리엘 루비니와 파올로 마나스(2005)는 1970~2002년 신흥시장(47개국)의 채무위기에 대해 총외채잔액/GDP(49.7% 초과), 단기외채/외환보유액(130% 초과), 경제성장률(-5.5% 미만), 공적외채/재정수입(215% 초과), 소비자물가상승률(10.5% 초과), 미재무부증권 수익률(9.7% 초과), (경상수지+단기채무)/외환보유액(140% 초과), 환율 고평가(48% 초과), 환율 변동성(27.8% 초과) 등의 변수가 채무위기(임계수준)를 예측하는 데 유의적이라고 분석했다. 루비니에 따르면, 채무지급불능위기는 통화·재정 불균형 상태에서 총외채잔액/GDP 비중이 49.7%를 초과하는 경우이고, 유동성위기는 정치 불안정 및 신용경색(자본시장)으로 단기외채/외환보유액 비중이 130%를 초과하는 경우이며, 거시경제·환율위험은 저성장과 고정환율제도 등에 따른 결과라고 분석했다. 카르멘 라인하르트와 케네스 로고프(2009)가 공동으로 1800~2009년 정부의 채무불이행 사례(250건)를 분석한 연구자료에 의하면, 소비자물가상승률(연중)이 20%를 초과하면 물가위기, 통화가치(연중)가 15% 이상 하락하면 통화위기, 공적채무가 GDP의 90%를 초과하면 채무위기로 규정했다. 특히 그들은 과다한 채무상환부담으로 인해 경제성장이 둔화하면서 국가리스크 평가등급이 하락할 가능성이 크다고 분석했다. 폴 크루그먼(2014)은 2008~2012년 글로벌 금융위기와 유로존 재정위기의 요인분석에서 정부채권수익률(10년 만기)에 대해 소비자물가상승률, 통화가치 하락, 경상수지/GDP, 총외채잔액/GDP, 공적채무/GDP의 비중을 비교하면서 정부채무가 급격히 증가하면 자본유입 중단 또는 금융위기가 유발될 수 있다고 주장했다. 특히 크루그먼은 채무국이 외채상환을 충족하지 못하면, 채권국은 채무국에 대해 외채상환을 전제조건으로 예상손실에 해당하는 금융을 제공하거나, 아니면 외채상환분을 감면해야 하는 선택사항에 직면하게 되는데, 국제유가 또는 이자율 상승 등 대외경제여건의 영향이 억제(제한)될 경우에는 채무국의 외채상환 여건이 개선될 수 있다고 주장했다.

그러면, 국가리스크 평가를 위해 중점적으로 고려해야 할 평가요소는 무엇인가? 재차 강조하지만, 경제 구조적 취약성을 완화하기 위한 경제기초여건(펀더멘털) 개선이 무엇보다 중요하다. 소비자물가상승률(CPI)은 소비자의 생활수준에 직접적으로 영향을 미치는 대표적인 지표이며, 국민의 후생수준을 저해하는 등 부정적인 효과를 미친다. 과도한 인플레이션은 소비를 억제하고 저축성향 저하에 따른 투자의 재원조달 기반이 약화됨에 따라 경제성장이 둔화되며, 수출품의 가격경쟁력 하락에 따른 수출 부진으로 이어지면서 경상수지를 악화시키는 부작용을 초래한다. 따라서 소비자물가상승률을 최대한 억제하는 경제여건이 조성되어야 한다. 재정수지/GDP 비중은 (재정수입-재정지출)/GDP 값으로 정부의 재정 운용능력과 건전성을 진단하는 대표적인 지표다. 일반적으로 재정수지 적자는 정부의 재원조달과 과다한 재정지출에 따른 결과이며, 재정수지 흑자는 방만한 재정운영에 따른 것이므로 이론적으로는 재정수지 균형이 적합하다. 그러나 현실적으로는 대부분의 국가가 재정수지 적자상태에 있으므로 얼마나 재정수지 적자폭을 축소하느냐가 관건이다. 예를 들면, 중남미 외채위기(1980년대)는 과다한 재정수지 적자(정부채권 발행 등)로 인해 발생한 대표적인 사례다. 경상수지는 국제수지계정에서 무역수지와 무역외수지(소득수지 · 경상이전거래)를 합산한 값이며, 대외거래의 건전성과 대외의존도를 측정하는 대외거래 기초지표로 활용되고 있다. 경상수지도 재정수지와 마찬가지로 이론적으로는 균형상태를 유지하는 것이 바람직하지만, 현실적으로 대부분의 국가에서는 경상수지 적자상태가 일반적이고 그 적자를 자본유입에 따른 자본수지(흑자)로 보전하는 형태를 취한다. 따라서 경상수지 적자를 얼마나 축소하는지도 중요하고, 자본수지 흑자로 국제수지 불균형을 어떻게 해소하는지도 관건이다. 예를 들면, 동남아 외환위기(1990년대)는 경상수지 적자로 인해 발생한 대표적인 경제위기의 유형이다. 대외지급준비자산은 경상거래 또는 자본거래에 따른 외화유입의 결과로 대외거래 유동성을 측정하는 대표적인 지표로서 외환정책의 수단으로 활용되고 있다. 대외지급준비자산은 금, 국제통화기금 포지션 및 특별인출권(SDR)과 외환보유액을 합산한 값이다. 실제로 외환보유액은 대외지급준비자산에서 금을 차감한 값으로 측정하여 국가가 외환시장에서 투입(가용)할 수 있는 외화자산(채권)이다. 국제통화기금 포지션은 각국의 중앙은행이 국제통화기금 국제수지계정에 지불준비금에 해당하는 자금을 예탁한 금액이므로 임의로 인출할 수 없고 국제통화기금(이사회)의 승인을 받아야 하며, 이와는 별도로 국제통화기금은 국제수지 불균형 상황에서 경제위기에 직면한 국가에 대해 국제통화기금에 대한 국가별 지분(쿼터)을 감안하여 긴급 구제금융(차관)을 지원하는 형식을 취한다. 국가리스크에서 일반적으로 활용하고 있는 것은 대외지급준비자산의 수입대금 결제능력을 측정하는 월평균 수입액에 대한 대외지급준비자산에 관한 값(수입개월의 수치)이다. 또한, 대외지급준비자산 중에서 외환보유액이 대표적인 지표이므로 단기외채잔액에 대한 외환보유액 수준을 계산하여 외채상환능력(단기 유동성위험)을 측정한다. 특히 단기외채를 상환할 수 없을 정도의 외환보유액을 보유하고 있다면, 외환시장의 불안전성뿐만 아니라 단기 유동성위험이 높아질 수 있는 개연성이 크기 때문에 외환보유액 수준을 지속적으로 관리할 필요가 있다. 그리고 교역조건(수출채산성 측정)과 실질실효환율(환율고평가 수준)은 무역수지와 경상수지의 선행변수, 환율상승(통화가치하락)은 외환위기의 선행변수 또는 동행변수로 각각 활용되고 있다. 교역조건(ToT)은 순상품교역조건과 소득교역조건으로 구별되는데, 순상품교역조건은 수출상품 한 단위로 구매할 수 있는 수입상품의 양으로 측정되며, 따라서 수출상품의 가격을 수입상품의 가격으로 나눈 값이다. 그리고 소득교역조건은 수출물량에 순상품교역조건을 곱한 값이므로 일반적으로 교역조건이라고 하면, 순상품교역조건을 의미한다. 1998~2006년(9년간), 유럽 체제전환국(17개국)을 대상으로 국가리스크 평가등급에 대한 중점 평가요소를 추정한 실증분석에서는 외환보유액과 더불어 (순상품)교역조건이 국가리스크 평가수준에 대하여 통계적으로 유의적인 변수로 선정되었다. 부연하면, (순상품)교역조건의 악화는 경상수지 악화 가능성을 예측할 수 있는 대표적인 선행변수이므로 간과할 수 없는 경제지표라고 할 수 있다. 한편, 국내 총생산(또는 총수출)에 대한 총외채잔액의 비중은 외채의존도에 대한 종합적인 지표로서 경제규모에 비해 과중한 외채부담은 대외거래와 경제운용의 부정적인 효과를 미친다. 세계은행의 분류에 따르면, 총외채잔액은 채권자를 기준으로 공공채무와 상업채무, 채무자를 기준으로 공적채무와 민간채무로 구분된다. 언론 등에서 외환보유액을 아직도 '외환보유고'라고 부르고 있고 채무에 대한 명칭도 혼용하고 있는 사례가 빈번하기 때문에 그 용어에 대한 정확한 교정이 필요하다. 총외채잔액은 정부, 기업과 개인의 채무액을 합산한 값이므로 총외채규모에 대한 통계수치가 정확하게 산출되기 어렵고 통계수치의 발표도 상당한 시간이 소요되므로 시의 적절하게 국가리스크를 평가하는데 한계가 있다. 한편, 외채구조와 외채상환부담을 측정하는 지표는 수출총액에 대한 외채원리금상환비율(DSR)이다. 이는 연간 외채원리금 상환액을 수출총액으로 나눈 값인데, 단기적인 외채상환능력을 평가하는 데 활용되고 있다. 외채원리금상환비율 수치는 외채원리금 상환액이 일정하다면 수출증가로 그 수치가 낮아지고, 반대로 수출총액이 정체상태라면, 외채원리금 상환액이 적어 그 수치가 낮아져 긍정적으로 평가할 수 있는 여지는 있다. 그러나 수출실적이 증가하고 있는 상태에서 외채원리금 상환액이 증가하면서 외채원리금상환비율이 상승하는 경우에는 외채원리금상환비율이 오히려 외채상환능력을 제대로 평가하지 못하는 사례가 발생한다. 예를 들면, 중동 산유국에서 원유수출에 따른 수출실적 호조에도 불구하고 산업시설 투자에 소요되는 외자도입으로 외채가 누적되고, 그 외채를 수출에 따른 경상외환으로 상환하는 경우에는 외채상환능력이 호전되었으나 외채상환부담이 여전히 남아 있으므로 외채원리금상환비율 지표로 외채상환능력을 평가하는 방식이 부적절하다고 볼 수 있다. 또 수출실적이 저조해도 외채원리금 감면조치 등으로 외채원리금 상환액이 절대적으로 감소하여 외채원리금상환비율 수치가 낮아지는 경우에도 외채상환부담이 개선된 면은 있으나 외채상환능력이 호전되었다고 평가할 수 없다. 예를 들면, 아프리카 후진국에서 채무리스케줄링으로 원리금 탕감 등의 조치로 인해 총외채잔액과 외채원리금상환액이 감소한 경우 외채상환능력이 개선되었다고 평가할 수 없다. 국제금융기구(OECD · IMF · World Bank)에서는 채무리스케줄링(리스트럭처링)을 통해 고채무빈국(HIPC)에 대한 경제사회적 지원을 하고 있으며, 외채통계도 공유하고 있다. 특히 국제통화기금의 채무상환 기준에 따라 공공채무(공기관의 민간채무에 대한 보증 포함)에 대해서는 파리클럽 리스케줄링, 상업채무에 대해서는 런던클럽 리스케줄링을 통해 채무리스케줄링 조치를 취하고 있다. 파리클럽은 제2차 세계대전 이후 채무조정을 위한 자율협의체로 시작되어 1956년 아르헨티나의 채무불이행을 방지하기 위해 프랑스(재무부) 주도로 개최한 것이 그 시발점이다. 특히 파리클럽의 채무재조정 조건에서는 전통적으로 국제통화기금의 차관 지원조건에 의해 리스케줄링이 이루어졌으나, 1980년대 이후에는 고채무빈국에 대한 채무재조정이 증가하기 시작했다. 예를 들면, 베니스조건은 사하라사막 이남 아프리카 빈곤국을 대상으로 1987년에 도입되었고, 토론토조건(1988)에서는 공적개발원조(ODA) 지원분에 대한 이자율 경감 조치를 취했으며, 휴스턴조건(1990)에서는 중하위소득국(LMIC)에 대하여도 채무 상환기간을 연장해 주었다. 이후 고채무빈국을 대상으로 런던조건(1991)에서는 공적개발원조(양허성 차관) 이외의 채무(Non-ODA)에 대하여 원금탕감(현재가치 기준) 비율을 33%에서 50%로, 나폴리조건(1994)에서는 그 비율을 다시 67% 수준으로, 리용조건(1996)에서는 80%로, 쾰른조건(1999)에서는 90%로 각각 확대했다. 파리클럽의 운영원칙에서 가장 차별화된 특징은 '동등대우'(파리파수) 원칙이다. 부연하면, 파리클럽은 회원국이 파리클럽과의 협상조건을 수용한 이후에는 여타 비회원국과의 채무재조정 협상에서 파리클럽 협상조건에 비해 불리한 조건의 수용을 금지했다. 그러나 파리클럽의 동등대우 원칙은 회원국이 채무국에 요구하는 것이므로 채무국의 '도덕적 해이'(모럴 해저드)를 불러올 가능성이 있으며, 회원국이 비회원 채권국 또는 민간 채권자에 대한 실질적인 영향력을 확보하기가 곤란하므로 그 한계가 잠재되어 있다. 한편,

총외채잔액 비중보다는 외채통계에 대한 접근성이 상대적으로 가능한 지표로 국내총생산(또는 재정수입)에 대한 공적채무 또는 공적채무 이자지급(액) 비중을 반영하는 추세도 늘고 있다. 공적채무 비중(GDP의 60% 이내)은 재정수지 적자(GDP의 3% 이내)와 더불어 유럽연합에서도 유로존 가입의 필요조건으로 제시되고 있다. 예를 들면, 남유럽 재정위기는 재정수지 적자 이외에도 공적채무 비중이 지나치게 과중하여 경제 구조적인 문제점이 노출되면서 발생한 사례다. 특히 글로벌 금융위기 이후 저금리 기조, 양적 완화 등으로 선진경제권뿐만 아니라 신흥시장에서도 채무누적 현상이 나타났다. 대외경제의 여건이 악화되면, 통화가치 하락, 자본유출, 금융경색 등으로 신흥시장의 채무누적 현상은 경제위기(채무불이행)로 전이될 가능성이 농후하다. 채무누적 현상은 소비와 투자가 위축됨에 따라 경제 저성장의 구조적인 문제점을 안고 갈 위험도 잠재해 있다. 미-중 무역분쟁의 격화, 코로나19 팬데믹 확산으로 세계 경제는 암흑상태가 지속된 가운데, 국제무역의 최대 현안으로 대두되었던 브렉시트 협상(2016~2019) 기간에도 세계 경제는 '뉴 노멀' 현상에서 벗어나지 못했다.

또한, 국제통화기금의 신흥시장(EMDEs) 분류기준에 의한 주요 신흥시장(19개국)의 경제리스크(정부채권 신용평가등급)에 대한 회귀분석 결과, 소비자물가상승률, 재정수지/GDP, 공적채무이자지급/재정

수입 비중과 (연평균)환율 등에 관한 거시경제변수가 통계적 유의성이 높은 것으로 나타났다. 주요 평가요소로 분류된 경제리스크 평가지표에 관하여 부연하면, 코로나위기를 극복하기 위해 각국의 광범위한 경기부양대책(확대 재정 · 통화정책) 시행으로 시차를 두고 물가상승 현상이 유발될 수 있으므로 물가의 급격한 변동(상승)에 따른 불안정성 또는 물가위기 가능성이 잠재되어 있었다. 2010년 이후 장기간의 낮은 이자율 기조(기준이자율 인하 및 양적 완화 등)에서도 채무누적 현상이 지속되었는데, 2022년에는 미 연준의 기준이자율 인상이 본격화되면서 이자율은 상승기조로 전환되고 있다. 따라서 국제금융시장에서 이자율 인상에 따른 자본조달이 어려워진 상태에서는 경제기초여건이 굳건하지 않는 국가, 즉 경제구조가 취약한 국가에서는 채무위기가 발생할 가능성이 농후하다. 특히 과거 경제위기의 사례를 관찰하면, 경제위기 직전에는 환율상승(통화가치 하락)이 일반적으로 나타나는 현상이었다. 따라서 환율 변동에 대한 적절한 대책이 강구되어야 하며, 환율의 급격한 상승으로 국제수지가 악화하면서 외환위기 또는 채무위기가 유발될 가능성이 크기 때문에 경제리스크에 대한 체계적인 관리가 필요하다. 국가리스크 평가에서 채무불이행(가능성) 또는 경제위기 가능성에 대한 통계분석(계량 평가모델)도 특정 평가대상국과 평가시기 등의 관점에서는 의미가 있다. 파올로 마나스와 누리엘 루비니(2009)는 채무위기 분석에서 채권발행 정부가 상환기일 이내 원리금을 지불하지 못한 경우(S&P 기준) 또는 국제통화기금 할당쿼터의 100%를 초과하여 국제통화기금 차관을 받은 경우를 (정부)채무불이행으로 정의하고 있다. 특히 루비니는 1970~2002년 신흥투자시장(47개국)의 채무위기 사례분석에서 경제적 선결조건으로 총외채잔액/GDP 49.7% 미만, 단기외채/외환보유액 130% 미만, 공적외채/재정수입 214% 미만, 환율 고평가(REER 기준) 48% 미만인 경우 안전한 국가 또는 리스크가 낮은 수준으로 분류하고 있다. 흔히 채무불이행 가능성에 관한 국가리스크 평가에서 크레딧디폴트스왑(CDS) 스프레드를 반영하는 평가방법은 국가리스크 수준을 적정하게 평가할 수 없는 한계가 있다. 왜냐하면, 국가리스크 평가를 위해서는 비교적 포괄적인 평가요소를 고려해야 하는데, 국제금융시장에서 거래되는 크레딧디폴트스왑 스프레드는 국가리스크 평가수준에 정확하게 비례하지도 않고 스프레드의 변동성이 너무나 크기 때문이다. 채무불이행 또는 경제위기에 영향을 미치는 주요 평가요소(거시경제지표)는 평가 시기, 대상과 분석방법 등에 따라 상이한 결과가 나타나 그 평가요소를 유의적 판단기준으로 단정할 수 없다. 부연하면, 경제위기 등에 영향을 미치는 국가리스크 평가요소를 분석하기 위해 평가모델을 구축하더라도 시간이 지나고 평가대상국이 변경되거나 평가방법론을 다르게 적용하면, 그 결과도 달라질 가능성이 있기 때문이다. 예컨대, 1974~2010년 경제위기로 국제통화기금 차관(SBA · EFF)을 받은

25개국(38건)에 대한 경제위기 발생요인을 분석해보면, 경제위기 발생 직전연도(선행변수)에는 (1인당)경제성장률, 재정수지/GDP, 환율상승(통화가치 하락), 수출증가율과 자본수지/GDP 비중이 악화되었으며, 경제위기가 진행된 연도(동행변수)에는 1인당 경제성장률, 소비자물가상승률(인플레이션), 환율상승(통화가치 하락), 자본수지/GDP, 총외채잔액/GDP 또는 공적채무/GDP 비중이 악화된 것으로 나타났다. 말하자면, 국가리스크의 평가시기나 평가방법론(종속변수 선정 등)을 다르게 적용하면, 국가리스크 평가의 설명변수(경제위기 발생요인 등)가 다르게 산출될 수 있다. 또 다른 한편으로는 국가리스크 평가모델이 모든 국가의 경제상황을 완벽하게 반영하여 경제위기 등을 정확히 예측할 수 없는데, 이는 평가모델이 모든 요인을 측정할 수 없다는 점, 경제위기 발생가능성(추정)에 필요한 시계열분석이 어렵다는 점, 시대상황의 변화로 경제위기를 설명할 수 있는 요인이 다르게 적용된다는 점 등에 기인한다.

경제협력개발기구의 평가모델이 적정성 문제에서 의문시되더라도 수출신용협약 참가국(수출신용시장)의 최저프리미엄요율을 결정하기 위해 국가리스크 평가등급을 적용하는 방식은 경제협력개발기구 회원국 내에서 합의하고 수용하면 그만이다. 그러나 실제 적용의 관점에서 평가방법론의 문제보다는 평가등급의 산출과정과 수출신용 프리미엄 적용에 대하여 이의를 제기하지 않는 한 논리적 접근방법에서 다소 문제가 될지라도 그 평가의 실효성과 실질적 활용 측면에서는 별다른 문제가 없다. 말하자면, 국제무역에서는 중요한 의사결정을 위해 경제논리보다는 당사자간의 합의가 더 중요한 이유에 대한 실질적인 사례라고 할 수 있다. 국가리스크 평가방법론(평가모델)을 완벽하게 정립할 수 없다는 한계와 제약조건을 부정할 수 없다. 즉, 모든 국가에 대해 어떤 시점에서도 정확하게 적용되는 평가모델을 구축하는 것은 사실상 불가능하다. 부연하면, 경제이론에 대한 시계열분석이 특정시점에서는 다양한 논리와 해석이 가능하므로 실증분석도 충분히 신뢰할 수 없는 경우가 발생하기도 한다. 그럼에도 불구하고, 국가리스크 평가가 필요한 존재이유는 리스크관리 측면에서 매우 중요하기 때문이다. 특히 해외채권을 회수하고 대외자산 건전성을 제고하려는 금융기관(수출신용기관)의 경우 국가리스크에 관한 리스크 관리시스템이 더욱 중요시되고 있다. 국가리스크 평가에 관한 통계적 평가방법론(계량 평가모델)에 의한 적정성 문제는 여전히 남아 있다고 하더라도, 평가방법론의 객관적 타당성을 논하기보다 현실적으로 적합한 평가방법론에 관한 심층적인 연구가 요구된다. 한편, 국가리스크 평가를 전담하고 있는 연구기관은 평가대상국을 등급(또는 순위)으로 분류하고 있는데, 국가리스크 수준을 평가등급(순위)으로 구별하는 방식은 적절하지도 않고 논리적으로 적합하지 않다. 따라서 등급(순위)의 구별보다는 채무불이행 또는 경제위기에 직면하게 되는지를 판별하는 평가방법론이 현실적으로 보다 합리적인 대안이 될 수 있다. 즉, 채무불이행 또는 경제위기 가능성에 관한 평가요소별 유의수준 평가가 필요하며, 특히 채무불이행 또는 경제위기 가능성을 사전적으로 예고할 수 있는 중점 평가요소에 대한 '임계치'를 기준으로 한 국가리스크 평가방법론이 보다 현실적이지 않는가? 이에 관하여, 파올로와 루비니(2009)는 단일 평가요소에 의한 임계치로 채무불이행 가능성을 분석하는 평가방법론은 경험적으로 통화위기를 조기에 예측(조기경보 시스템 또는 모델)하는 데는 유용할지 모르지만, 채무불이행 또는 정부채무위기는 복합적인 형태의 경제 구조적 취약성에 따른 결과라고 주장했다. 그럼에도 불구하고, 과거 경제위기 사례에서 경험적이고 실증적으로 나타난 통계수치(거시경제지표)에 대한 의미를 부여하고, 경제기초여건에 대한 평가기준을 설정할 필요가 있다. 예컨대, 2008~2020년 유럽연합 회원국을 대상으로 한 우리나라의 주요 무역대상국(수출·투자)에 대한 국가리스크 분석(패널데이터) 결과, 경제성장률(경제위기 대리변수)에 대하여 재정수지/GDP, 실질실효환율 및 공적채무/GDP에 관한 변수가 통계적으로 유의적인 관계가 나타났다. 그러나 통계적으로 유의적인 재정수지/GDP, 실질실효환율 및 공적채무/GDP에 대해서도 그 적정수준을 논할 필요가 있다. 재정수지/GDP와 공적채무/GDP의 적정성에 관하여, 유럽연합이 네덜란드에서 합의한 마스트리히트조약(TEU)에 의하면, 재정수지(적자)/GDP 및 공적채무/GDP의 -3% 및 60% 이내의 수준을 유로존 가입의 필요조건(마스트리히트 수렴기준)으로 규정하고 있고, 유럽연합은 안정 · 성장협약(SGP)을 위한 '재정준칙'도 제시했다. 유럽연합은 안정 · 성장협약의 '3대 축', 즉 지속적인 경제발전을 위한 기준 재정립, 재정관리의 기준 조정 및 재정통계 확보를 통해 재정준칙을 강화해 왔다. 유로존 재정위기 이후 과다한 채무수준이 정부채무불이행에 영향을 주고 있기 때문에 유럽연합은 경제 · 화폐동맹(EMU)의 안정조정관리협약(TSCG)에 근거해 2013년 1월부터 재정준칙을 발효했다. 즉, 유럽연합은 재정수지의 균형을 중장기목표로 설정해 재정수지의 구조적 적자 개선과 공적채무의 억제를 단계별 절차(EDP)에 따라 회원국에 권고하고 있다. 그러나 유럽연합 회원국은 정부간 공식적이고 명확한 정책조정에 주저하고 있으며 재정준칙에 대한 소극적 조정에 그치고 있기 때문에 재정적자 및 과다채무 개선을 위해 보다 효과적인 관리대책이 요구되는 상황이다. 공적채무 상환부담과 관련하여, 라인하르트와 로고프(2010)는 1946~2009년 선진경제권(20개국)에 대한 공적채무/GDP가 특히 90% 수준을 상회할 경우 경제성장에 대해 평균적으로 (-)상관관계를 보였으며, 1970~2010년 개발도상국(24개국)의 경우 공적채무가 경제성장에 대해 단기적으로는 (+)상관관계, 장기적으로는 (-)상관관계를 각각 나타낸 것으로 분석했다. 한편, 실질실효환율의 임계치에 대한 적정기준은 없으나,

실질실효환율이 비교기간(조정연도=100)을 기준으로 100 수준을 상회하면 환율의 고평가로 대외(수출가격) 경쟁력이 저하됨에 따라 경상수지가 악화될 경향(가능성)이 있다. 실질실효환율의 고평가는 경상수지 적자를 초래할 가능성이 크며, 따라서 경상수지 적자의 적정한 수준에 대한 평가, 말하자면 경제위기를 유발하지 않고 국제수지 관리를 위해 지속 가능한 건전한 상태인지를 객관적으로 판단하기 어렵다. 그러나 과거 경제위기의 사례(칠레 1981년, 핀란드 1991년, 멕시코 1994년, 태국 1997년, 미국 2007년, 아이슬란드 2008년, 그리스 2010년 등)에서도 과다한 경상수지 적자가 경제위기를 유발한 경우라고 할 수 있다. 남유럽 재정위기에 대한 유로존 국가의 국가리스크 실증분석에서도 당시 재정위기에 직면한 포르투갈·아일랜드·이탈리아·그리스·스페인(PIIGS)의 재정위기 직전년도(2009년)의 실질실효환율(2005년=100)은 그리스 186.1, 아일랜드 109.1, 이탈리아 104.3, 포르투갈 103.0, 스페인 102.8로 모두 100 수준을 상회하면서 재정위기 5개국에서 통화(유로) 고평가 현상이 나타났다. 특히 모리스 옵스펠드(2012)는 글로벌 금융위기 당시에도 경상수지 불균형(적자) 및 부채 증가로 인해 자본유입에 관한 국제투자 포지션이 악화되고, 국제수지 불균형은 금융안정성 리스크 평가의 중요한 평가기준으로 작용했다며, 과다한 경상수지 불균형 현상이 외환위기의 징후라고 추정했다.

지속적인 경제성장을 달성하고 무역을 확대하면서 소득재분배와 산업발전 등으로 국민경제의 전반적인 향상을 위하여 필요한 경제적 조건은 무엇인가? 그 무엇보다 경제 구조적 개혁이 절실히 요구된다. 거시경제의 구조적 개혁은 경제의 공급측면에서 경제기능의 향상과 노동생산성 증가 등을 통해 실현될 수 있지만, 경제구조의 취약성 문제를 우선적으로 개선할 필요가 있다. 예를 들면, 우리나라는 부존자원이 빈약한 국가이므로 경제성장을 위해 필요한 자재와 원료를 해외로부터 수입하고, 또 내수경제의 규모가 아직은 선진경제권에 미치지 못하므로 수출 주도의 경제구조를 취하고 있다. 따라서 수출과 수입의 해외의존도가 심화됨에 따라 무역의존도가 경제규모에서 차지하는 비중이 높은 편이어서 대외경제여건의 변화에 영향을 받는 경제구조에서 탈피하는 구조적인 변혁이 필요하다. 그렇게 하기 위해서는 소비와 투자에 대한 더 많은 자원배분이 요구되고, 거시경제의 운용에서 전반적으로 내수 활성화 방안에 대한 대책이 수립되어야 한다. 또한, 산업의 패러다임 변화로 산업에 대한 근본적인 구조조정이 필요하며, 또 산업의 발전을 위해 성장동력 산업에 대한 육성정책도 지속적으로 추진되어야 한다. 더구나 글로벌 가치사슬의 와해 등으로 인한 투자패턴의 변화로 외국인직접투자 유입 증대를 위한 투자규제 완화 등 기업경영여건에 대한 획기적인 개선이 경제성장의 필요조건이다. 특히 5대 경제대가들의 사상과 학설을 고려하더라도, 경제기초여건(펀더멘털)을 아무리 강조해도 지나치지 않다. 왜냐하면, 경제기초여건은 경제성장과 물가안정의 전제조건이기 때문이다. 예를 들면, 경제기초여건 또는 경제체질이 개선되면 경제위기 가능성이 낮아지고 환율상승에 따른 물가 변동성이 억제되므로 소비여력도 증가하며, 따라서 경제의 성장잠재력이 제고되는 경향이 있다. 경제가 성장해야 실업과 소득재분배 문제도 자연스럽게 해결될 수 있으며, 양적인 성장과 더불어 질적인 측면에서 국민 의식수준의 향상도 기대할 수 있다.

또한, 정부는 경제대책을 수립하고 경제현실에 개입하는 데 있어 직접적인 조치를 취하기보다는 시장의 자율적인 기능에 의해 거시경제가 작동되도록 내버려두어야 한다. 정부는 '시장(기능)의 실패'가 나타나거나 나타날 우려가 있는 경우에 최종 구원자(라스트 리조트)로서의 역할을 수행하는 것이 중장기적으로 위기에 직면한 경제를 극복하는 최선책이라고 할 수 있다. 케인즈도 소비성향 조정이나 투자 유도를 위한 정부의 역할보다는 유효수요를 추구하기 위해 정부가 중립적인 정책, 말하자면 경제적 힘에 의한 시장의 자유로운 작동을 최선책이라고 주장했다. 그러나 경제가 불확실한 상태에 직면한 경우에는 케인즈(일반이론: 141)가 언급한대로 아무것도 안하는 것보다 즉각적인 조치(결정)를 취하는, 소위 '동물적인 자생적 충동'으로 뭔가 긍정적인 결과를 기대하는 것이 현실적인 대책이다. 오히려 정부가 시장에 개입하여 그 정책적 효과가 긍정적으로 나타나지 않는 '정책(역할)의 실패'가 발생한다면, 경제사회적 비용이 이만저만이 아니며, 그 경우에는 경제위기가 현실화되거나 정부의 채무불이행 등의 사태가 나타난 역사적 사례를 너무나 많이 경험해 보았다. 다만, 어떤 국가에서 기업의 경영활동이 정책의 실패보다는 시장의 실패에 의해 주로 방해를 받는다면, 그 국가에서는 기업투자가 비록 부진한 상태이지만 경영활동의 투명성 또는 제도적 여건에 의한 대외신인도(기업경영여건) 수준이 열악하다고 평가할 수는 없다.

한편, 경제철학에 대한 기본적이고 중요한 사고의 기준을 어떻게 정립할 것인가? 영국 철학자인 이사야 벌린(1909~1997)은 『고슴도치와 여우』(1953)에서 사고의 스타일을 비교했는데, 고슴도치는 단테처럼 하나라도 깊이 알고있는 스타일로서 중요한 하나의 큰 생각에 집착하고 끊임없이 적용하려는 성향인데 반해, 여우는 아리스토텔레스처럼 백과사전식으로 알고 있는 스타일로서 비전은 부족하지만 세상 이치에 관해 다양한 견해를 가지고 있으면서도 그 견해가 지속적으로 비판받는다고 분석했다. 누구말대로, 여우 스타일이 철학적 리더에게 적합한지, 아니면 고슴도치 스타일이 진정한 대중의 지성인으로 적합하지는 판별하기는 어려우나, 고슴도치 스타일과 여우 스타일을 구별하지 말고 시대와 환경에 따라 적합한 스타일을 적용하면 된다. 또한, 영국 철학자인 칼 포퍼(1902~1994)는 『추측과 반론: 과학지식의 발전』(1963)에서 어떤 이론이 과학적인지 아닌지에 대한 구분이 문제인데, 중요한 것은 이론이 아니라 사람들이 이론을 어떻게 생각하는지, 그리고 이론으로 무엇을 하는지에 방점을 두어야 한다고 했다. 말하자면, 포퍼가 주장하고자 하는 것은 이론보다는 태도, 규칙, 그리고 실행에 대해 식별하는 데 관심을 두어야 한다는 것이다. 포퍼는 또 『개방사회와 그 적들』(1945)에서는 과학적 과정은 이론을 입증하는 데 있으며, 따라서 과학의 목적은 이론을 지속적으로 검증하는 것이라고 주장했다. 포퍼가 주장한 내용을 그대로 수용하자는 것은 아니지만, 경제문제를 해결하는 요건에서 이론과 분석도 중요하지만, 경제문제 해결을 위한 접근 방식(방법론)과 태도, 그리고 실증분석에 대한 가치를 재차 강조하려고 한다. 물론 실증분석이 만사형통의 철학적 지론이라고 단정할 수는 없다. 미국 경제학자인 케네스 애로우(1921~2017)는 경제이론의 완결성에 대한 판단근거(기준)는 설득력에 있다고 했다. 부연하면, 매일 벌어지는 일들을 이해하기 어려우므로 경험적 증거에 의존하는 것보다 경제현실(개념)을 이해하고 인식(인지)하는 능력이 더 중요하다는 견해다. 일견, 실증분석에 의한 경제문제에 대한 해결능력에 반박하는 논리다. 그러나 영국 경제학자인 알렉산더 케언크로스(1911~1998)는 경제이론은 정치적이고 관리적인 타당성, 그리고 경험과 관찰의 이점이 결합된 산물이지만, 현실에 적용(투입)하는 경제이론은 다양한 이론 중에서 일부가 선택되는 과정인데, 확신적인 논리에 전적으로 의존하는 것은 오류를 범할 우려가 있다고 주장했다. 즉, 논리에 기초한 경제이론이 현실에서 실제 작동되는 경우에 발생할 수 있는 개연성을 보완하고 고민해야하는 여지를 남겨놓고 있다. 또한, 경제문제를 해결하기 위한 실증분석에서 신뢰할만한 통계정보를 확보하고 분석하는 접근방법도 중요하다. 경제철학의 방향성과 당위성을 입증하기 위해서는 사례연구와 실제 적용가능성이 있는 증거자료를 확인하는 과학적인 접근방식(과정)이 필요한데, 그 기초적이고 중요한 작업이 통계정보를 입수하고 경제현실을 논리적으로 설명할 수 있는 타당성을 고려해보아야 한다는 것이다.

경제문제를 해결하기 위한 경제철학에 관하여 논하면서 지난 300년간 세계 경제에서 큰 획을 그은 5대 경제대가들의 사상과 학설을 고찰해보고, 또 비판해보았다. 5대 경제대가들의 사상을 분야별로 요약하면, 성장에 관하여, 스미스는 생산요소 투입에 따른 수익 증가와 산출물 축적으로 국부 증대가 가능하고 국부 증대의 방법은 기술의 발전, 노동생산성 향상과 사본의 증기라고 주장했으며, 밀은 노동자의 지성으로 노동의 생산능력 증가로 국가가 진보한다고 분석했다. 특히 고전학파는 교양과 지성 등 사회적 성숙도에 의해 민주주의가 발전할 수 있다고 강조했다. 마샬은 노동의 효율성(생산성) 향상이 국민소득 증가에 기여할 수 있다고 보고, 국부의 축적을 위한 방법은 지식과 지능의 진보에 있다고 주장했으며, 케인즈는 유효수요(소비·투자)의 증가를 통해 고용(산출)이 증대되면서 국민소득이 증가할 수 있다고 분석했다. 특히 케인즈는 재정지출보다는 소비와 투자를 중요시했고, 낮은 이자율 수준이 투자를 촉진할 수 있다고 강조했다. 소비에 직접적으로 영향을 미치는 물가에 관하여, 스미스는 생산의 최종 목적은 소비지만 노동의 수요가 증가하면 임금이 상승하고 물가가 상승한다는 비용상승 인플레이션에 관한 연결고리를 제기했고, 밀은 자유경쟁상태에서는 단기적으로 수요와 공급에 의해 물가가 결정되지만 장기적으로는 생산비용에 의해 영향을 받는다고 분석했다. 밀은 스미스의 논리와는 다르게, 임금 상승이 물가상승에 영향을 주지 않으며 오히려 이윤을 하락시킨다고 주장했고, 생산요소(노동) 투입량의 증가로 국부가 증대되면 물가가 상승한다는 수요견인 인플레이션에 관한 연결고리를 제기한 것이다. 케인즈에 따르면, 생산 투입비용의 보상비율과 고용(산출물) 규모에 의해 물가가 결정되며, 유효수요(소비성향) 증가로 물가가 상승하고 화폐소득의 증가로 인플레이션이 반복되는 악순환을 우려했으며, 프리드먼은 화폐 수량이 물가(임금)의 결정요인이라고 주장했다. 투자이론에 대하여 독보적인 견해를 제시한 케인즈는 자본의 한계효율과 시장이자율을 비교분석했는데, 자본의 한계효율은 자본재의 보유정도와 생산비용, 그리고 투자의 기대수익에 영향을 받는다고 주장하면서도 자본의 한계효율의 급락으로 투자의 위축현상이 나타남에 따라 경제위기(유동성위기)가 발생할 수 있다고 우려했다. 특히 신규 투자의 유인은 시장이자율을 상회하는 기대수익률 수준에서 발생하기 때문에 기업의 투자증대(유효수요 증가)의 필요조건(최적 방법)은 낮은 이자율 유지 또는 인하 조치라고 강조했다. 무역에 대해 가장 많은 관심을 나타낸 고전학파는 중상주의 논지와는 다르게, 자유무역주의를 오히려 더 선호하는 주장을 제기했다. 스미스는 수입 제한과 수출 촉진으로 국부가 증대될 수 있으나 국내소비를 위한 시장개방으로 노동의 생산능력이 향상되면 연간 생산량 증대로 사회 전체적으로는 실질 수익과 재산이 증가할 수 있다고 분석했다. 밀은 외국수요와 국내소비를 위해 상품이 생산되며, 국제수지가 불균형상태에 있더라도 수입을 통한 소비자의 상품선택의 범위를 확대할 필요가 있다고 주장했다. 부연하면, 그들의 주장이 통시대적으로 적용될 수 없기 때문에, 글로벌 금융위기 이후 자본주의 경제체계(이론)가 도전과 위기에 직면해 있는 상황에서 현 시대를 살고 있는 21세기에 적합한 경제이론을 주창하는 또 다른 경제대가의 출현을 간절히 기대해 본다.

Bouchet, Michael, Ephraim Clark and Betrand Groslambert. 2003. *Country Risk Assessment: A Guide to Global Investment Strategy.* West Sussex: John Wiley & Sons.

Dornbush, Rudiger. 2001. "A Primer on Emerging Market Crises." *NBER Working Paper* 8326.

Dornbusch, Rudiger and Stanley Fischer. 1994. *Macroeconomics.* New York: McGraw-Hill.

Dunning, John. 2005. "Institutional Reforms, FDI and European Transition Economies." R.Grosse(ed) *International Business and Governments in the 21st Century.* Cambridge: Cambridge University Press.

Dunning, John and Sariana Lundan. 2008. *Multinational Enterprises and the Global Economy.* Northampton, MA: Edward Elgar.

Eichengreen, Barry and Ashoka Mody. 1998. "What Explains Changing Spreads on Emerging-Market Debt: Fundamentals of Market Sentiment?" *NBER Working Paper* 6408.

Fisher, Irving. 1926. *The Purchasing Power of Money.* New York: McMillan.

Friedman, Milton. 1953. *Essays in Positive Economics.* Chicago: University of Chicago Press.

Friedman, Milton. 1957. *A Theory of the Consumption Function.* New Jersey: Princeton University Press.

Friedman, Milton. 2020. *Capitalism and Friedman.* Chicago: University of Chicago Press.

Hausman, Daniel. 2008. *The Philosophy of Economics.* New York: Cambridge University Press.

Keynes, John Maynard. 2018. *The General Theory of Employment,* Interest and Money. Cambridge: Palgrave Macmillian.

Kobrin, Stephen. 2005. "The Determinants of Liberalization of FDI Policy in Developing Countries: A Cross-Sectional Analysis 1992-2001." *Transnational Corporations* 14(1).

Krugman, Paul. 2014. "Currency Regimes, Capital Flows, and Crises." *IMF Economic Review* 62(4).

Manasse, Paolo and Nouriel Roubini. 2009. "Rules of Thumb for Sovereign Default Crises." *Journal of International Economics* 78(2).

Marshall, Alfred. 1997. *Principles of Economics.* New York: Prometheus Books.

Mill, John Stuart. 2004. *Principles of Political Economy.* New York: Prometheus Books.

Obstfeld, Maurice. 2012. "Does the Current Account Still Matter?" *NBER Working Paper* 17877.

Reinhart, Carmen and Kenneth Rogoff. 2009. *This Time Is Different.* New Jersey: Princeton University Press.

Reinhart, Carmen and Kenneth Rogoff. 2010. "Growth in a Time of Debt." *American Economic Review* 100(2).

Robinson, Joan. 1964. *Economic Philosophy.* New York: Doubleday&Company.

Rodrik, Dani. 2018. *Straight Talk on Trade.* New Jersey: Princeton University Press.

Roubini, Nouriel and Paolo Manasse. 2005. "Rules of Thumb" for Sovereign Debt Crises." *IMF Working Paper* WP/05/42.

Sachs, Jeffrey, Aaron Tornell and Andres Velasco. 1996. "Financial Crises in Emerging Markets: The Lessons from 1995." *NBER Working Paper* 5576.

Schlefer, Jonathan. 2012. *The Assumption Economists Make.* Cambridge: Harvard University Press.

Smith, Adam. 2003. *The Wealth of Nations.* New York: Bentham Classic.